Heinrich Stalb

Deutsch für Studenten

Text- und Übungsbuch

Neubearbeitung

VERLAG FÜR DEUTSCH

Heinrich Stalb: **Deutsch für Studenten**

Übersicht:

Bildnachweis und Textquellen

Zeichnungen, Karikaturen und Statistiken: Herbert Horn, München (13, 19, 28, 45, 194); Rudolf Schöpper, Münster (24); Kurt Halbritter, aus: Jeder hat das Recht, Carl Hanser Verlag, München/Wien 1976 (35, 135); Detlev Surrey, aus: UNI ÜBERLEBEN, panther 5416, Reinbek; Rowohlt 1984 (40); Markus, aus: Stern 35/77 (58): Deutsches Studentenwerk (59); Globus Kartendienst, Hamburg (60, 121, 164); aus: Abi 5/80 (67); Claus Puth, Offenbach, aus: Uni-Start, Königstein: Athenäum 1984 (71); Hans Traxler, in: Nossrat Peseschkian, Auf der Suche nach Sinn, Frankfurt/Main: Fischer Taschenbuch Verlag 1983 (75); Peter Neugebauer, aus: Stern 40/77 (78); aus: G. Mergner/A. Häfner (Hg.), Der Afrikaner im deutschen Kinder- und Jugendbuch, Hamburg: Ergebnisse Verlag 1985 (144); Fritz Wolf, Osnabrück (144 unten); Wolfgang Sischke, in: DIE ZEIT vom 3.2.89 (153); Christian Schälicke, Trier (172); aus: Frederic Vester, Unsere Welt. Ein vernetztes System, Stuttgart: Klett Cotta 1978 (180, 181); aus: Frederic Vester, Wasser = Leben, Ein kybernetisches Umweltbuch mit 5 Kreisläufen des Wassers, illustriert von Peter Schimmel, Ravensburg: Maier 1987 (186); M. C. Escher Heirs / Cordon Art, Baarn, Holland, 1980 (181); Jupp Wolter, Lohmar (192, 208); Gerhard Mester, Wiesbaden (195, 202)

Fotos: Bilderdienst Süddeutscher Verlag, München (9, 31, 62, 88, 96, 101, 149, 151, 152, 168, 182, 183, 189, 207); Bildarchiv Foto Marburg (53); Lothar Beckel, Bad Ischl, freigegeben v. BMfLV mit Zl. Reg. OBB GS 300/6946 (89); dpa, München (99, 190); dpa, Frankfurt/M. (175); Klaus H. Daams, Dortmund (109); GTZ, Eschborn (124, 127, 137-139); Argum Bildagentur, München (176); Visum Fotoreportagen, Hamburg (204)

Texte: W. G. Moulton / R. Freudenstein, Wie lernt man fremde Sprachen?, Dortmund: Lensing 1972 (27 f.); Hermann Kohn / Otmar Weber, UNI ÜBERLEBEN, panther 5416, Reinbek: Rowohlt Taschenbuch Verlag 1984 (65 f.); Nossrat Peseschkian, Auf der Suche nach Sinn. Psychologie der kleinen Schritte, Frankfurt/M.: Fischer Taschenbuch Verlag 1983 (74, 77); Bach/Molter, Psychoboom, München: Eugen Diederichs Verlag (80 ff.); Jack McIver Weatherford, Deutsche Kultur, amerikanisch betrachtet, in: Tintenfisch 15, Berlin: Wagenbach 1978 (88 ff.)
Literarische Auszüge mit freundlicher Genehmigung des Suhrkamp Verlags, Frankfurt/M. (Hesse, Das Glasperlenspiel, 72 f.), des Luchterhand Verlags, Frankfurt/M. (Grass, Die Blechtrommel, 87), des Piper Verlags, München (Andres, Ägyptisches Tagebuch, 147 f.), des Rowohlt Verlags, Reinbek (Borchert, „Die Kegelbahn", aus: Das Gesamtwerk, 1949, 179), des Verlags Kiepenheuer & Witsch, Köln und des Verlags Allert de Lange, Amsterdam (Roth, Der Merseburger Zauberspruch, 205 ff.) und von James Krüss (195).

4.	3.	2.	1.	Druck	Die letzten Ziffern
1995	94	93	92	91	bezeichnen Zahl und Jahr des Druckes

Alle Drucke dieser Auflage können, da unverändert, nebeneinander benutzt werden.

1. Auflage der Neubearbeitung
© 1991 VERLAG FÜR DEUTSCH
    Max-Hueber-Straße 8, D-8045 Ismaning/München
Umschlag und Layout: A.C. Loipersberger (Foto: Superbildarchiv Eric Bach, München-Grünwald)
Gesamtherstellung: Schoder Druck GmbH & Co. KG, 8906 Gersthofen
Printed in Germany
ISBN 3–88532–154–8

Vorwort

Deutsch für Studenten ist für ausländische Studenten gedacht, die sich für ein Kurz- oder Lang-zeitstudium auf der Grundlage der deutschen Sprache vorbereiten wollen. Es setzt etwa 400 Stunden Intensivunterricht, d.h. einen Halbjahreskurs mit 20 Wochenstunden, oder vergleich-bare Vorkenntnisse voraus. Eine Ausnahme bildet lediglich der neue Band der *Schreibgram-matik;* er kann bereits gegen Ende von Grundstufe I eingesetzt werden.

Mit dem Hinweis auf diesen neuen Band ist bereits die entscheidende Änderung der vorliegen-den Neubearbeitung angedeutet. Sie besteht darin, daß neben dem *Text- und Übungsbuch* jetzt zwei weitere Bände stehen. Zunächst, wie erwähnt, die *Schreibgrammatik,* die gezielt und systematisch die Schreibfertigkeit fördert, und zweitens die *Lesegrammatik,* die primär solche lexikalischen und grammatischen Strukturen übt und erläutert, die das Verstehen von Fachtex-ten erleichtern. Mit den beiden Bänden für das Training der Schreibfertigkeit bzw. das Verstehen von (Sach-)Texten können jetzt Fertigkeiten besonders gefördert werden, von denen sich die er-ste erfahrungsgemäß deutlich langsamer als alle anderen entwickelt, während die zweite für das Studium, bei der Lektüre von Fachtexten, besondere Bedeutung hat. Im übrigen spielen bekanntlich beide Fertigkeiten für die Sprachprüfungen vor Beginn des Fachstudiums eine her-ausragende Rolle.

Das Text- und Übungsbuch berücksichtigt nach wie vor alle vier Fertigkeiten – Hören, Spre-chen, Lesen, Schreiben – und vermittelt sie – soweit möglich – integrativ, das heißt, daß in jeder Übungsfolge, wenn auch unterschiedlich gewichtet, möglichst jede der Grundfertigkeiten ge-fördert werden kann. In allen Bereichen werden jedoch neue Akzente gesetzt. Bei den Lesetex-ten wurden u. a. Übungen zum übergreifenden Verständnis und Aufgaben zum Strukturver-ständnis stärker berücksichtigt, und es werden Anleitungen zur Texterschließung gegeben. Beim Sprechen wurden vor allem die Übungen zu „Redemitteln" erheblich erweitert, und es wurden Anweisungen zum Verhalten in organisierten Diskussionen aufgenommen. Beim Schreiben erfolgte z. B. eine deutlichere Systematisierung der Auswertung von Tabellen und die Aufnahme der zusammenhängenden Stellungnahme als eigene Textsorte. Bei den Hörtex-ten schließlich wurden u. a. die Übungsfolgen erweitert, es wird deutlicher zwischen Detail- und Globalverständnis unterschieden, und bei längeren und schwierigen Texten wird die Wahl zwischen zwei Vorgehensweisen angeboten, damit Kursteilnehmer mit unterschiedlicher Lern-erfahrung differenziert gefördert werden können.

Eine Reihe der alten Texte wurde beibehalten, andere geändert, viele neu aufgenommen. Zu den neu aufgenommenen gehören u. a. literarische Texte und alle Texte zu dem neuen Themenbereich „Der blaue Planet".

Beibehalten wurde die Gliederung des *Text- und Übungsbuchs* in Unterrichtsreihen mit jeweils mehreren Texten zu einem thematischen Schwerpunkt. Diese Schwerpunkte orientieren sich ebenso wie die Textsorten, Übungstypen und Arbeitsaufgaben an den besonderen Interessen, Bedürfnissen und Zielen der genannten Adressaten und an den Vorkenntnissen, mit denen im Anschluß an Grundstufe II und Mittelstufe I gerechnet werden kann.

Der Verfasser

Inhalt

Register zu den Informationsabschnitten

Ein Sprachgenie lernt Russisch

I. Lesen Sie den Text, und berichten Sie dann, auf welche Art und Weise Schliemann Russisch lernte.

1   Am 1. März 1844 erhielt ich eine Stelle als Korrespondent und Buchhalter in einer Firma in Amsterdam. Mein Gehalt betrug zuerst 1200 Frank. Als aber meine Vorgesetzten meinen
3   Eifer sahen, gewährten sie mir noch eine jährliche Zulage von 800 Frank. Da ich glaubte, mich durch die Kenntnis des Russischen noch nützlicher machen zu können, fing ich an,
5   auch diese Sprache zu studieren. Die einzigen russischen Bücher, die ich mir besorgen konnte, waren eine alte Grammatik, ein Lexikon und eine schlechte Übersetzung der
7   „Aventures de Télémaque"*. Trotz aller meiner Bemühungen gelang es mir aber nicht, einen Russischlehrer zu finden; denn außer dem russischen Vizekonsul, Herrn Tannenberg,
9   der mir keinen Unterricht geben wollte, befand sich damals niemand in Amsterdam, der ein Wort von dieser Sprache verstand. So fing ich denn mein neues Studium ohne Lehrer
11 an und hatte mir in wenigen Tagen, mit Hilfe der Grammatik, die russischen Buchstaben und ihre Aussprache eingeprägt. Dann nahm ich meine alte Methode wieder auf, ver-
13 faßte kurze Aufsätze und Geschichten und lernte sie auswendig. Da ich niemanden hatte, der meine Arbeiten verbesserte, waren sie ohne Zweifel sehr schlecht; doch bemühte ich
15 mich, meine Fehler durch praktische Übungen vermeiden zu lernen, indem ich die russische Übersetzung der „Aventures de Télémaque" auswendig lernte. Um schnellere Fort-
17 schritte zu machen, engagierte ich einen armen Juden, der für vier Frank pro Woche allabendlich zwei Stunden zu mir kommen und meine russischen Übungen anhören mußte,
19 von denen er keine Silbe verstand.
    Da die Zimmerdecken in den gewöhnlichen holländischen Häusern meist nur aus einfa-
21 chen Brettern bestehen, kann man im Erdgeschoß oft alles vernehmen, was im dritten Stock gesprochen wird. Mein lautes Rezitieren wurde deshalb bald den anderen Mietern
23 lästig. Sie beklagten sich bei dem Hauswirt, und so kam es, daß ich in der Zeit meiner russischen Studien zweimal die Wohnung wechseln mußte. Aber alle diese Unbequemlich-
25 keiten konnten meinen Eifer nicht vermindern. Nach sechs Wochen schon schrieb ich meinen ersten russischen Brief an Wassili Plotnikow, einen Kaufmann, mit dem meine Firma in
27 Geschäftsbeziehungen stand. Bald war ich imstande, mich mit ihm und anderen russischen Kaufleuten, die zu Auktionen nach Amsterdam kamen, fließend in ihrer Mutterspra-
29 che zu unterhalten.   (Nach: Heinrich Schliemann, *Selbstbiographie*)

---

* Roman von François Fénelon (1651–1715)

Heinrich Schliemann (1822–1890) Archäologe

II. Vervollständigen Sie den folgenden Text über Schliemanns Methode. Unterstreichen Sie anschließend die Wörter und Wendungen, die den Aufbau dieses kurzen Texts deutlich machen.

Heinrich Schliemann lernte Russisch ohne . . . . Er hatte nur eine . . . , . . . Lexikon und . . . . . . der „Aventures de Télémaque". Zuerst lernte . . . . und ihre . . . . Dann schrieb er . . . und . . . . Was er geschrieben . . . , enthielt viele . . . . Um in seinen Arbeiten . . . . . . zu machen, lernte . . . die Übersetzung . . . „Aventures de Télémaque" . . . . Was . . . auswendig . . . hatte, mußte sich . . . bezahlter Zuhörer jeden . . . . lang anhören. Sechs Wochen . . . konnte er seinen . . . . Bald war . . . in . . . Lage, . . . fließend auf russisch . . . unterhalten.

III. Wortschatz

1. Welche der folgenden Erklärungen sind ganz falsch? Welche sind richtig, aber im Textzusammenhang unpassend? Welche sind richtig?

    (Z. 1) *der Korrespondent, -en*

    a) Kaufmännischer Angestellter für den Briefverkehr

    b) Journalist, der aus fremden Ländern berichtet

    (Z. 1) *der Buchhalter, –*

    a) Angestellter, der Bücher für eine Firma kauft

    b) Angestellter, der die Bücher für eine Firma führt

9

(Z. 21) *jmdn./etw. vernehmen*
    a) jmdn. verhören
    b) jmdn./etw. hören

(Z. 22) *rezitieren*
    a) vortragen
    b) wiederholen
    c) zitieren

(Z. 25) *etw. vermindern*
    a) etw. verringern
    b) abnehmen
    c) jmdn. erniedrigen

(Z. 28) *die Auktion, -en*
    a) Geschäft
    b) Tätigkeit
    c) Versteigerung

2. Ersetzen Sie die schräg gedruckten Wörter.

a) Die Studentin, die *großen Eifer zeigte*, durfte bald in den Kurs für Fortgeschrittene. (sich viel Mühe geben)

b) Ein Angestellter, der *eine Zulage erhalten* will, muß sich anstrengen. (Geld zusätzlich zum normalen Lohn bekommen)

c) Eine Person, die eine fremde Schrift lernen will, muß *sich* die Buchstaben *merken*.

d) Die Spieler, die jedes Spiel verloren, *engagierten* einen neuen Trainer. (einstellen)

e) Auch ein Genie, das ständig übt, *wird* den anderen Mietern *lästig*. (jmdn. stören)

IV. Stimmen die folgenden Aussagen mit dem Text überein?

Begründen Sie Ihre Antwort mit den entsprechenden Stellen im Text.

1. Schliemann arbeitete in einer holländischen Firma.

2. Er war fleißig und gab sich viel Mühe. Deshalb erhielt er mehr Geld.

3. Er lernte Russisch, weil er die „Aventures de Télémaque" im Original lesen wollte.

4. Schliemann wußte von Anfang an, daß es in Amsterdam keinen Russischlehrer gab.

5. Er bezweifelte, daß seine russischen Aufsätze schlecht waren.

6. Holländische Häuser sind solide gebaut.

7. Schliemann wohnte in Amsterdam nicht immer in derselben Wohnung.

8. Wenn Schliemann nicht Russisch gelernt hätte, hätte er in Amsterdam ein gemütlicheres Leben gehabt.

9. Am Anfang schrieb Schliemann nur russische Privatbriefe.

V. Übergreifendes Verständnis

1. Schliemann spricht im Text von einigen Problemen. Das erste Problem wird im Text nur kurz angedeutet. Es ist das Problem:
1. Viel Geld zu verdienen.
Welches sind die anderen klar ersichtlichen Probleme? Formulieren Sie so kurz wie möglich nach dem kursiv gedruckten Muster.

2. Warum ist es richtig, wenn Schliemann ein Sprachgenie genannt wird? Antworten Sie möglichst kurz, und beginnen Sie so: „Weil nur ein Sprachgenie . . ."

3. Teilen Sie den Text in vier Abschnitte, und finden Sie für jeden Abschnitt eine Überschrift.

a) Schliemann als Angestellter in Amsterdam (Z. 1–5)
b) Schliemanns . . .   (Z. 5–19)
c) . . .   (Z.   )
d) . . .   (Z.   )

VI. Erzählen und diskutieren Sie.

1. Wie haben Sie bisher Fremdsprachen gelernt?

2. Wie möchten Sie gern Fremdsprachen lernen?

3. Was halten Sie von Schliemanns Methode? (Was überrascht Sie? Was finden Sie gut/schlecht? Glauben Sie, daß Sie selbst mit dieser Methode Deutsch lernen könnten?)

VII. Geben Sie den Text zuerst mündlich und dann schriftlich wieder.

VIII. Schriftliche Zusammenfassung

1. Lesen Sie zuerst die folgende Wiedergabe der ersten zwölf Zeilen, stellen Sie die Unterschiede zum Originaltext fest und besprechen Sie, ob und warum die Kürzungen zu vertreten sind.

2. Besprechen Sie, wo der Rest des Originaltexts gekürzt werden kann, und geben Sie dann den Text – auf die Hälfte bis zwei Drittel gekürzt – schriftlich wieder.

3. Gibt es von einem Text eine einzige richtige Zusammenfassung? Überlegen Sie bei Ihrer Antwort, wie z.B. ein Fremdsprachenforscher und wie ein Soziologe den Text zusammenfassen würde. Berücksichtigen Sie bei Ihrer Antwort auch den zweiten Teil der vorangehenden Aufgabe.

1844 erhielt Schliemann eine Stelle in einer holländischen Firma. Als man seinen Eifer sah, bekam er zu seinem normalen Gehalt eine Zulage. Weil Schliemann glaubte, sich durch Russischkenntnisse noch nützlicher machen zu können, fing er an, auch diese Sprache zu lernen. Er konnte sich nur eine russische Grammatik, ein Lexikon und die schlechte russische Übersetzung eines französischen Romans besorgen. Einen Russischlehrer aber fand er trotz seiner Bemühungen nicht. Mit Hilfe der Grammatik prägte er sich . . .

Der Schiri schafft es im Deutschen nie

Bevor Sie anfangen, schlagen Sie bitte im Wörterbuch nach, was die Wörter „Begabung", „Intelligenz" und „Motivation" bedeuten.

I. Hören Sie das ganze Gespräch. Notieren Sie dann das wichtigste Ergebnis für Schiri.

Schiri hat doch noch . . . , es im . . . zu schaffen, denn seine . . . ist hoch.

II. Hören Sie das Gespräch stückweise, und ersetzen Sie die schräg gedruckten Wörter durch die Wörter, die im Text verwendet werden.

1. Leute, die damit keine Probleme haben, *machen* natürlich *schneller größere Fortschritte.*
2. Wenn Schiri wirklich *überhaupt keine Chance hat, es im Deutschen zu schaffen,* muß das noch andere Gründe haben.
3. Aber wenn Sie *daran denken,* daß unsere Bücher *schon ziemlich veraltet* sind . . .
4. *Wovon hängen* denn nun die *übrigen* 35 Prozent *ab?*
5. *Kurz gesagt: Das Wichtigste* ist die Motivation.

III. Beantworten Sie die folgenden Fragen zum Gespräch der Lehrer.

1. Aus welchen Gründen glaubt einer der Lehrer, daß es der Schiri im Deutschen nie schafft?

Gefühl für etwas haben

2. Wie wichtig ist die Sprachbegabung für den Lernerfolg in der Fremdsprache?

... Prozent hängen ab von etwas

3. Welche Rolle spielt die Intelligenz für den Erfolg in der Fremdsprache?

etwas bestimmt ... Prozent von etwas

4. Was würde den Unterricht nach Meinung des einen Lehrers verbessern?

5. Welche Bedeutung hat der Lehrer und seine Methode für den Lernfortschritt?

für ... Prozent des ... verantwortlich sein

6. Wie ist das mit dem Fleiß und der Aufmerksamkeit, und wieviel hängt von der Motivation ab?

eine gewisse Rolle spielen
das Entscheidende/Wichtigste sein

IV. Redemittel: Warnen; Zurückweisen; Meinen

1. Suchen Sie die Alternative im Text.
a) Sie wollen doch nicht etwa behaupten, es liegt an meiner Methode.
   Wollen Sie etwa behaupten, ...
   Wollen Sie damit vielleicht sagen, ...
   Alternative im Text: ...
b) Natürlich nicht. Ich weiß ja überhaupt nicht, ...
   Aber ich bitte Sie. Ich weiß ja ...
   Alternative im Text: ...
c) Ich denke, wir sollten bei solchen Diskussionen nie vergessen ...
   Ich meine, wir sollten bei solchen Diskussionen nie ...
   Alternative im Text: ...

2. Wenden Sie die Redemittel an. Dabei können Sie die folgenden Anregungen benutzen:

mein Fehler sein; meine Schuld sein; ich, dafür verantwortlich sein; ich, ein Betrüger, Lügner, Faulenzer sein	mit meinem Urteil immer vorsichtig sein; niemals unüberlegt urteilen; ja selbst ein Anfänger sein; den Fleiß, die Ehrlichkeit ja kennen	niemand, die Wahrheit gepachtet haben; solche Fragen ausführlich und öfter besprechen müssen; man, sich leicht irren können
(Warnung:) Sie wollen doch nicht etwa behaupten, daß ...	(Zurückweisung:) Natürlich nicht. Ich bin mit meinem Urteil ...	(Meinung:) Ich meine, niemand hat die Wahrheit ...

V. Hören Sie, was der erste Lehrer sagt, und spielen Sie die Rolle des zweiten Lehrers.

VI. Spielen Sie das Gespräch in Zweiergruppen. Wenn Sie wollen, können Sie dabei auch neue Gedanken äußern.

> Hier sind ein paar Vorschläge zu den Stichwörtern „Sprachbegabung" und „Methode":
> Jemand ist total unmusikalisch; jemand kann die Wörter der fremden Sprache nicht behalten; jemand hat in den anderen Fächern keine Probleme; wenn man immer nur Grammatik macht, kann man nicht sprechen lernen; in der Klasse spricht immer nur der Lehrer; könnte man nicht mal Gruppenarbeit machen?

VII. Notieren Sie stichwortartig die Informationen, die an dem Gespräch für alle Lehrer und Schüler von Interesse sein können.

> 1. Sprachbegabung: . . . 2. Intelligenz: . . . 3. Lehrer/Methoden: . . . 4. Motivation: . . . 5. ?

VIII. Redemittel

1. „denn" in W-Fragen* (1)

Lesen Sie zuerst alle Fragen, ergänzen Sie danach in jeder Frage „denn", kreuzen Sie zuletzt bei a–d die richtigen Lösungen an.

Im Normalfall ist „denn" |a| betont,
|b| unbetont.

W-Fragen sind direkt und unpersönlich: |c| mit „denn",
|d| ohne „denn".

> a) Wie kommen Sie . . . zu dieser Prognose?
> b) Wie käme ich . . . zu einem solchen Vorwurf?
> c) Wo bleiben . . . die restlichen 35 Prozent?
> d) In welchem Bereich hat er . . . Schwierigkeiten?
> e) Wie heißen Sie . . . ?
> f) Wo wohnst du . . . ?
> g) Wann kommt er . . . ?
> h) Warum schläft sie . . . noch?

---

* Das Wort „denn", das in den folgenden Abschnitten behandelt wird, darf nicht verwechselt werden mit dem gleichlautenden Wort in Sätzen des folgenden Typs: „Na, dann hat Schill ja doch noch eine gute Chance, denn er hat fest vor, hier zu studieren."

2. „denn" in W-Fragen (2)

Wenn etwas bisher Angenommenes oder Gesagtes nicht stimmt, kann man sich nach dem richtigen Sachverhalt mit einer W-Frage erkundigen, die ein betontes „denn" enthält. Eine reine W-Frage, die also kein „denn" o.ä. enthält, ist in diesem Fall selten.

Beispiel: A: Es liegt nicht allein am Fleiß.
B: Woran liegt es denn?
(Auch möglich: Und woran liegt es? Unüblich: Woran liegt es?)

Erkundigen Sie sich nach dem richtigen Sachverhalt mit betontem „denn" oder mit „und".

---

a) A: Ich bin nicht Frau Meyer. B: Wer sind . . .?

b) A: Ich bin keine Medizinerin. B: (Was?)

c) A: Elke wohnt weder am Opern- noch am Theaterplatz. B: (Wo?)

d) A: Von mir hängt diese Entscheidung nicht ab. B: (Von wem?)

e) A: Er kommt gar nicht aus Anatolien. B: (Woher?)

f) A: Der Favorit hat nicht gewonnen. B: (Wer?)

g) A: Sie hat gar nicht an ihre Mutter geschrieben. B: (An wen?)

h) A: Von Algebra und Geometrie versteht er nichts. B: (Wovon, etwas?)

---

3. „denn" in Ja-Nein-Fragen (1)

Lesen Sie zuerst jeden Dialog ohne „denn" und danach mit „denn" (B). Kreuzen Sie dann bei a–f unten die richtigen Lösungen an.

---

a) A: Er hat große Probleme im Unterricht.
B: Versteht er . . . die Regeln nicht?

---

b) A: Er zeigt wenig Interesse.
B: Ist er . . . nicht motiviert?

c) A: Wir haben fast nur alte Bücher.
B: Benutzen Sie . . . veraltete Bücher?

d) A: Ich bin nicht musikalisch.
B: Glauben Sie . . . , daß die Musikalität besonders wichtig beim Fremdsprachenlernen ist?

e) A: Viele unserer Studenten sind sehr sportlich.
B: Ist . . . sportliche Tüchtigkeit ein entscheidender Gesichtspunkt fürs Studium?

f) A: Seine Schwestern machen große Fortschritte.
B: Hat er . . . mehrere Schwestern?

g) A: Er kennt keine grammatische Regel.
B: Halten Sie das . . . für wichtig?

h) A: Ich kenne kein einziges Sprachlehrwerk.
B: Haben Sie . . . nie einen Sprachkurs besucht?

In Ja-Nein-Fragen ist „denn"
⊡ betont,   ⊡ unbetont.

Ja-Nein-Fragen mit „denn" drücken sehr oft folgendes aus:
⊡ eine Vermutung, ⊡ eine Warnung,
⊡ ein Erstaunen,   ⊡ Aggressivität.

4. „denn" in Ja-Nein-Fragen (2)

Nicht alle Ja-Nein-Fragen mit „denn" bringen ein Erstaunen zum Ausdruck. Einige klingen interessiert, anteilnehmend, persönlicher und weniger direkt als die Fragen ohne „denn". Andere verstärken einen Vorwurf, eine unfreundliche Reaktion. Ergänzen Sie bei B „denn", und beschreiben Sie die Wirkung.

a) A: Sein Lernerfolg ist gering.
   B: Ist er nicht motiviert?

b) A: Entschuldigung! (Jemand hat jemanden unbeabsichtigt auf den Fuß getreten.)
   B: Können Sie nicht aufpassen?

c) A: Mit der Grammatik habe ich viele Probleme.
   B: Verstehen Sie die Regeln nicht?

d) A: Wie viele Klausuren schreiben wir?
   B: Haben Sie nicht zugehört? (Ebenso:) Haben Sie geschlafen?

e) A: Beim Hören verstehen meine Studenten nur wenig.
   B: Benutzen Sie keine Hörtexte?

f) A: Er hat Angst, er schafft es nicht.
   B: Warum übt er nicht mehr?

g) A: Seine Aussprache ist schlecht.
   B: Kommt er denn regelmäßig zum Unterricht?

h) A: Ich glaube, ich muß noch sehr viel lernen.
   B: Wollten Sie im Herbst die Prüfung machen?

i) A: Diesmal fahren wir im Urlaub nach Schweden.
   B: Haben Sie schon gebucht?

j) A hat wieder einmal mehrere Nächte durchgefeiert.
   B: Willst du nie vernünftig werden?

IX. Diskutieren Sie.

Was halten Sie von dem Gespräch der Lehrer? Haben die Lehrer etwas vergessen, was auch wichtig für den Lernerfolg ist?
Was müßten Sie selbst, was könnte Ihr Lehrer ändern, damit Sie gute Fortschritte im Deutschen machen?

Sprachen in Zahlen

I. Lesen Sie den einleitenden Text, und verschaffen Sie sich einen ersten Überblick über die Informationen, die die Tabellen enthalten.

1   Die Bedeutung einer Fremdsprache für den einzelnen ergibt sich aus persönlichen Motiven, z. B. dem Studienwunsch oder Urlaubsplänen. Im übrigen aber bestimmt die wirt-
3   schaftliche, politische und kulturelle Lage eines Landes, welche generelle Bedeutung seiner Sprache zukommt. Daneben spielt auch die Zahl der Muttersprachigen und die Zahl
5   der Länder, in denen eine Sprache Staatssprache ist, eine wichtige Rolle. Die folgenden Tabellen enthalten statistische Angaben zu einigen dieser Gesichtspunkte.

Tabelle 1

Die acht wichtigsten internationalen Sprachen der Welt

	Englisch	Chinesisch	Spanisch	Russisch	Französisch	Arabisch	Portugiesisch	Deutsch
Einwohnerzahl von Ländern, in denen die Sprache offizielle* Sprache ist (in Millionen)	1450	1100	280	275	220	175	160	100
Zahl der Länder, in denen die Sprache offizielle Sprache ist	63	5	21	1	40	23	8	4
Zahl der Länder mit mehr als 2 Mill. Einwohnern, in denen die Sprache offizielle Sprache ist	25	4	20	1	21	16	4	3

* Offizielle Sprache = Sprache, die in offiziellen Dokumenten oder in der Verwaltung benutzt wird.

Tabelle 2

Rangordnung der Sprachen der Welt nach der Zahl der Muttersprachigen (in Millionen)

1.	Chinesisch	900
2.	Englisch	320
3.	Hindi und Urdu	245
4.	Spanisch	210
5.	Russisch	145
6.	Arabisch	130
7.	Bengali	120
8.	Portugiesisch	115
9.	Deutsch	110
10.	Japanisch	110

Tabelle 3

Sprachen als Wissenschaftssprachen Übersetzungen auf sechs Wissenschaftsgebieten im Jahr 1980

Ausgangssprache	Zahl der Titel
Englisch	7504
Russisch	3288
Französisch	2537
Deutsch	2431
Italienisch*	571
Spanisch	299
Arabisch	122
Chinesisch	77
Persisch	40

* Nach Platz 5 folgt eine Auswahl von Sprachen.

Tabelle 4

Fremdsprachen im Unterricht
Zahl der Unterrichtsstunden für erwachsene
Kursteilnehmer in Berlitz-Schulen, weltweit,
1987

Zahl der Stunden (in Prozent)	Sprache
63,5	Englisch
11	Französisch
8	Spanisch
8	Deutsch
9,5	Alle anderen

II. Diskutieren Sie den einleitenden Text und die Informationen der Tabellen.

1. Kann man das Interesse des einzelnen an einer Fremdsprache von der generellen Bedeutung dieser Sprache trennen? (Begründen Sie Ihre Meinung.)

2. Stimmen Sie der Behauptung zu, die in der Überschrift von Tabelle 1 steckt? Welches sind Ihrer Meinung nach die wichtigsten Sprachen der Welt? (Begründen Sie Ihre Meinung.)

3. Kann man aus Tabelle 3 auf die Bedeutung der genannten Sprachen als Wissenschaftssprachen schließen? (Warum, warum nicht?)

4. Kann man aus Tabelle 4 auf die Bedeutung der genannten Sprachen als Fremdsprachen schließen? (Warum, warum nicht?)

5. Welche Fremdsprachen werden in Ihrer Heimat häufig unterrichtet? Haben Sie eine Erklärung dafür? Welche Fremdsprache würden Sie gern besonders gut beherrschen? (Warum?)

6. a) Stellen Sie fest, wo Ihre Muttersprache in den Tabellen eingeordnet ist. Nehmen Sie Stellung zu der Einordnung.

   b) Wo würden Sie Ihre Muttersprache in den Tabellen einordnen? Begründen Sie Ihre Einordnung.

7. Halten Sie die Zahlenangaben zur Verbreitung von Sprachen für verläßlich? (Welches Interesse könnten z.B. Regierungen haben, die Zahlen zu manipulieren?)

Quellen:
George Weber, in: *Language monthly*, 2/1987, S. 23 und 3/1985, o.S. (Tab. 1 und 2); *Statistisches Jahrbuch der Unesco*, 1985, S. VII. 111 f. (Tabelle 3); Auskunft der Berlitz-Schulen, März 1988. (Tabelle 4)

III. Schriftliche Auswertung von Statistiken

1. Vervollständigen Sie den Text zur ersten Tabelle.

Die acht wichtigsten internationalen Sprachen der Welt

In . . . Statistik über die acht . . . wird . . . erstes festgestellt, wie . . . Einwohner die Länder haben, . . . denen eine bestimmte Sprache offizielle . . . ist. Danach . . . Englisch für 1450 . . . Menschen . . . Sprache. Es folgt Chinesisch, . . . für . . . Millionen Menschen . . . . . . ist. Die übrigen Sprachen, nämlich Spanisch, . . . folgen mit großem Abstand. Die entsprechenden Einwohnerzahlen reichen hier   Spanisch mit 280 Millionen bis . . . mit . . . .

Nach ... Zahl der Länder, in ... eine Sprache offizielle Sprache ist, ergibt ... eine ganz andere Reihenfolge ... wichtigsten Sprachen. Zwar ... auch hier Englisch mit ... Ländern an ... Spitze, es folgt jedoch Französisch ... 40, Arabisch mit ... und ... mit 21 Ländern. Die anderen Sprachen folgen mit 8 bis 5 ... . Auf ... letzten Platz liegt jetzt ... , das nur in ... Land ... Sprache ... .
Berücksichtigt man nur solche ... , die mehr als ... . Einwohner haben, bleiben ... und ... mit ... bzw. ... Ländern ... ... beiden ersten Plätzen. Spanisch und ... vertauschen ... Plätze, und dann folgen ... , ... , ... mit jeweils ... . Auf dem ... Platz bleibt ... .

2. Schreiben Sie einen kurzen Text über die Rangordnung der Sprachen der Welt nach der Zahl der Muttersprachigen. (Tabelle 2)

Verwenden Sie folgende Formulierungshilfen:

an der Spitze liegen; auf dem ... Platz folgen; dann kommen ... ; auf dem ... Platz liegen; eine Gruppe von sechs Sprachen mit 145 bis 110 Millionen Muttersprachigen, nämlich ...

3. Vervollständigen Sie den Text. (Tabelle 3)

Die Bedeutung von Sprachen als Wissenschaftssprachen

Gegenstand ... vorliegenden Tabelle ist ... Bedeutung von Sprachen ... Wissenschaftssprachen. Es wurde untersucht, ... viele Übersetzungen aus verschiedenen Sprachen es 1980 auf ... Gebieten ... gab. Danach liegen die Übersetzungen ... dem Englischen mit ... Titeln ... der Spitze. Es folgen ... , ... und ... . Aus diesen drei Sprachen wurden zusammen ungefähr ... viele Bücher übersetzt wie aus ... Englischen. Auf ... fünften Platz liegt ... . Aus den dann ... Sprachen, nämlich ... , ... , ... , ... , wurden 299 bis 40 Bücher ... . Das entspricht zusammen etwa ... Zahl ... Übersetzungen ... dem Italienischen.
Ein Mangel dieser Untersuchung besteht ... , daß sie sich auf 6 Wissenschaftsgebiete ... . Bei Berücksichtigung weiterer Gebiete ergäbe ... möglicherweise eine andere Reihenfolge. Außerdem enthält die Tabelle keine Angaben ... die Zahl ... Bücher, die *in* eine Sprache übersetzt ... ... übrigen stellen die Sprachen nach Platz ... eine Auswahl dar. In Wirklichkeit ... auf ... Plätzen 6–9 also zumindest teilweise andere ... Um das Thema „Die ... " gründlich ... bearbeiten, müßte ... schließlich auch die Gründe ... Folgen der unterschiedlichen ... einer Sprache ... Wissenschaftssprache erörtern.

4. Untersuchen Sie den Aufbau des Texts in der dritten Übung.
(Ergänzen Sie die fehlenden Zeilenangaben.)

- ● Thema der Tabelle (Überschrift, Titel), Z. 1– . . .
- ● Grundlage der Zahlen (Untertitel. Was wurde untersucht?), Z. 2 – . . .
- ● Darstellung der Einzelergebnisse, Z. . . .
- ● Kommentar (Kritik), Z. . . .

5. Schreiben Sie einen Text zu Tabelle 4: „Fremdsprachen im Unterricht".

Die Übung 3 enthält sprachliche Hilfen, die Übungen 3/4 geben Hinweise für den Aufbau.
Beim Inhalt des Kommentars denken Sie bitte an Ihre Diskussion zu Übung II, 4/5.

> *Der Anfang Ihrer Arbeit könnte z. B. so aussehen:*
>
> Die vorliegende Statistik liefert Informationen über Fremdsprachen im Unterricht. Untersucht wurde die Zahl . . . . Danach entfielen auf Englisch . . .

„Zug Köln?" – Das genügt. Oder?

I. Lesen Sie den Text, und klären Sie die unbekannten Wörter.

1   „Warum soll ich sagen: ‚Wann fährt der Zug nach Köln, bitte?' Ich sage: ‚Zug Köln?' Das
     genügt. Oder?" (Begründung des Schülers Ali Y. dafür, daß er sich im Deutschunterricht
3   keine Mühe mehr gibt.)
     Ali hat gar nicht so unrecht. In vielen einfachen Alltagssituationen genügen die sinntra-
5   genden Wörter, um sich verständlich zu machen. Und wenn ein Schüler in der Lage ist, mit
     wenigen wichtigen Begriffen Alltagssituationen sprachlich zu meistern, hat er in der Tat ein
7   wesentliches Teilziel des Deutschunterrichts erreicht.

Reduziertes Deutsch

Nun könnte Ali allerdings auf seine Frage: „Zug Köln?" durchaus auch die Antwort erhal-
9 ten: „Nein, das ist der Zug nach Stuttgart" oder: „Auf Bahnsteig 9". Und selbst wenn Ali
etwas weniger sparsam fragt: „Wann Zug Köln?", weiß er noch nicht, ob die Antwort: „12
11 Uhr 15" sich auf die Abfahrt oder die Ankunft des Zugs bezieht.
Reduziertes Deutsch, das sich – grammatisch gesehen – häufig auf Substantive stützt und
13 Präpositionen, Endungen usw. vernachlässigt, kann also selbst in einfachen Alltagssituationen nicht immer das gegenseitige Verständnis sichern. Das gilt natürlich noch mehr für
15 schwierige Situationen, z. B. die Reklamation in einem Geschäft oder die Auseinandersetzung mit Behörden, wo man sich sprachlich etwas „erkämpfen" muß. Erzählungen, Be-
17 richte, Referate u. ä., das heißt alle Situationen, in denen nicht direkt miteinander gesprochen wird, lassen sich noch weniger mit einer reduzierten Sprache bewältigen. Der Ex-
19 tremfall des indirekten Miteinandersprechens ist das Schreiben. Das kann schon ein einfa-
ches Beispiel verdeutlichen. Wenn die Wörter „Männer" oder „Frauen" in einer bestimm-
21 ten Situation mit erstaunter oder verächtlicher oder freudiger Stimme *gesagt* werden, sind
weitere Worte oft überflüssig. Steht dagegen eins dieser Wörter auf einem sonst leeren
23 Blatt, sagt das dem Leser so gut wie nichts.
Mit einer reduzierten Sprache lassen sich also Alltagssituationen häufig bewältigen, in an-
25 deren Fällen reicht diese „Sparform" der Sprache nicht aus.
(Nach: Neumann/Reich, *Türkische Kinder – deutsche Lehrer,* Düsseldorf 1978)

II. Ist es richtig, wenn man auf der Grundlage des Texts die folgenden Behauptungen aufstellt?

Begründen Sie Ihre Antwort.

1. Ali Y. hat recht, wenn er sich keine Mühe mehr im Deutschunterricht gibt.

2. Der Deutschunterricht hat ganz andere Aufgaben, als dem Schüler zu helfen, mit einer einfachen Sprache Alltagssituationen zu bewältigen.

3. Das Kennzeichen von reduziertem Deutsch ist, daß es keine Präpositionen und Endungen enthält.

4. Bei Behörden reicht reduziertes Deutsch, aber z. B. Referate lassen sich damit nicht bewältigen.

5. Wenn jemand z. B. mit freudiger Stimme „Öl" sagt, weiß man genau, was er meint.

III. Übergreifendes Verständnis

1. Was sollen die Beispiele in Z. 8–11 verdeutlichen? Antworten Sie in einem Satz, und beginnen Sie so: „Die Beispiele sollen zeigen, daß . . . "

2. Der Verfasser gibt einige Beispiele für „schwierige" Situationen. Dabei kann man drei Arten von schwierigen Situationen unterscheiden. Nennen Sie diese drei Situationen (*keine* Beispiele) in knapper Form. Beginnen Sie so: „Erstens: Situationen, in denen man . . . . Zweitens: . . . . Drittens: . . . ."

3. Wenn nur ein Wort auf einem Blatt Papier steht, sagt das dem Leser sehr wenig. Wenn man dasselbe Wort hört, sagt das dem Hörer viel mehr. Warum? Es genügt, wenn Sie die Frage mit der entsprechenden Information aus dem Text beantworten.

4. Fassen Sie die entscheidende Aussage des Texts in einem Satz zusammen. (Sie können Formulierungen aus dem Text benutzen.)

IV. Ergänzen Sie die fehlenden Wörter und Endungen.

. . . Schüler Ali Y. glaubt, er braucht . . . im Deutschunterricht kein_____ Mühe mehr . . . geben. Anstelle . . . Frage: „Wann fährt der Zug nach Köln, bitte?" genügt sein_____ Meinung . . . die Frage: „Zug Köln?" Wenn . . . Glück hat, reicht dies _____ Frage in . . . Tat aus. Aber . . . kann ihm auch passieren, daß . . . z. B. die . . . erhält: „Nein, das ist der Zug nach Stuttgart." Auch . . . einfach _____ Alltagssituationen genügt . . . also nicht immer, ein _____ „Sparform" des Deutsch _____ . . . verwenden.

V. Schriftliche Zusammenfassung

Geben Sie die wichtigsten Aussagen des Textes in zusammenhängender Form wieder. Prüfen Sie vorher, ob man auf das Beispiel mit dem Schüler Ali Y. verzichten kann.

Hier sind einige Hilfen, die Sie verwenden können:

In vielen einfachen Alltagssituationen . . . (verstanden werden)

Deshalb hat ein Schüler, . . . (ein Teilziel erreichen)

Aber schon in einfachen Alltagssituationen . . . (nicht immer ausreichen)

Und in schwierigen Situationen kann . . . (nur wenig anfangen mit)

Für mündliche Berichte, Referate u. ä. . . . (noch weniger geeignet sein)

Beim Schreiben schließlich kann nur . . . (das Verständnis sichern)

VI. Erörtern Sie.

1. Im Text wird das Schreiben als Extremfall des indirekten Miteinandersprechens bezeichnet. Wie ist das zu verstehen?

2. Wie kommt es, daß man sich in einfachen Alltagssituationen oft mit einer reduzierten Form der fremden Sprache verständlich machen kann?

3. Eine reduzierte Form des Deutschen reicht nur in bestimmten Situationen aus.
Welchen weiteren Nachteil kann ein solches Deutsch für den Sprecher haben? (Denken Sie an die Reaktionen der Muttersprachigen, wenn jemand eine „Sparform" des Deutschen spricht.)

Ein Fachmann hat das Wort

I. Hören Sie den ganzen Text, und stellen Sie fest, wer die beiden Interviewpartner sind und über welche drei großen Themen sie sprechen.

II. Wortschatz

1. Nennen Sie die entsprechenden Begriffe.
a) Er *leitet* das Informationszentrum: Er ist der ... des Informationszentrums. b) *Leute, die aus demselben Land* kommen wie man selbst: ... c) *Situationen,* die ganz *alltäglich* sind: ... d) die *Fertigkeit* zu *lesen*: ... e) *Aufgaben,* die man zu *Hause* für den Unterricht erledigen soll: ... f) ein *Mittel,* von dem man *Wunder* erwartet: ... g) der *Erwerb* einer *Sprache*: der ... h) der *Unterricht* bei *Fortgeschrittenen*: der ... i) eine *Liste* mit *Wörtern*: eine ...

2. Ersetzen Sie das schräg gedruckte Wort durch ein Wort mit gegenteiliger Bedeutung.

a) wenige Aufsätze – zahl ... Aufsätze
b) die *Theorie* des Fremdsprachenunterrichts – die ... c) der Hinweis *gilt nur in Einzelfällen* – der Hinweis ist ... d) etwas an *letzter* Stelle nennen – etwas ... e) der Grundsatz wurde *mißachtet* – der ... f) die Lesefertigkeit ist von *geringer* Bedeutung – die ...
g) die Bemühungen sind *erfolglos* gewesen – die ... h) das Sprachlabor hat den Unterricht *indirekt* verbessert – das ... i) einige Leute haben das Sprachlabor *unterschätzt* – einige ... j) im Labor sind die Schüler *passiv* – im ... k) Studenten sind daran gewöhnt, *unsystematisch* zu arbeiten – Studenten ... l) sie haben alle Regeln *vergessen* – sie ... m) das Üben wird durch Regeln *erschwert* – das ...

III. Hören Sie den Text noch einmal (bis: „Darf ich jetzt mal einen großen Sprung machen"), und vervollständigen Sie dann die folgende Zusammenfassung:

> Wenn es überhaupt möglich ist, einen Ratschlag zu geben, der für jeden Sprachschüler gilt, dann heißt er ... . Eigentlich sollte es selbstverständlich sein, daß dabei ... an erster Stelle stehen. Aber dieser Grundsatz wurde früher keineswegs ... , und er wird auch heute noch ... . Natürlich kommt es nicht nur darauf an, viel ... , sondern genauso ... , was man hört und was man spricht. Für Studenten und Experten z. B. reicht es nicht, daß sie ... in der fremden Sprache lösen, sondern sie müssen auch ... und darüber sprechen können.
> Auch das Lesen ist für manche Gruppen, wie z. B. ... , sehr wichtig. Für Wissenschaftler, die ... , aber die Sprache nicht ... , ist das Lesen sogar ... .
> Das Schreiben ist in der ... wie in der ... eine Fertigkeit für sich. Wer daher in der fremden ... , der muß diese Fertigkeit ... . Es gibt allerdings nicht viele ... , in denen ein Ausländer ... . Immerhin beim Lernen einer Fremdsprache, z. B. für die ... , ist das Schreiben ... . Trotzdem bleibt es dabei: ... .

IV. Hören Sie den nächsten Abschnitt (bis: „Ich möchte jetzt zum Schluß auf die Grammatik kommen"). Notieren Sie dann stichwortartig Freudensteins Meinung über Wert und Einsatzmöglichkeiten des Labors.

1. Sprachlabor hat Sprachunterricht . . . .
2. Günstiger Einsatz bei Anfängern: Üben . . .   Grund: . . .
3. Günstiger Einsatz bei Fortgeschrittenen: Verstehen von . . .
   Gründe: a) . . . b) . . . c) . . .

V. Was gehört zusammen?

1. Prof. Freudenstein hat sich vor 20 Jahren dafür eingesetzt, . . .	a) daß das Sprachlabor auch in der Bundesrepublik verwendet wird.
2. Das Sprachlabor hat dazu beigetragen, den Fremdsprachenunterricht . . .	b) daß ein Schüler nur eine oder zwei oder überhaupt keine Antworten gibt.
3. Einige Leute haben das Labor überschätzt und gedacht, . . .	c) sind vom Lehrer nur schwer allein vorzutragen.
4. Das Sprachlabor ist natürlich nicht in der Lage, . . .	d) zu verbessern.
5. Im normalen Klassenunterricht kann es vorkommen, . . .	e) alle weitere Arbeit der Lehrer und Schüler überflüssig zu machen.
6. Texte, bei denen mehr als eine Person spricht, . . .	f) daß das Sprachlabor ein Wundermittel ist.

VI. Hören Sie den Abschnitt noch einmal (von: „Darf ich jetzt mal einen großen Sprung machen" bis: „Ich möchte jetzt zum Schluß noch auf die Grammatik kommen"), und geben Sie ihn dann erst mündlich und danach schriftlich wieder.

Achten Sie bei Ihrer Wiedergabe vor allem auf folgende Punkte:

1. Professor Freudensteins Bemühungen. 2. Ergebnisse des Fremdsprachenunterrichts. 3. Einschätzung des Sprachlabors durch einige Leute. 4. Die Wichtigkeit des Sprachlabors auf den ersten Stufen des Spracherwerbs. 5. Der Grund dafür. 6. Die Bedeutung des Labors für Fortgeschrittene. 7. Die drei Gründe dafür.

VII. Hören Sie den Schluß des Texts, und entscheiden Sie, welche Aussagen dem Text sinngemäß entsprechen. Berichtigen Sie die abweichenden Aussagen.

1. Das Thema „Grammatik im Fremdsprachenunterricht" ist eine einfache, überschaubare Frage.

2. Fremdsprachenunterricht ohne Grammatik, das geht überhaupt nicht.
3. Erwachsene brauchen die Grammatik im Fremdsprachenunterricht eher als Kinder.
4. Studenten brauchen die Grammatik eher als andere Erwachsene.
5. Mit Regeln kann man sich die Ausnahmen gut merken.

6. Es ist zweifelhaft, ob das Auswendiglernen von Wörterlisten einen Sinn hat.

7. Wer ein gutes Gedächtnis hat, der handelt richtig, wenn er möglichst viele Regeln und Wörterlisten lernt.

8. Wenn man die fremde Sprache spricht, spricht man eigentlich nichts anderes als Regeln und Wörterlisten.

9. Vor allem beim Üben bestimmter sprachlicher Erscheinungen kann eine begrenzte Menge einfacher, klarer Regeln eine Hilfe sein.

10. Professor Freudenstein hält nichts von grammatischen Aufgaben in Prüfungen.

11. Die Grammatik kann mit den Liedern eines Sängers verglichen werden.

12. Man soll einen Sprachschüler, wenn er die Fremdsprache spricht, nicht danach beurteilen, ob er die grammatischen Regeln kennt.

VIII. Fassen Sie die wichtigsten Aussagen des Interviews zur Frage der Grammatik zusammen. (Wenn Sie wollen, können Sie zum Schluß auch Ihre eigene Meinung darstellen.)

In Ihrer Zusammenfassung sollten folgende Punkte angesprochen werden:

1. Die allgemeine Bedeutung der Grammatik, ihre Bedeutung für Erwachsene, für Studenten. 2. Die Fragwürdigkeit von Regeln und Wörterlisten. 3. Die beiden Gründe dafür. 4. Der Wert von Regeln und Listen. 5. Das Ziel des Fremdsprachenunterrichts.

Und so könnten Sie anfangen:

Die Grammatik ist ein wichtiger Teil des Fremdsprachenunterrichts. Das gilt vor allem für erwachsene Sprachschüler, besonders wenn es sich bei diesen Erwachsenen um . . .

IX. Redemittel: Vermuten; Bestätigen; Auffordern; Versprechen

1. Suchen Sie die Alternative im Text.

a) Ich irre mich wohl nicht, daß es Ihnen vor allem auch um die Praxis geht.
Ihnen geht es doch wohl vor allem auch um die Praxis.
Alternative im Text: . . .

b) Was die Praxis angeht, trifft Ihre Einschätzung völlig zu.
Alternative im Text: . . .

c) Könnten Sie jetzt mal auf das Lesen und Schreiben eingehen?
Alternative im Text: . . .

d) Darauf komme ich gleich zu sprechen. (Erlauben Sie mir vorher noch ein paar Worte zum Hören und Sprechen.)
Alternative im Text: . . .

2. Um welche Redemittel geht es in den folgenden Sätzen?

a) Das ist bestimmt Klaus, der da so spät noch anruft.
b) Natürlich sehen wir das alle auch so.
c) Geben Sie doch mal ein Beispiel.
d) Ich nehme an, daß Ingrid auch nicht ganz unschuldig ist.
e) Wer könnte Ihnen in diesem Punkt widersprechen?
f) Ich werde nie wieder einen Tropfen Alkohol anrühren.
g) Warum sagst du ihr nicht einfach die Wahrheit?
h) Das werde ich spätestens morgen erledigen.

3. Bilden Sie ähnliche Sätze.

X. Diskutieren Sie in der Klasse.

1. Professor Freudenstein hat mich überzeugt; ich werde in Zukunft anders lernen.
2. Wir sollten uns mal Gedanken darüber machen, was in unserem Sprachunterricht geändert werden könnte.
3. Professor Freudenstein schätzt den Wert von Regeln und Wörterlisten wahrscheinlich nicht richtig ein.

XI. Redemittel

1. „eigentlich" im Aussagesatz (1)

Genau wie „denn" steht „eigentlich" nicht im Aufforderungssatz (vgl. S. 13-15). Anders als „denn" kann „eigentlich" aber im Aussagesatz stehen. Dabei kann es auch die erste Position im Satz ausfüllen. „Eigentlich" kann im Aussagesatz meistens durch „im Grunde genommen" ersetzt werden. – Setzen Sie „eigentlich" in die Sätze ein.

Beispiel: ▼ Wir brauchen das ▼ nicht mehr zu üben.
Eigentlich brauchen wir das nicht mehr zu üben.
Wir brauchen das eigentlich nicht mehr zu üben.

a) ▼ Es kommt ▼ nur darauf an, daß die Schüler motiviert sind.
b) ▼ Es sollte ▼ selbstverständlich sein, daß das Sprechen an erster Stelle steht.
c) ▼ Die Schüler müßten ▼ mit besseren Sprachkenntnissen aus dem Ausland zurückkehren.
d) ▼ Jede Schule sollte ▼ ein Sprachlabor haben.
e) ▼ Das Üben der Hörfertigkeit ist ▼ nur mit Cassetten bzw. Tonbändern möglich.
f) ▼ Ein Erwachsener kann eine Fremdsprache ▼ nicht ohne Grammatik lernen.
g) ▼ Ich kann auf diese Frage ▼ keine kurze, eindeutige Antwort geben.
h) ▼ Den Kontakt mit Landsleuten sollte man ▼ meiden, wenn es einem nur auf schnelle Fortschritte in der Fremdsprache ankommt.

2. „eigentlich" im Aussagesatz (2)

Lesen Sie zunächst die beiden Beispiele. Beantworten Sie dann die Vorschläge/Aufforderungen zunächst ohne und danach mit „eigentlich". Kreuzen Sie zuletzt bei a–f die richtigen Lösungen an.

Beispiele:
A: Kommst du mit in die Mensa? B: Ich habe eigentlich keinen Hunger. A.: Ein Stück Kuchen wirst du ja wohl schaffen. B: Na gut, ich komm' mit.
A: Trinken wir noch einen Kaffee bei mir? B: Eigentlich müßte ich längst zu Hause sein. A: Aber 'ne kleine Tasse Kaffee? B: Nein danke, wirklich. Ich muß jetzt gehen.

---

a) Kann ich mir mal dein Fahrrad leihen? (es, meinem Bruder gehören)
b) Kommst du mit ins Schwimmbad? (mir, das Wasser noch zu kalt sein)
c) Putz doch mal unser Auto. (das, nicht einsehen)
d) Soll Tommy uns zum Chef begleiten? (das, unnötig sein)
e) Sie müssen mal wieder Ihr Wohnzimmer streichen. (es, erst vor zwei Jahren streichen)
f) Fliegst du mit nach Berlin? (sich das gar nicht leisten können)
g) Möchten Sie noch ein Glas Wein? (jetzt lieber ein Wasser)
h) Darf ich Ihnen noch ein Stück Fleisch geben? (satt sein)
i) Wollen Sie das Buch kaufen? (es, zu teuer finden)
j) Mach mir mal bitte einen Kaffee. (du, ihn dir, auch selbst machen können)

Wenn man mit „eigentlich" auf einen Vorschlag/eine Aufforderung antwortet, ist der Vorschlag/die Aufforderung

a) eindeutig akzeptiert,
b) endgültig abgelehnt,
c) noch nicht endgültig abgelehnt,

klingt die Reaktion mit „eigentlich"
d) nicht so hart,
e) nicht so freundlich,
f) resignierend.

3. „eigentlich" in Fragesätzen

Im Vergleich mit Fragen ohne „eigentlich" klingen Fragen mit „eigentlich" weniger direkt und oft beiläufig. – Überprüfen Sie diese Aussage an den folgenden Sätzen:

---

a) Haben Ihre Bemühungen . . . Erfolg gehabt?
b) Ist die Grammatik . . . für jeden gleich wichtig?
c) Gibt es . . . Regeln, die für jeden gelten?
d) Kann man eine Sprache . . . auch ohne Sprachlabor lernen?
e) War die Post . . . schon da?
f) Wohin fährt er . . . ?
g) Wie heißt du . . . ?
h) Was hast du . . . gegen ihn?
i) Wer hat . . . gewonnen?
j) Wann kommt sie . . . zurück?

Wie die Fragen mit „eigentlich" sind auch die Fragen mit „denn" weniger direkt. Fragen mit „denn" klingen aber nicht beiläufig. Überprüfen Sie diese Aussage an den obigen Sätzen.

4. „eigentlich" oder „denn"?

Das Problem „,eigentlich' oder ,denn'" stellt sich nur in Fragesätzen. Hilfen zur Unterscheidung wurden dargestellt. Es bleibt aber die Tatsache, daß in vielen Fragen „eigentlich" und „denn" möglich sind. Ein letzter

Unterschied: Nur Fragen mit „eigentlich" können einem Gespräch eine neue Richtung geben.

Beispiele:

Ein neuer Student ist im Kurs und erzählt den anderen, wo er herkommt, was er für Pläne hat, usw. Dann fragt einer der Zuhörer: „Wo wohnst du eigentlich?"

Ein Student schimpft über den starken Verkehr, wenn er morgens zum Unterricht kommt. Ein anderer sagt: „Wie schreibt man eigentlich ,rush hour'?"

Ein neuer Kollege erzählt den anderen von seinem Studium und seinen Berufserfahrungen. Ein Kollege fragt: „Sagen Sie, sind Sie eigentlich verheiratet?"

Entscheiden Sie sich in den folgenden Beispielen zwischen „denn" und „eigentlich".

a) Ein Ehepaar ist mit dem Auto in den Urlaub unterwegs und spricht über seine Urlaubserwartungen. Plötzlich fragt sie: „Hast du . . . die Haustür abgeschlossen?"
b) Freunde unterhalten sich über die Bücher von Heinrich Böll. Nach einiger Zeit fragt einer: „Ist Günter Grass . . . später noch einmal nach Indien gefahren?"
c) Man unterhält sich über Jupiter, Venus, die Milchstraße. Einer fragt: „Ist . . . morgen Vollmond?"
d) Die Mutter kommt vom Telefon ins Wohnzimmer zurück und sagt zum Vater: „Es waren nicht die Kinder." Darauf sagt der Vater: „So, wer war es . . . ?"
e) Ein Lehrer berichtet: „Ernesto ist gestern nach Santiago zurückgeflogen." Ein anderer sagt erstaunt: „War er . . . aus Chile? Ich dachte immer, er ist Argentinier."
f) Ein Fußballspieler kommt deprimiert nach Hause. Seine Frau fragt: „Habt ihr . . . schon wieder verloren?"
g) Jemand hat Probleme mit seiner neugegründeten Firma. Sein Freund sagt zu ihm: „Daß ihr am Anfang Schwierigkeiten habt, ist . . . verständlich."
h) Jemand sieht seinen Freund mit einer blonden Frau ins Kino gehen. Am nächsten Tag fragt er ihn, was gespielt wurde und ob ihm der Film gefallen hat, und sagt dann: „Kennst du die Blonde . . . schon lange?"

Spracherwerb und Wortschatz

I. Lesen Sie den Text vom Anfang bis zum Ende, und unterstreichen Sie alle Wörter, die für Sie neu sind.

1 Während einige die Spracherlernung wesentlich für eine Sache der Grammatik halten, fallen andere in ein entgegengesetztes Extrem und glauben, sie sei in erster Linie eine Frage
3 des „Vokabulars" — so, als wenn eine Sprache nicht mehr wäre als ein Sack voller Wörter. Nun weiß man natürlich, daß es einem möglich ist, alle Wörter in einem fremdsprachigen
5 Satz zu verstehen, ohne daß man weiß, was der Satz aussagt. Wortschatzkenntnis reicht

Katz·en·musik   Katz·en·sprung   Miez·häuser

nicht aus; man muß ebenso wissen, auf welche Weise eine Sprache mit Hilfe ihrer Gram-
7   matik Wörter zusammenstellt und gruppiert.

Mit diesen Hinweisen soll die Wichtigkeit des Vokabellernens nicht unterschätzt werden;
9   die Aneignung des Wortschatzes ist für jeden Sprachschüler ein wichtiges und ernstes Problem. Wie kann es am besten gelöst werden? Zu Beginn der Fremdsprachenerlernung be-
11   steht die beste bisher ermittelte Methode darin, sich das Vokabular durch aktives Sprechen und Einüben von Dialogen (kurzen Gesprächsteilen usw.) anzueignen. Hier liegt der
13   Schwerpunkt auf der tatsächlichen Benutzung und der lebendigen Anwendung der Sprache, nicht hingegen auf dem Auswendiglernen langer Wörterlisten mit deutschen Übersetz-
15   zungen. Anstatt zu lernen, daß *chapeau* „Hut" heißt, sollte der Sprachschüler dieses Wort
in sinnvollen französischen Sätzen einüben, wie z. B. *Où est mon chapeau?* („Wo ist mein
17   Hut?") oder *Quel joli chapeau!* („Was für ein hübscher Hut!").

In späteren Stadien der Spracherlernung, besonders zu Beginn des Lesenlernens, wird
19   das Vokabellernen zu einem wirklichen Problem. Jeder einzelne muß letztlich selbst herausfinden, auf welche Weise er sich neue Wörter am besten einprägen kann; drei Anre-
21   gungen lassen sich jedoch verallgemeinernd weitergeben. Zunächst einmal: Man sollte
niemals ein Wort nachschlagen, ehe man nicht den gesamten Kontext gelesen hat, in dem
23   es steht – zumindest den Satz, in dem es auftritt. Sehr oft wird nämlich aus dem Kontext die
Bedeutung klar. Zweitens sollte man sich nicht scheuen, Mutmaßungen über die Bedeu-
25   tung eines Wortes anzustellen, sagen wir ruhig: intelligent zu raten! Auf diese Weise haben
wir die meisten Wörter in unserer Muttersprache gelernt – nicht, indem wir im Duden nach-
27   geschlagen haben. Man darf diese „Raterei" natürlich nicht auf die Spitze treiben; in sehr
vielen Fällen aber wird ein zunächst unbekanntes Wort, dem wir einen vorläufigen Inhalt
29   zuordnen, im weiteren Verlauf eines Gesprächs oder eines Textabschnitts eindeutig be-
stimmbar – ohne Hilfe eines Wörterbuches. Drittens schließlich sollte man sich ein Heft-
31   chen für „schwere Wörter" anlegen; darin werden diejenigen Wörter aufgenommen, die
man immer wieder nachschlagen muß. Diese Wörter muß man ständig wiederholen.

(Aus: Moulton/Freudenstein, *Wie lernt man fremde Sprachen?*, Dortmund 1972)

II. Texterschließung

Folgen Sie den Anregungen des Verfassers (Z. 21–32).

1. Welche der neuen Wörter werden aus dem Zusammenhang klar? (Welche Bedeutung haben sie?)
2. Bei welchen der neuen Wörter müssen Sie raten? (Welche Bedeutung haben diese Wörter Ihrer Meinung nach?)
3. Bei welchen Wörtern haben Sie falsch geraten? (Da diese Wörter wahrscheinlich für Sie schwere Wörter sind, sollten Sie sie in ein Heft schreiben und ständig wiederholen.)
4. Glauben Sie, daß die Anregungen gut für Sie sind? (Begründen Sie Ihre Antwort.)

III. Kreuzen Sie die Aussagen an, die dem Text sinngemäß entsprechen.

1. Beim Fremdsprachenerwerb kommt es hauptsächlich auf die Grammatik an. ○
2. Beim Lernen einer Fremdsprache ist das wichtigste der Wortschatz. ○
3. Es ist möglich, daß man alle Wörter eines Satzes in einer fremden Sprache kennt und doch den Satz nicht versteht. ○
4. Man muß das Vokabellernen ernst nehmen. ○
5. Die beste Methode, den Wortschatz zu lernen, ist immer, die Wörter im Zusammenhang zu benutzen und aktiv anzuwenden. ○
6. Es hat keinen Wert, lange Wörterlisten mit Übersetzungen auswendig zu lernen. ○
7. Auf späteren Stufen des Fremdsprachenerwerbs gibt es keine Methode, von der man sagen kann, daß sie die beste ist. ○
8. Die Bedeutung eines Wortes wird oft aus dem Zusammenhang klar. ○
9. Es ist nicht schlecht, wenn man versucht, die Bedeutung eines Wortes zu erraten. ○
10. Man braucht für die Fremdsprache kein Wörterbuch, weil man die Muttersprache auch ohne Wörterbuch gelernt hat. ○
11. In das Vokabelheft gehören die Wörter, die einem Mühe machen. ○

IV. Übergreifendes Verständnis

1. Welche inhaltliche Beziehung besteht zwischen den Zeilen 10–17 und 18–32? Stellen Sie zuerst fest, welches Thema beide Teile des Texts gemeinsam behandeln. Untersuchen Sie dann, wo der entscheidende Unterschied bei der Behandlung dieses Themas liegt. Antworten Sie möglichst kurz, und verwenden Sie folgende Hilfen: „Das gemeinsame Thema beider Abschnitte ist . . . . In den Zeilen 10–17 geht es um . . . . In den Zeilen 18–32 dagegen . . . ."
2. Welche inhaltliche Beziehung besteht zwischen den Zeilen 18–21 und 21–32? Beachten Sie zuerst den letzten Satz der Zeilen 18–21 (Z. 20–21). Überlegen Sie dann, mit welchem Begriff man das bezeichnen kann, was der Verfasser hier tut (z. B. Beweis?, Folgerung?, Behauptung?, Zusammenfassung?, Darstellung?). Prüfen Sie danach, was die Zeilen 20–21 mit den Zeilen 21–32 zu tun haben. Antworten Sie möglichst kurz, und verwenden Sie die folgenden Hilfen: „Am Ende des Textstücks 18–21 . . . der Verfasser, daß es . . . gibt. In den Zeilen 21–32 werden diese drei . . . ."

V. Erörtern und erzählen Sie.

1. Wie könnte man an einem kurzen Satz die Behauptung in den Zeilen 4–5 beweisen?
2. Wie haben Sie sich zu Beginn des Fremdsprachenunterrichts das Vokabular angeeignet? (Ist Ihre Methode besser/schlechter als die in den Zeilen 10–17 erwähnte? Begründen Sie Ihre Meinung.)
3. Man darf die Raterei nicht auf die Spitze treiben. Wann übertreibt man die Raterei?
4. Sollten in einem Lehrbuch unter einem Text die Wörter und ihre Bedeutung stehen? (Begründen Sie Ihre Meinung.)

VI. Schriftliche Zusammenfassung

Geben Sie die wesentlichen Informationen des Texts schriftlich wieder. Als Vorübung können Sie den Text zunächst mündlich zusammenfassend wiedergeben.

Die folgenden Wendungen können Sie als Hilfe benutzen:
(Die Hilfen geben auch Anregungen für den Aufbau. Sprechen Sie nach der mündlichen Wiedergabe über diese „Hinweise" zum Aufbau.)

Manche Leute glauben, daß . . .	(am wichtigsten sein)
Andere meinen . . .	(vor allem ankommen auf)
Beides ist falsch.	
Man muß den Wortschatz . . .	(lernen)
Man muß aber auch . . .	(beherrschen)
Wenn man anfängt, eine neue Sprache zu lernen, lernt man die Vokabeln am besten, indem . . .	(im Zusammenhang benutzen und aktiv anwenden)
Auf späteren Stufen des Sprachenlernens . . .	(herausfinden, neue Wörter am besten einprägen)
Drei Anregungen . . .	(sich verallgemeinern lassen)
Man sollte . . .	(im Wörterbuch nachschlagen),
ehe . . .	(den Textzusammenhang lesen)
Durch den Zusammenhang . . .	(klar werden)
Zweitens sollte . . .	(versuchen, zu erraten)
Das ist nämlich auch der Weg . . .	(die Muttersprache lernen)
Natürlich darf die Raterei . . .	(übertreiben)
Schwere Wörter schließlich . . .	(Heft, schreiben, ständig wiederholen)

Spielen Sie

Spielen Sie 10 Minuten Unterricht.

Die eine Hälfte der Gruppe sitzt hinten als Zuschauer. Die andere Hälfte spielt die Schüler. Eine(r) ist Lehrer(in). Die „Schüler" und der „Lehrer" müssen vorher besprechen, was in der „Unterrichtsstunde" passieren soll, ob es eine „Deutschstunde" sein soll oder der Unterricht in einem anderen Fach usw. Nach 10 Minuten darf die andere Gruppe spielen.

Der Turmbau zu Babel

Die Menschen sprachen anfangs untereinander alle die gleiche Sprache und hatten dieselben Worte.

Als sie auszogen vom Osten, kamen sie in das Land Sinear und fanden eine große Ebene, wo sie bleiben wollten. Und sie bauten dort eine Stadt. Sie brannten sich Ziegel aus Lehm, und als Mörtel nahmen sie Asphalt. „Laßt uns eine große Stadt bauen!", sagten sie. Und in dieser Stadt fingen sie an, einen Turm aufzurichten, so hoch, daß die Spitze bis in den Himmel hineinreichen sollte. Sie sagten: „Dieser Turm soll ein Zeichen und Denkmal unserer Macht und Stärke sein. Er soll uns zusammenhalten, daß wir nicht zerstreut werden über die ganze Erde. Laßt uns alle zusammen diese Stadt bauen und diesen Turm, der bis in den Himmel reicht und unsere Kraft und Größe zeigt!"

Gott aber fuhr herab aus seiner Höhe, um die Stadt und den Turm zu erkennen und um zu sehen, was die Menschen da gebaut hatten. Und er sagte: „Sie sind e i n Volk mit e i n e r Sprache. Das hier ist erst der Anfang. Was werden sie noch alles beginnen in ihrem Hochmut? Nichts wird ihnen unmöglich sein. Ich will herabfahren und ihre Sprache verwirren, daß keiner mehr den andern versteht."

Und Gott stieg herab und verwirrte ihre Sprache und zerstreute die Menschen von dort über die ganze Erde, daß sie aufhören mußten, ihre Stadt zu bauen.   *1. Mose 11, 1–9*

(Ein Kapitel aus der *Bibel*, Übersetzung von Friedrich Hoffmann)

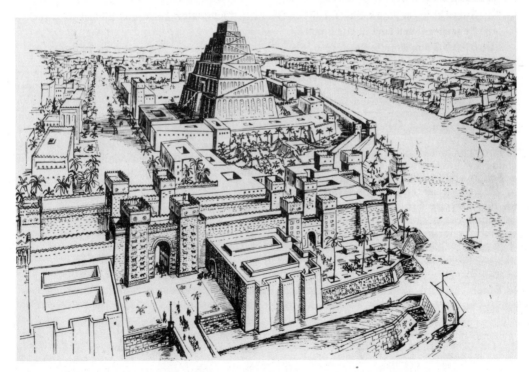

Rekonstruktionszeichnung von Babel mit dem als Weltwunder bestaunten „Turm von Babel"

Das 11. Kapitel.

Turmbau zu Babel. Verwirrung der Sprachen.

1. Es hatte aber alle Welt einerlei Zunge und Sprache.

2. Da sie nun zogen gen Morgen, fanden sie ein ebenes Land im Lande Sinear, und wohnten daselbst.

3. Und sie sprachen untereinander: Wohlauf, laßt uns Ziegel streichen und brennen! und nahmen Ziegel zu Stein und Erdharz zu Kalk

4. und sprachen: Wohlauf, laßt uns eine Stadt und einen Turm bauen, des Spitze bis an den Himmel reiche, daß wir uns einen Namen machen! denn wir werden sonst zerstreut in alle Länder.

5. Da fuhr der Herr hernieder, daß er sähe die Stadt und den Turm, die die Menschenkinder bauten.

6. Und der Herr sprach: Siehe, es ist einerlei Volk und einerlei Sprache unter ihnen allen, und haben das angefangen zu tun; sie werden nicht ablassen von allem, was sie sich vorgenommen haben zu tun.

7. Wohlauf, lasset uns herniederfahren und ihre Sprache daselbst verwirren, daß keiner des andern Sprache verstehe!

8. Also zerstreute sie der Herr von dort in alle Länder, daß sie mußten aufhören die Stadt zu bauen. Luk. 1, 51.

9. Daher heißt ihr Name Babel, daß der Herr daselbst verwirrt hatte aller Länder Sprache und sie zerstreut von dort in alle Länder.

(Übersetzung von Martin Luther)   *K. 18, 21; Pf. 18, 10; 14, 2.

Anregungen

1. Was halten Sie vom Titel der Erzählung? (Paßt er? / Paßt er nicht?)

2. Überzeugt Sie die Erklärung, die der Text für das Entstehen der verschiedenen Sprachen gibt? (Haben Sie / Kennen Sie eine andere Erklärung?)

3. Wofür werden die Menschen bestraft? Hat die Strafe Ihrer Meinung nach etwas genützt?

4. Vergleichen Sie die beiden Texte. (Unterschiede? Gemeinsamkeiten? Welchen ziehen Sie vor?)

Das Auslandsstudium fängt in der Heimat an

I. Lesen Sie die Fragen und Notizen auf der linken Seite, und nehmen Sie zu jeder Frage aufgrund Ihrer persönlichen Erfahrung Stellung.

Zur Vorbereitung auf ein Studium in der Bundesrepublik gehört zunächst die Klärung der folgenden Fragen:

1. Was will man in der Bundesrepublik studieren?
(Wichtig: Interesse an einem Fach, Begabung für das Fach; Berufsaussichten in der Heimat nach Abschluß des Studiums; Anerkennung der deutschen Abschlußprüfung in der Heimat)

Um diese Frage zu beantworten, muß man herausfinden . . .
Außerdem muß man sich erkundigen . . .
Wichtig ist auch zu wissen . . .

2. Wo will man studieren?
(Wichtig: Nicht alle Hochschulen bieten alle Fächer an; Studium und Leben in einer Großstadt oder in einer kleineren Stadt)

Die zweite Frage, die sich jeder Abiturient stellen sollte, lautet . . .
Diese Frage ist deshalb wichtig, weil . . .
Außerdem studieren und leben manche Studenten lieber . . .

3. Wird das Heimatzeugnis in der Bundesrepublik anerkannt?
(Wenn nicht, „Feststellungsprüfung" ablegen, häufig vorher ein Jahr Studienkolleg besuchen)

Drittens steht jeder Abiturient vor der Frage, ob . . .
Wenn das nicht der Fall ist . . .

4. Genügend Deutschkenntnisse?
(Ohne ausreichende Deutschkenntnisse keine Immatrikulation möglich; Deutschkurse an den Universitäten oft überfüllt; Nachteil der Kurse bei Goethe-Instituten und privaten Sprachschulen: nicht billig; Deshalb am besten schon im Heimatland Deutsch lernen)

Schließlich müssen sich alle Abiturienten die Frage stellen, ob . . .
Denn . . .
An den Universitäten gibt es zwar Deutschkurse, sie sind . . .

II. Schreiben Sie jetzt einen zusammenhängenden Text über die Frage, wie man sich zu Hause auf ein Studium in der Bundesrepublik vorbereiten sollte. (Wenn Sie wollen, können Sie für Ihren Text die Formulierungshilfen auf der rechten Seite in Übung I verwenden.)

Und so könnten Sie anfangen:

Die Vorbereitung auf ein Studium in der Bundesrepublik

Ein erfolgreiches Studium beginnt schon zu Hause. Denn wer sich in seinem Heimatland gründlich informiert und vorbereitet, kann viele Probleme schon vor Beginn des Studiums lösen. Zur richtigen Vorbereitung gehört z. B. die Klärung der Frage . . .

III. Lesen Sie die stichwortartigen Angaben, die der persische Student Reza Abadi über sich und sein geplantes Studium in der Bundesrepublik zusammengestellt hat. Schreiben Sie auf der Grundlage dieser Angaben einen zusammenhängenden Text über Reza Abadis Pläne.

Interesse am Wirtschaftsingenieurwesen; Begabung für naturwissenschaftliche Fächer; Aussichten eines Wirtschaftsingenieurs in Persien gut; das deutsche Diplom wird anerkannt.
Wirtschaftsingenieurwesen in Darmstadt, Kassel, Berlin angeboten; Leben und Studium in einer Großstadt lieber als in einer kleineren Stadt.
Heimatzeugnis in der Bundesrepublik nicht anerkannt; ein Jahr Studienkolleg als Vorbereitung auf „Feststellungsprüfung". Etwas Deutsch in der Schule gelernt; ausreichend für Aufnahmeprüfung in das Studienkolleg.

Und so könnten Sie anfangen:

Reza Abadis Pläne

Reza Abadi möchte in der Bundesrepublik studieren. Er interessiert sich für das Wirtschaftsingenieurwesen und hat eine Begabung für naturwissenschaftliche Fächer. Er weiß, daß . . .

IV. Stellen Sie sich vor, Sie wollen in der Bundesrepublik studieren. Schreiben Sie einen Text über Ihre Pläne.

Wenn Sie etwas nicht wissen, z. B. wo Sie Ihr Fach studieren können, lassen Sie den entsprechenden Abschnitt weg.

V. Schreiben Sie einen Brief an den DAAD, und bitten Sie um praktische Hinweise zu einem Studienaufenthalt in Deutschland.

Links oben eigene Anschrift, darunter Anschrift des DAAD: Deutscher Akademischer Austauschdienst, Kennedyallee 50, D-5300 Bonn 2; rechts oben Datum.

Anrede: Sehr geehrte Damen und Herren; Schluß: Mit freundlichen Grüßen; Unterschrift.

Zum Inhalt des Briefs:

Teilen Sie mit, daß Sie sich für einen Studienaufenthalt in der Bundesrepublik interessieren. Schreiben Sie, daß Sie deshalb zunächst wissen möchten, wer ausländische Studenten und Studienbewerber berät. Schreiben Sie, daß Sie außerdem gern wüßten, wie hoch die Studiengebühren sind. Fragen Sie, ob es eine Pflicht zur Krankenversicherung gibt und wie hoch sie ist. Fragen Sie, wieviel man für Studienmaterial, z. B. Bücher, ausgeben muß. Bitten Sie außerdem um Auskunft über die Lebenshaltungskosten. Schreiben Sie, daß Sie zum Schluß wissen möchten, welche Möglichkeiten es gibt, ein Zimmer zu bekommen.

Der Anfang des Briefs könnte so aussehen:

Sehr geehrte Damen und Herren,

ich interessiere mich für einen Studienaufenthalt in der Bundesrepublik. Zunächst möchte ich deshalb wissen, . . .

VI. 1. Lesen Sie die folgenden Notizen, die kurz gefaßt Ihre Fragen an den DAAD beantworten. Wenn Sie schon in der Bundesrepublik sind, berichten Sie zu jedem Punkt über Ihre eigenen Erfahrungen.

Beratung:
Akademisches Auslandsamt, das es an jeder Universität gibt. Empfehlung: Ein Jahr vor Studienbeginn alle Fragen mit dem Akademischen Auslandsamt der Universität klären, an der man studieren will.

Studiengebühren und Krankenversicherung:
An den Hochschulen der Bundesrepublik keine Studiengebühren. Aber Beiträge für die Nutzung verschiedener Einrichtungen der Universität (= Sozialgebühren/Semesterbeitrag). Krankenversicherung ist Pflicht (auch in den Ferien). Ohne Krankenversicherung keine Immatrikulation möglich. Für Semesterbeitrag und Krankenversicherung pro Semester DM 400,– bis 450,–.

Studienmaterial (Bücher, Arbeitsgeräte):
Pro Semester etwa DM 400,–. In naturwissenschaftlichen Fächern Ausgaben von DM 600,– und mehr.

Lebenshaltungskosten (Miete, Ernährung, Kleidung, etc.):
Unterschiedlich je nach Hochschulort. Monatlich etwa DM 1000,– einschließlich Sozialgebühren und Krankenversicherung.

Wohnungsbeschaffung:
Ausländer müssen wie Deutsche Zimmer selbst finden. Für Ausländer oft noch schwe-

„Ich vermiete nicht an Ausländer; oder können Sie 300 Mark zahlen?"

rer als für Deutsche. Hilfe bei Zimmervermittlung durch Akademisches Auslandsamt oder Studentenwerk. Bei Vermittlung durch Makler meist zwei Monatsmieten Vermittlungsgebühr. In Studentenwohnheimen der Kirchen, des Staates oder privater Organisationen nicht genügend Zimmer. Deshalb Bewerbung um Zimmer erforderlich und meistens Wartezeiten.

2. Schreiben Sie auf der Grundlage der Übungen V und VI.1 einen zusammenhängenden Text mit Informationen über einen Studienaufenthalt in der Bundesrepublik.

Und so könnten Sie anfangen:

Informationen über einen Studienaufenthalt in der Bundesrepublik

An allen Hochschulen der Bundesrepublik gibt es ein Akademisches Auslandsamt, das ausländische Studenten und Studienbewerber berät. Wenn man sich für einen Studienaufenthalt in der Bundesrepublik interessiert, sollte man möglichst ein Jahr vor Studienbeginn alle Fragen mit dem Akademischen Auslandsamt der Universität klären, an der man studieren will.
Studiengebühren gibt es an den Hochschulen nicht. Aber man muß Beiträge . . .

Hier sind einige Wörter und Wendungen, die Sie als zusätzliche Hilfe verwenden können:

einen Beitrag bezahlen; kosten; mit Ausgaben von . . . Mark rechnen; die Lebenshaltungskosten betragen . . . Mark; Hilfe leisten, helfen; eine Gebühr bezahlen

Orientierungshilfen der Universität

I. Wortschatz zur Wiederholung und Vorbereitung

1. Setzen Sie das richtige Wort in der richtigen Form ein. (In Satz b gibt es zwei Möglichkeiten.)
a) Ein Studium im Ausland ist mit vielen Schwierigkeiten . . . .
   (vorbinden, verbinden, verknoten)
b) Bevor man ein solches Studium . . . , sollte man sich daher gründlich informieren.
   (beginnen, aufnehmen, annehmen)
c) Man kann sich mit seinen Fragen z. B. an die Heimatbehörden oder an die deutsche Botschaft oder an den DAAD und die Akademischen Auslandsämter . . . .
   (drehen, richten, wenden)

d) Dabei sollten Fragen wie z. B. die Anerkennung von Zeugnissen, die Berufsaussichten nach Beendigung des Studiums und das Angebot der deutschen Hochschulen zur Sprache . . . .
(gehen, kommen, laufen)

e) Die Lebenshaltungskosten in der Bundesrepublik, Ausgaben für die Krankenversicherung und das Studienmaterial und alle Fragen, die sich auf die Finanzierung des Studiums . . . , müssen ebenfalls geklärt werden.
(beziehen, einziehen, betreffen)

f) Außerdem muß man bei seinen Plänen das Problem der Wohnungsbeschaffung . . . .
(denken, berücksichtigen, raten)

g) In den Studentenwohnheimen gibt es nämlich nicht genügend Zimmer, so daß viele Studenten auf die Zimmervermittlung durch Makler . . . sind.
(anweisen, überweisen, unterweisen)

2. Formen Sie den schräg gedruckten Teil des Satzes durch die richtigen Wörter in der Klammer um. Beachten Sie die dabei notwendigen Veränderungen.

a) Der Redner *faßte sich kurz.*
(kurz sprechen, packen)

b) Er begann seine *Ausführungen* mit einer Vorbemerkung.
(Darstellung, Rede, Sprache, Vortrag)

c) Dann *erwähnte* er die Orientierungshilfen, die den Studenten vor Beginn des Studiums geboten werden.
(kurz darstellen, streifen, wähnen)

d) Anschließend sprach er über die *Phase* der Beratung beim Studienbeginn.
(Phrase, Zeit, Zeitabschnitt)

e) Schon in dieser Phase sollte der Ausländer nach seiner Meinung klären, ob fehlende Kenntnisse in einem Fach durch Kenntnisse in einem anderen Fach *ausgeglichen* werden können.
(angleichen, wettmachen, kompensieren)

f) Falls ein Ausgleich nicht möglich ist, müssen die fehlenden Kenntnisse nämlich *nachgeholt* werden.
(nachträglich erwerben, hinterherbringen, nachtragen)

g) Für besonders wichtig hielt der Redner Einführungsveranstaltungen, die das ganze Semester *begleiten.*
(stattfinden, andauern, bringen)

h) Da die Ausländer hier gut Kontakt mit deutschen und anderen ausländischen Studenten aufnehmen können, bat er die Universitäten, diese Veranstaltungen besonders zu *fördern.*
(verlangen, fordern, unterstützen)

II. Hören Sie die Rede „Orientierungshilfen der Universität" zunächst ganz.

**III. Hören Sie die Rede noch einmal (bis: „Die zweite Phase der Orientierung beginnt . . . ").
Notieren Sie dann stichwortartig die wichtigsten Informationen über die vier Orientierungsmöglichkeiten vor Studienbeginn.**

Orientierungsmöglichkeiten vor Studienbeginn

1. Deutsche . . . . Aber: . . .
2. Deshalb besser: . . .
3. Auf alle Fälle: . . .
Klärt z. B. a) ob . . . b) wann . . .
4. . . . wegen a) Anerkennung . . . b) . . .

IV. Hören Sie die Rede jetzt abschnittweise, und beantworten Sie nach jedem Abschnitt die entsprechende(n) Frage(n).

1. Was soll der Redner darstellen?
2. Der Redner möchte, daß während der Konferenz über zwei Punkte gesprochen wird, die nicht zum Thema seiner Rede gehören. Welche beiden Punkte sind das?
3. Auf welches Problem beim Unterrichtsangebot der Universitäten weist der Redner hin?
4. Welche drei Fragen stellt sich ein Ausländer vor Beginn eines Studiums im Ausland?
5. Welche Informationsmöglichkeiten hat der Student, wenn er sein Studium aufnimmt?
6. Welche Stelle in den Fachbereichen ist für den Studenten schon am Studienanfang wichtig?
7. Aus welchen zwei Gründen sind die Einführungsveranstaltungen von besonderer Bedeutung?

V. Hören Sie die Rede noch einmal ganz, und kreuzen Sie an, welche der folgenden Aussagen inhaltlich mit der Rede übereinstimmen:

1. Der Redner soll darstellen, welche Orientierungshilfen der ausländische Student vor Studienbeginn und während des Studiums bis zur Abschlußprüfung hat. ◯
2. Der Redner verspricht, nicht sehr lange zu sprechen. ◯
3. Der Redner meint, daß Orientierungsmöglichkeiten nicht nur vor dem Studium und am Anfang des Studiums bestehen. ◯
4. Der Redner möchte, daß die Konferenz sich auch mit Gebieten beschäftigt, wo die Universität nur wenig Rücksicht auf die Ausländer nimmt. ◯
5. Nach Meinung des Redners ist die Zahl der ausländischen Studenten verhältnismäßig gering. ◯
6. Das Auslandsamt kann dem ausländischen Studenten nur helfen, wenn er weiß, was er studieren will. ◯
7. Bei manchen Fragen ist die Orientierung bei den Heimatbehörden besser als beim Auslandsamt. ◯
8. Die zentrale Studienberatung informiert über allgemeine Studienfragen. ◯
9. Die Beratung in den Fachbereichen klärt die Fragen des jeweiligen Fachstudiums. ◯
10. Der Weg zum Prüfungsamt der Fachbereiche ist nur für Anfänger sinnvoll. ◯
11. In den Fächern Anglistik und Germanistik wird das Große Latinum nur von Ausländern verlangt. ◯
12. Ein Ausländer, der diese Fächer studiert und das Große Latinum nicht hat, muß es auf alle Fälle nachholen. ◯
13. Die Einführungsveranstaltungen sollten nach Meinung des Redners auch die besonderen Interessen der ausländischen Studenten berücksichtigen. ◯
14. Die Einführungsveranstaltungen sind nur deshalb von Bedeutung, weil sie die Möglichkeit geben, deutsche und ausländische Studenten mit ähnlichen Problemen kennenzulernen. ◯
15. Der Redner hält Einführungsveranstaltungen, die länger als einen Tag dauern, für besser. ◯
16. Der Redner beendet seine Ausführungen, indem er den Universitäten für die Einführungsveranstaltungen dankt. ◯

VI. Redemittel: Versprechen; Meinen; Signalisieren eines Themenwechsels

1. Suchen Sie die Alternative im Text.
a) Damit nachher genügend Zeit zur Diskussion bleibt, werde ich mich so kurz wie möglich fassen.
   Alternative im Text: . . .
b) Genauso wichtig ist meiner Meinung nach, daß Sie nicht nur die bestehenden Angebote diskutieren.
   Alternative im Text: . . .
c) Ich beginne jetzt zunächst mit den Orientierungshilfen vor Beginn des Studiums.
   Alternative im Text: . . .
d) Weil ich diese Veranstaltungen für so nützlich halte, lassen Sie mich meine Ausführungen mit einer Bitte an die Universitäten beenden.
   Alternative im Text: . . .

2. Wenden Sie die Redemittel an, indem Sie die folgenden Satzanfänge benutzen.
Mir erscheint wichtig . . . ; Meiner Meinung nach . . . ; Ich meine (glaube, denke) . . . ;
Ich verspreche dir (Ihnen) . . . ; Ich werde nachher (heute abend, morgen, nie wieder) . . . ;
Ich möchte jetzt . . . ; Als nächstes werde ich . . . ; Zum Schluß muß erwähnt werden . . .

VII. Diskutieren Sie in der Klasse.

1. Halten Sie es für eine gute Sache, wenn Deutsche und Ausländer dieselben Einführungsveranstaltungen besuchen? (Begründen Sie Ihre Meinung.)
2. Wie könnte das Unterrichtsangebot die besondere Lage und die besonderen Interessen der ausländischen Studenten berücksichtigen? (Denken Sie z. B. an die Fächer Soziologie und Politik, Agrarwissenschaft, Medizin, Pädagogik.)
3. Glauben Sie, daß der Redner für die Interessen der ausländischen Studenten eintritt? (Begründen Sie Ihre Meinung.)

VIII. Bilden Sie Zweiergruppen, und führen Sie das folgende Interview durch. Einer stellt die Fragen, der andere antwortet. Nach der letzten Frage tauschen Sie bitte die Rollen.

1. Haben Sie sich bei der deutschen Botschaft nach den Studienmöglichkeiten in der Bundesrepublik erkundigt? (Wenn ja, was sind Ihre Erfahrungen? Wenn nein, warum nicht?)
2. Haben Sie an den DAAD geschrieben? (Wenn ja, was war das Ergebnis? Wenn nein, warum nicht?)
3. Haben Sie sich vom Akademischen Auslandsamt informieren lassen? (Wenn ja, was sind Ihre Erfahrungen? Wenn nein, warum nicht?)
4. Haben Sie sich bei Ihren Heimatbehörden über ein Auslandsstudium informieren lassen? (Wenn ja, was hat man Ihnen gesagt? Wenn nein, warum nicht?)
5. Welche Frage zum Studium würden Sie gern klären?
6. Welche Hilfe(n) für Ihr Studium wünschen Sie sich?

Stipendien für 10 Prozent

I. Lesen Sie den folgenden Text, und klären Sie die unbekannten Wörter.

1   In der Bundesrepublik gibt es einige überregionale Organisationen, die Stipendien an ausländische Studenten vergeben. In der Regel müssen die Studenten diese Stipendien
3   vom Heimatland aus bereits ein Jahr vor Beginn des Studiums in der Bundesrepublik beantragen. Bei diesen Stipendien spielt die finanzielle Lage des Studenten fast keine Rolle.
5   Es kommt auf seine Leistungen an. Studenten, die ein solches Stipendium bekommen, müssen spätestens ein Jahr nach Beendigung des Studiums in ihr Heimatland zurückkeh-
7   ren.
    Auch für Studenten, die sich bereits in der Bundesrepublik aufhalten, gibt es Möglichkei-
9   ten, ein Stipendium zu erhalten. Aber die Aussichten auf ein Stipendium sind sehr schlecht. Insgesamt erhalten nur 10 Prozent aller ausländischen Studenten in der Bundesrepublik
11   ein Stipendium.
    Die bekannteste finanzielle Förderung wird üblicherweise BAföG genannt. Ein Recht auf
13   ein solches Stipendium bzw. Darlehen[1] hat man, wenn der Vater oder die Mutter in den

---

1 Die Hälfte des Förderungsbetrags muß nach Studienabschluß zurückgezahlt werden.

letzten drei Jahren vor Studienbeginn ihres Kindes in der Bundesrepublik gearbeitet hat.

15 Auch wenn ein Studienbewerber selbst rechtmäßig fünf Jahre lang in der Bundesrepublik erwerbstätig war, hat er Anspruch auf BAföG. Außerdem wird BAföG solchen Ausländern

17 gewährt, die im Rahmen von humanitären Hilfsaktionen als Flüchtlinge aufgenommen wurden oder die asylberechtigt sind. Voraussetzung für die Förderung ist in allen diesen

19 Fällen, daß das eigene Einkommen und Vermögen sowie das Einkommen und Vermögen der Eltern und des Ehegatten bestimmte Grenzen nicht überschreiten.

21 Asylberechtigte und Flüchtlinge fördert auch die Otto Benecke Stiftung. Darüber hinaus vergibt diese Stiftung u. a. Stipendien an Studenten aus der Dritten Welt, die wegen ihrer

23 Rasse, Religion oder politischen Überzeugung in ihrem Heimatland keine Studienmöglich- keiten haben. Die Höhe des Stipendiums beträgt etwa DM 850,— im Monat. Allerdings

25 bestehen bei der Otto Benecke Stiftung besondere Auswahlkriterien, da die Fördermittel beschränkt sind.

27 Die Universitäten selbst können normalerweise keine Stipendien anbieten. Nur in einigen Bundesländern stellen die jeweiligen Kultusminister den Hochschulen Gelder für Stipen-

29 dien oder Darlehen zur Verfügung. Diese Mittel sind jedoch so gering, daß die Universitä- ten gewöhnlich nur solche Studenten fördern, die schon in den letzten Semestern sind.

31 In besonderen Notlagen und nur für einen kurzen Zeitraum kann ein ausländischer Stu- dent schließlich auch kirchliche Gelder erhalten. Bewerbungen um eine solche kurzfristige

33 finanzielle Betreuung sind an die evangelische oder katholische Studentengemeinde zu richten.

II. Wortschatz

1. Setzen Sie die passenden Wörter ein:

normalerweise, vergeben, sich bewerben um, erhalten, erwerbstätig sein, zur Verfü- gung stellen, einen Anspruch haben auf, ankommen auf, in der Regel, anbieten, eine Rolle spielen, gewöhnlich

a) Asylanten *haben ein Recht auf* ein Sti- pendium.
b) Auch diese überregionale Organisation *gewährt* Stipendien. (3 Möglichkeiten)
c) Alle Kinder unseres türkischen Nachbarn *bekamen* ein Stipendium.
d) Die Studentin aus Algerien *beantragte* ein Stipendium.
e) Die Studentengemeinden fördern *übli- cherweise* nur in besonderen Notlagen. (3 Möglichkeiten)

f) Seine Eltern *arbeiten* nicht mehr.
g) Bei diesen Stipendien *ist* die Leistung der Studenten *wichtig*. (2 Möglichkeiten)

2. Erklären Sie die Unterschiede, und setzen Sie dann die passenden Wörter ein.
a) erwerbstätig sein – arbeiten b) Geld – Gelder c) Stipendium – Darlehen d) Einkom- men – Vermögen

a) Der Student muß in den Ferien . . . , um sein Studium zu finanzieren.

b) Die Frau erhielt ein zinsgünstiges, langjähriges . . . ; sie wollte sich eine Eigentumswohnung kaufen.

c) Das gesamte . . . von Eltern und Kindern beträgt monatlich rund 5000 DM.

d) Ein . . . kann jeder bekommen, aber ein . . . erhalten nur Studenten, Wissenschaftler, Künstler zur Finanzierung von Studien, Forschungsarbeiten oder künstlerischen Werken.

e) Sein . . . besteht hauptsächlich aus zwei Häusern und einer wertvollen Briefmarkensammlung.

f) Wer . . . , muß auch Steuern bezahlen.

g) . . . vom Staat zur Renovierung von Gebäuden darf die Universität nicht für Geräte ausgeben.

h) Er tauschte sein . . . an der Grenze um.

III. Welche Aussagen stimmen mit dem Text überein? Begründen Sie Ihre Antwort mit den entsprechenden Stellen im Text.

1. Einige Zeitungen, Rundfunk- und Fernsehanstalten, die nicht auf bestimmte Gebiete beschränkt sind, vergeben Stipendien.

2. Man kann als ausländischer Student schon vor Studienbeginn von seinem Heimatland ein Stipendium bekommen.

3. Wer von einer überregionalen Organisation ein Stipendium erhält, muß spätestens ein Jahr nach dem Abschluß des Studiums in die Heimat zurückkehren.

4. Die Chancen, in der Bundesrepublik als Ausländer ein Stipendium zu bekommen, sind schlecht.

5. Nur 10 Prozent aller ausländischen Studenten in der Bundesrepublik werden nach BAföG gefördert.

6. BAföG muß völlig zurückgezahlt werden.

7. Ein ausländischer Student, der fünf Jahre lang in der Bundesrepublik gearbeitet hat, hat stets einen Rechtsanspruch auf BAföG.

8. In der Bundesrepublik erhalten ausländische Studenten, die Flüchtlinge sind, ein Stipendium.

9. Wer einen reichen Mann oder eine reiche Frau geheiratet hat, bekommt kein BAföG.

10. Wer über Einkommen und Vermögen verfügt, kann auf keinen Fall BAföG erhalten.

11. Bestimmte Studentengruppen könnten Geld von BAföG und von der Otto Benecke Stiftung bekommen.

12. Die Gelder bei der Otto Benecke Stiftung sind knapp.

13. Die Stipendiengelder der Universitäten kommen von den Kultusministern.

14. Fördergelder von Studentengemeinden müssen ausländische Studenten bei der Kirche beantragen.

IV. Übergreifendes Verständnis

1. Worum geht es a) im Abschnitt 1–7, b) in 12–20, c) 21–26 d) 27–30 e) 31–34? Antworten Sie möglichst kurz. Beginnen Sie Ihre Antwort so: „In den Zeilen 1–7 geht es um Stipendien . . . , in 12–20 um . . . .“

2. Man könnte den Text in zwei große Abschnitte von 1–7 und von 8–34 teilen. Begründen Sie diese Einteilung. Überlegen Sie, was die Zeilen 8–34 von den Zeilen 1–7 unterscheidet. Benutzen Sie bei Ihrer Antwort folgende Hilfe: „In den Zeilen 1–7 wird von Stipendien gesprochen, die . . . . Dagegen geht es in den Zeilen 8–34 um . . . ."

V. Diskutieren Sie in Gruppen und dann in der Klasse.

1. Ist es Ihrer Meinung nach richtig, wenn Stipendien in erster Linie nach der Leistung vergeben werden? Warum, warum nicht?

2. Ist es Ihrer Ansicht nach richtig, wenn Stipendiaten nach ihrem Studium in ihre Heimat zurückkehren müssen? Warum, warum nicht?

3. Welche Chance hat ein Student in Ihrer Heimat, ein Stipendium zu bekommen? Nach welchen Gesichtspunkten werden die Stipendien vergeben?

4. Welche Chance hat ein Ausländer, in Ihrer Heimat ein Stipendium zu erhalten? Nach welchen Kriterien wird das Stipendium vergeben?

5. Wenn ein Industriestaat einem Entwicklungsland helfen will, sollte er dann vor allem Stipendien an Studenten geben, oder sind andere Formen der Entwicklungshilfe wichtiger? (Begründen Sie Ihre Meinung.)

VI. Lesen Sie die folgenden Informationen über Stipendien von zwei überregionalen Organisationen, und schreiben Sie dann einen Brief an eine der beiden Organisationen.

Friedrich-Ebert-Stiftung, Kölner Straße 149, D-5300 Bonn-Bad Godesberg

Stipendien für Bewerber aus Entwicklungsländern und aus europäischen Staaten bis zum ersten Studienabschluß und für die Promotion.	Schulen und Hochschulen, Goethe-Institute im Ausland, Deutsche Botschaften können Bewerber vorschlagen. Auch Selbstbewerbung in Bonn möglich.	Verlangt wird u. a.: 1. Überdurchschnittliche wissenschaftliche Eignung, 2. Eintreten für die Demokratie, Ablehnung von Gewalt, 3. Auskunft über die eigene wirtschaftliche Lage.

Institut für Begabtenförderung der Konrad-Adenauer-Stiftung e. V., Poppelsdorfer Allee 82, D-5300 Bonn

1. Für Graduierte und 2. für Studenten, die früher schon einmal drei Semester mit überdurchschnittlichen Leistungen in der Bundesrepublik studiert haben. In der Regel keine Stipendien für Graduierte oder Studenten, die bereits in der Bundesrepublik sind.	Selbstbewerbung auf Formularen, die man von der Stiftung in Bonn oder im jeweiligen Heimatland bekommt.	Bedingung ist aktive Mitarbeit in Organisationen von Hochschule und Gesellschaft und im politischen Leben.

Ihr Brief soll enthalten: oben links Ihre jetzige genaue Anschrift, darunter die Anschrift der Stiftung, rechts oben das Datum. Vor der Anrede steht der Betreff, z. B. Anfrage wegen eines Stipendiums; darunter die Anrede: Sehr geehrte Damen und Herren. Teilen Sie dann mit, aus welchem Land Sie stammen (wenn Sie schon in der Bundesrepublik sind), was Sie zur Zeit machen, welches Fach und wo Sie studieren oder studieren wollen, daß Sie sich für ein Stipendium der Stiftung interessieren und um weitere Unterlagen und Informationen bitten; Schluß: Mit freundlichen Grüßen; Unterschrift

---

Frank Morton
17 Heslington Road
York Y01 5HW
England

York, den 19.2.1990

Friedrich-Ebert-Stiftung
Kölner Straße 149
5300 Bonn-Bad Godesberg
Germany

Vergabe von Stipendien

Sehr geehrte Damen und Herren,

Mit freundlichen Grüßen

Frank Morton

Ausländische Reifezeugnisse und deutsche Studienhilfe

I. Lesen Sie den folgenden Lückentext, und überlegen Sie, welche Wörter bzw. Wendungen in die Lücke passen.

Sprechen Sie zunächst über den Titel des Texts. Überlegen Sie dann, was Sie zu dem Thema schon wissen und welche Informationen Sie von dem Text erwarten. Lesen Sie danach den Text ganz durch. Beginnen Sie erst danach damit, die Lücken auszufüllen.

1   In der Bundesrepublik ... ausländische Studienbewerber einen Schulabschluß ... , der dem deutschen Abitur .... Zeugnisse, die dem Abitur gleichwertig sind, gehören zur
3   Bewertungsgruppe I. Wer ein solches Zeugnis hat, muß nur noch genügend Deutsch-

kenntnisse nachweisen, um in der Bundesrepublik . . . . Zeugnisse, die dem Abitur nur
5   bedingt vergleichbar sind, werden den Bewertungsgruppen II und III . . . . Jeder Studien-
anfänger, der ein solches Zeugnis hat, muß die Feststellungsprüfung . . . , bevor er mit
7   dem Studium beginnen kann.

. . . kann man eins der sechzehn Studienkollegs besuchen. Der Besuch des Studienkol-
9   legs dauert . . . ein Jahr. In den Studienkollegs gibt es . . . Kurse. Der T-Kurs ist . . . ma-
thematisch-naturwissenschaftliche Studienfächer (Unterrichtsfächer: Mathematik, Phy-
11 sik, Chemie und Deutsch). Der M-Kurs bereitet . . . Studienfächer wie Medizin, Pharmazie und Biologie vor (Unterrichtsfächer: Biologie, Chemie, Physik, Mathematik und
13 Deutsch). Der W-Kurs ist . . . wirtschafts- und sozialwissenschaftliche Studienfächer gedacht (Unterrichtsfächer: Mathematik, Volkswirtschaftslehre, Geschichte, Geographie,
15 Sozialkunde und Deutsch). Der G-Kurs soll die . . . germanistischer, historischer und phi-
losophischer Fächer erleichtern (Unterrichtsfächer: Geschichte, Deutsche Literatur, Sozial-
17 kunde, Geographie und Deutsch). Der S-Kurs schließlich . . . der Vorbereitung auf alle
sprachlichen Fächer außer Germanistik (Unterrichtsfächer: eine zweite Sprache, eine
19 dritte Sprache, Geschichte, Mathematik, Sozialkunde, Geographie und Deutsch).

Obwohl die Studienkollegs als Hilfe . . . sind, werden sie nicht selten kritisiert. Da es weit
21 über 100 verschiedene Studienfächer an den Universitäten, aber nur 5 Kurse an den Kollegs gibt, . . . viele Studenten, daß sie wirklich auf ihr Studienfach vorbereitet werden.
23 Zweitens . . . die Studenten, daß alle Kollegs voll in die Universität integriert und nicht teilweise zum deutschen Schulsystem . . . werden. Drittens sind die Studenten der Gruppen
25 II/III nicht damit . . . , daß sie die Feststellungsprüfung ablegen müssen, während die Studenten aus anderen Ländern nur eine Deutschprüfung machen.

„Soso, Physik wollen Sie bei uns studieren!"

Zum Vergleich: Von den folgenden Wörtern bzw. Wendungen paßt jeweils eins/eine in die Lücken.

müssen, können, dürfen; verweisen, nachweisen, nachzeigen; entsagt, verspricht, entspricht; zu studieren können, studieren zu können, zustudieren können; zugeordnet, verordnet, angeordnet; ansetzen, ablegen, abstellen.

Zur Vorbereitung auf die Feststellungsprüfung, Um auf die Feststellungsprüfung vorzubereiten, Zur Vorbereitung der Prüfungsfeststellung; mit der Regel, von der Regel, in der Regel; untergeschiedene, verschiedene, verschiedentliche; für, von, zu; zu, auf, an; zu, an, für; Aufnahme, Abnahme, Annahme; arbeitet, dient, bedient.

Überlegt, gemeint, gewußt; bezweifeln, verzweifeln, anzweifeln; vorziehen, lieben, möchten; berechnet, gerechnet, verrechnet; zugestanden, einverstanden, zugegeben.

II. Diskutieren Sie in der Klasse.

1. Was halten Sie von der Einteilung der Studenten in die Gruppen I/II/III?
2. Was halten Sie von der Vorbereitung, dem Kurssystem, in den Studienkollegs? (Begründen Sie Ihre Meinung.)
3. Wie stellen Sie sich die ideale Hilfe zur Vorbereitung auf das Studium an einer deutschen Universität vor?
4. Müssen in Ihrer Heimat manche ausländische Studenten ebenfalls eine Feststellungsprüfung ablegen? Wenn ja, wie sieht die Prüfung aus? Gibt es eine Vorbereitung auf diese Prüfung? Halten Sie es für richtig, daß es eine solche Prüfung gibt? (Warum?) Wenn nein, sollte es in Ihrer Heimat für manche Ausländer eine solche Prüfung (und eine Vorbereitung auf die Prüfung) geben? (Warum?)

Ausländische Studenten steigen aus

I. Lesen Sie zunächst den ganzen Text.

1 Ausländische Studenten studieren erheblich länger als deutsche Studenten. Über die Hälfte von ihnen bricht das Studium ohne Examen ab. Damit liegt ihre Abbruchquote um
3 das Doppelte höher als bei deutschen Studierenden. Für psychische Störungen sind sie ebenfalls anfälliger, und auch ihr Selbstmordrisiko ist deutlich höher.
5 Auf den ersten Blick sieht es so aus, als ob ihre Schwierigkeiten die Folge von Sprachproblemen sind. Sieht man aber die Statistiken genauer an, dann zeigt sich, daß Sprach-
7 schwierigkeiten nicht der entscheidende Grund sein können: Denn es gibt einen ausgeprägten Unterschied zwischen den Studierenden aus industrialisierten und unterent-
9 wickelt gehaltenen Ländern. Beide Gruppen haben Sprachschwierigkeiten, aber die Studierenden aus der armen Welt haben sehr viel größere Probleme mit dem Studium.
11 Untersucht man ihre Situation genauer, dann stellt man fest, daß sie unter sehr viel höherem Erwartungsdruck stehen als Studierende aus industrialisierten Ländern. Sie kommen
13 zwar meist aus den Oberschichten ihrer Heimat – ein Ergebnis der gezielten Förderung

durch die Bundesregierung, die auf diese Weise die Führungsschichten an sich binden will –,

15 aber sie stehen unter erheblichem Erfolgsdruck von daheim. Wenn sie dort etwas gelten wollen, müssen sie auf jeden Fall irgendein Diplom, irgendeinen Titel zurückbringen. (Au-

17 ßerdem sind ihre Stipendien meist als Erfolgsprämien ausgezeichnet, d. h. ohne Studien- erfolg, ohne Abschluß, müssen sie zurückgezahlt werden.)

19 Aber nicht der Druck ist das Entscheidende, sondern wie sie darauf reagieren. Sie reagie- ren nämlich nicht zuversichtlich, daß es mit einiger Anstrengung zu schaffen sei, sondern

21 ängstlich, weil sie sich mit einer völlig fremden Kultur konfrontiert sehen. Dazu kommt, daß sie in dieser fremden Welt – im Unterschied zu vielen Studenten aus Industrieländern –

23 meist sofort als Ausländer erkannt und von der einheimischen Bevölkerung als minderwer- tig diskriminiert werden (sie haben z. B. größte Schwierigkeiten, ein Zimmer zu finden). In

25 dieser für sie völlig ungewohnten Situation reagieren sie mit einer sehr verständlichen Ver- haltensstrategie: Sie tun alles, um Mißerfolge zu vermeiden, jeder Situation, die ein Schei-

27 tern möglich macht, weichen sie aus.

(Nach: W. Wagner, *Uni-Angst und Uni-Bluff,* in: Rotbuch 172, 1977)

II. Was bedeutet die Überschrift? Beachten Sie den ersten Abschnitt und den Schluß des vierten Abschnitts.

III. Texterschließung

Hervorhebende, vergleichende, begründende und verneinte Wendungen sind in jedem Text wichtig. Besonders bei schwierigeren Texten ist es hilfreich, diese Stellen zunächst zu unterstreichen. Dann werden mit den unterstrichenen Wendungen Fragen gestellt, die den Text erschließen. Wenn die unterstrichene Stelle oder die Antworten auf die Fragen unbekannte Wörter enthalten, müssen diese Wörter geklärt werden.

Beispiel (Z. 1): erheblich länger. Erheblich? = viel, beträchtlich. – Wer studiert erheb- lich länger? Ausländische Studenten.

Beispiel (Z. 2/3): um das Doppelte höher als bei deutschen Studenten. Doppelt = zwei- mal so viel. – Was ist um das Doppelte höher als bei deutschen Stu- denten? Die Abbruchquote. – Abbruchquote? = die Prozentzahl der Studenten, die das Studium ohne Abschlußprüfung beenden.

Erschließen Sie nach den Beispielen die fol- genden Stellen:

(Z. 3/4) *sie sind anfälliger* (Wer? Wofür?)

(Z. 4) *ist deutlich höher* (Was?)

(Z. 6) *genauer ansehen* (Wer? Was?)

(Z. 7) *nicht der entscheidende Grund sein können*

(Z. 7/8) *es gibt einen ausgeprägten Unter- schied*

(Z. 10) *sehr viel größere Probleme haben*

(Z. 11/12) *unter sehr viel höherem Erwar- tungsdruck stehen*

(Z. 16) *sie müssen auf jeden Fall*

IV. Beantworten Sie die Fragen.

(Z. 19–27)

1 Nicht der Erfolgsdruck ist das Entschei- dende, sondern was ist das Entscheidende?

2. Sie reagieren nicht optimistisch, daß sie das Studium schon schaffen werden, sondern wie reagieren sie?

3. Warum reagieren sie so?

4. Was kommt als zusätzliches Problem dazu?

5. Wie verhalten sich die Studenten aus der armen Welt in der für sie neuen und fremden Situation?

V. Welche der folgenden Aussagen sind nach dem Text sinngemäß richtig? Nennen Sie bei den richtigen Aussagen die Zeilenangaben des Texts.

1. Mehr als 50 Prozent der ausländischen Studenten macht keine Abschlußprüfung an einer deutschen Universität.

2. Der Prozentsatz der deutschen Studenten, die ohne Examen mit dem Studium aufhören, ist halb so groß wie der Prozentsatz der ausländischen Studenten, die ihr Studium abbrechen.

3. Deutsche Studenten werden nicht so leicht psychisch krank.

4. Ausländische Studenten sterben öfter durch Selbstmord als deutsche.

5. Die Schwierigkeiten der ausländischen Studenten haben mit ihren Sprachproblemen überhaupt nichts zu tun.

6. Die Statistiken zeigen, daß der Unterschied zwischen reichen und armen Ländern groß ist.

7. Ausländische Studenten aus Entwicklungsländern haben beim Studium in der Bundesrepublik keine besonders großen Schwierigkeiten.

8. Von ausländischen Studenten aus Entwicklungsländern wird sehr viel erwartet.

9. Studenten aus industrialisierten Ländern gehören in ihrer Heimat meistens der Oberschicht an.

10. Die Bundesregierung will, daß viele ausländische Studenten durch die Oberschichten ihrer Heimat gefördert werden.

11. Die Bundesregierung ist an engen Beziehungen zu den Führungsschichten der Entwicklungsländer interessiert.

12. Für ausländische Studenten aus Entwicklungsländern sind Diplome und Titel sehr wichtig.

13. Wenn ausländische Studenten mit dem Studium fertig sind, müssen sie die Stipendien zurückzahlen.

14. Wichtiger als der Erwartungsdruck ist die Reaktion der ausländischen Studenten auf diesen Druck.

15. Die ausländischen Studenten aus der Dritten Welt sind nicht sehr optimistisch, daß sie das Studium bewältigen werden.

16. Die ausländischen Studenten haben Angst vor der Anstrengung.

17. Es gibt Diskriminierung in der Bundesrepublik.

18. Man kann das Verhalten von ausländischen Studenten aus der Dritten Welt gut verstehen.

19. Wenn es eine schwierige Situation gibt, tun ausländische Studenten aus der Dritten Welt alles, um diese zu überwinden.

VI. Nehmen Sie Stellung

1. Der Verfasser spricht von „unterentwickelt gehaltenen Ländern". Ist es Ihrer Meinung nach richtig, daß die Länder unterentwickelt „gehalten" werden? (Begründen Sie Ihre Meinung. Geben Sie Beispiele. Wer „hält" die Länder unterentwickelt? Warum? Wie ist das mit der Entwicklungshilfe der reichen Länder?)

2. Der Verfasser erklärt, daß die Studenten aus der Dritten Welt meistens aus der Oberschicht kommen. Ist das nach Ihrer Erfahrung richtig? (Geben Sie Beispiele, fragen Sie in Ihrer Klasse.)

3. Der Verfasser behauptet, daß die Studenten aus der armen Welt „unter erheblichem Erfolgsdruck von daheim stehen". a) Ist das richtig? (Geben Sie Beispiele.) b) Aus wel-

chen Gründen könnte der Erfolgsdruck bei Studenten aus Industrieländern geringer sein? c) Sehen Sie Möglichkeiten, wie sich ein Student aus einem nichtindustrialisierten Land gegen den Erfolgsdruck wehren könnte? (Wenn ja, welche? Wenn nein, begründen Sie Ihre Meinung.)

4. Hat der Verfasser recht, daß die Stipendien meistens „Erfolgsprämien" sind? (Geben Sie Beispiele.)

5. Berichten Sie über Ihre Erfahrungen mit der deutschen Bevölkerung. (Werden Studenten aus der armen Welt diskriminiert? Geben Sie Beispiele.)

6. Sind Erfolgsdruck und die ängstliche Reaktion auf diesen Druck der entscheidende Grund für die Schwierigkeiten der Studenten aus der Dritten Welt? (Begründen Sie Ihre Meinung, indem Sie andere Gründe nennen und feststellen, welches Ihrer Meinung nach der wichtigste ist.)

VII. Übergreifendes Verständnis

1. Fassen Sie die verschiedenen Einzelinformationen des ersten Abschnitts (Z. 1–4) zu der entscheidenden Aussage zusammen (nicht mehr als ein Satz).

2. Fassen Sie die Informationen des zweiten Abschnitts (Z. 5–10) zu der entscheidenden Aussage zusammen. Beginnen Sie Ihre Antwort so: „Sprachschwierigkeiten können . . . ; denn . . . "

3. Stellen Sie den Zusammenhang zwischen dem ersten und zweiten Abschnitt dar. Antworten Sie kurz, und benutzen Sie die folgenden Formulierungen: „Im ersten Abschnitt werden . . . dargestellt. Im zweiten Abschnitt wird . . . , daß . . . "

4. Fassen Sie die Informationen des dritten Abschnitts (Z. 11–18) zu der entscheidenden Aussage zusammen. Prüfen Sie zuerst, welche Informationen der Verfasser selbst als Nebenbemerkungen, d. h. als nicht so wichtig, gekennzeichnet hat (Satzzeichen!). Stellen Sie dann fest, wo der Verfasser einen Einwand gegen seine Argumentation beiseite schiebt, also ebenfalls nicht mehr als so wichtig betrachtet. Untersuchen Sie, welche von den jetzt noch verbliebenen Informationen in die Kernaussage hineingehören.

● **Zum Aufgabentyp „Zusammenhang / Verbindung / Beziehung von Abschnitten"**

Wenn nach dem Zusammenhang / der Verbindung / der Beziehung von Abschnitten gefragt ist, muß es eine Gemeinsamkeit zwischen den Abschnitten geben. Diese Gemeinsamkeit kann z. B. sein:

Es wird dargestellt/behauptet, daß . . .

Es wird dargestellt/behauptet, daß . . .

Es wird dargestellt/behauptet, daß . . .

Es wird dargestellt/behauptet, daß . . .

Es werden Behauptungen über . . . detailliert dargestellt

Es wird *bewiesen*, daß . . . (nicht)

Es wird *gefolgert*, daß . . . (nicht)

Es werden *Beispiele* dafür gegeben, daß . . . tatsächlich (nicht)

Es wird *der Zweck/die Absicht* von dem genannt, was dargestellt wird

Diese Behauptungen werden kurz *zusammengefaßt*

Natürlich kann die Verbindung zwischen Abschnitten auch darin bestehen, daß mehrere Abschnitte hintereinander Behauptungen über . . . aufstellen oder daß mehrere Abschnitte hintereinander Beispiele oder Beweise für . . . geben.

VIII. Vervollständigen Sie gemeinsam das folgende Interview mit Informationen aus dem Text.

(R = Reporter, V = Vertreter ausländischer Studenten)

R: Wie ist das eigentlich mit der Studiendauer, wenn man mal deutsche und ausländische Studenten vergleicht?

V: Die deutschen Studenten studieren . . .

R: Und wie ist es mit dem Studienerfolg?

V: Mehr als 50 Prozent der ausländischen Studenten . . .

R: Man hört gelegentlich, daß 15 Prozent der deutschen Studenten psychische Schwierigkeiten haben. Ist das eigentlich bei ausländischen Studenten besser?

V: Nein, ganz im Gegenteil. Die ausländischen Studenten . . .

R: Das ist ja nicht gerade erfreulich. Nun könnte ich mir aber denken, daß diese Probleme zu lösen sind, wenn die Ausländer die deutsche Sprache besser beherrschen.

V: Es ist keine Frage, daß recht viele ausländische Studenten . . . Aber das kann nicht der entscheidende Grund sein.

R: Und warum nicht?

V: Nun, wie man weiß, haben sowohl die Studenten aus Industrieländern . . . Aber die Studierenden aus armen Ländern haben deutlich größere . . .

R: Aber wenn es nicht an der Sprache liegt, woran liegt es dann?

V: . . .

R: Sie haben mich noch nicht ganz überzeugt. Auch bei deutschen Studenten oder Studenten aus Industrieländern rechnet doch z. B. die Familie mit einem Studienerfolg, und das heißt, auch diese Studenten stehen unter Erfolgsdruck.

V: Das ist richtig. Aber der Erfolgszwang bei Studenten aus der Dritten Welt ist . . . Noch wichtiger aber ist, daß deutsche Studenten und Studenten aus Industrieländern die ganze Situation besser kennen. Deshalb sind viele von ihnen optimistisch, daß sie mit den Problemen fertig werden. Die Studenten aus der Dritten Welt dagegen . . .

IX. Spielen Sie das Interview zunächst in Zweiergruppen und dann vor der Klasse.
Versuchen Sie, ohne das Buch auszukommen.

Ausländerstudium in der Bundesrepublik – manches zu loben, manches zu kritisieren

I. Hören Sie den Text ganz, und notieren Sie möglichst kurz, wie es den ausländischen Studenten in Marburg gefällt.

1. *Lob:* In Marburg . . .
   Grund dafür u. a.: Marburg bietet . . .
2. *Kritik:* Ausländische Studenten . . .
3. *Forderung:* . . .
   Begründung:
   a) Möglichkeit für Ausländer . . .
   b) (Hoffnung): . . .
   c) (Vielleicht): . . .

II. Lesen Sie zuerst die folgenden Fragen, hören Sie dann den Text noch einmal, und beantworten Sie dann die Fragen.
1. Wie viele Ausländer studieren zur Zeit in Marburg?
2. Aus wieviel Ländern kommen sie?
3. Woher kommen die meisten?

4. Welches sind die beliebtesten Studienfächer?

5. Welche Studenten haben es am schwersten?

6. Mit wem haben die Ausländer kaum bzw. wenig Kontakt?

7. Seit wie vielen Jahren und in welchem Fachbereich existiert der besondere Studiengang?

8. Die Situation welcher Länder berücksichtigt der Studiengang besonders?

9. Wie versuchen diese Länder ihre Wirtschaft zu entwickeln?

10. Wie entsteht eine kooperative Organisation?

11. Was machen viele der Studenten, die in dem besonderen Studiengang ausgebildet wurden, heute in ihrer Heimat?

III. Hören Sie den Text noch einmal, und kreuzen Sie dann die Aussagen an, die inhaltlich mit dem Text übereinstimmen.

1. Die Marburger Universität ist durch Ortega y Gasset, Michael Lomonossow und Boris Pasternak in der ganzen Welt berühmt geworden. ◯

2. Für die heutige Situation der Ausländer in Marburg haben die oben erwähnten Ausländer wenig Bedeutung. ◯

3. In Marburg ist nur wenig los. ◯

4. Nur in Marburg sind die ausländischen Studenten nicht in die Gesellschaft integriert. ◯

5. Nur bei der Zimmersuche stellt man fest, daß die farbigen Studenten es am schwersten haben. ◯

6. Marburg wäre die erste Stadt, die ein Ausländerzentrum einrichtet. ◯

7. Viele Studiengänge deutscher Universitäten berücksichtigen die besonderen Interessen der Studenten aus den sogenannten Entwicklungsländern. ◯

8. Die Studenten des besonderen Studiengangs sollen lernen, wie sie den Bauern helfen können. ◯

9. Die Marburger Universität glaubt, weiß aber nicht, ob ihr besonderer Studiengang ein Erfolg ist. ◯

IV. Hören Sie den Rest des Texts in kleinen Abschnitten, und schreiben Sie ihn wörtlich auf. Beginnen Sie nach: „Ja, das ist richtig."

V. Redemittel: Hinweise auf die Schwierigkeit einer Frage; Einschränken; Signalisieren eines Themenwechsels

1. Suchen Sie die Alternative im Text, und bestimmen Sie, um welche Redemittel es sich handelt.
a) Eine einfache Antwort auf diese Frage ist nicht möglich. Da muß ich schon differenzieren.
b) Eine Lösung für alle Probleme wäre das Zentrum natürlich nicht. Aber sicher ist, daß es den Ausländern die Möglichkeit geben würde . . .
c) Ich möchte jetzt mal auf die Universität selbst zu sprechen kommen.

2. Wenden Sie die Redemittel an, indem Sie den passenden Einleitungssatz benutzen bzw. die Sätze zu Ende führen.
a) Finden Sie einen passenden Einleitungssatz.
. . . Man muß sich da schon geduldig mit vielen Einzelheiten beschäftigen.
. . . Dazu ist das Problem noch zu neu.
. . . ; denn bis heute sind viele Zusammenhänge noch unklar.

b) Finden Sie eine passende Fortsetzung.

Eine interessante Sprache ist Deutsch schon, aber . . .

Viel los ist in Großstädten schon, aber . . .

Natürlich ist ein Flugzeug schneller, aber . . .

Ich will als zweites . . . ; Die wichtigste Frage aber erscheint mir . . . ; Ich habe bis jetzt noch nicht erwähnt . . .

VI. Diskutieren will gelernt sein. (1)

Wenn an der Biertheke gestritten wird oder sich ein Ehepaar in die Haare gerät, entscheidet nicht selten die Lautstärke und manchmal die Körperkraft über den Ausgang. In sachlichen Auseinandersetzungen sollten die besseren Argumente gewinnen. Auf jeden Fall muß man sich hier an Regeln halten (und sich gegenseitig darauf aufmerksam machen, wenn die Regeln verletzt werden).

	Redemittel
● Bei wichtigeren Diskussionen sollte man einen Diskussionsleiter (D) wählen, der auf die Einhaltung der Regeln achtet.	
● Wer spricht, wird in der Regel nicht unterbrochen. Aber: Alle haben das Recht, sich zu Wort zu melden und in der Reihenfolge der Meldung auch tatsächlich zu Wort zu kommen.	Bitte lassen Sie mich ausreden. (Oder D:) Bitte unterbrechen Sie Herrn/ Frau X nicht.
● Wenn jemand also zu lange redet und so das Recht der anderen verletzt, muß ihm das Wort entzogen werden.	Entschuldigen Sie, daß ich Sie unterbreche, aber Sie haben Ihre Meinung nun lange genug dargestellt. (Oder D:) Bitte bringen Sie Ihr Argument jetzt zu Ende. Es liegen weitere Wortmeldungen vor.
● Bemühen Sie sich um Kürze und Klarheit (u. a. eine Gliederung). Mehr als drei Argumente überfordern zumindest die Geduld der anderen Diskussionsteilnehmer.	Erstens . . . , zweitens . . . , drittens . . .
● Wenn Sie die notwendige Klarheit vermissen oder etwas nicht verstehen, fordern Sie Klärung.	Können Sie vielleicht genauer sagen, was Sie damit / wie Sie das meinen? Den Anfang / Das zweite Argument / . . . habe ich nicht verstanden.

VII. Diskutieren Sie zuerst in Gruppen und dann in der Klasse.

1. Was könnte man in einem Ausländerzentrum zum Beispiel machen, um Deutsche für den Besuch / die Mitarbeit in einem solchen Zentrum zu gewinnen?

2. Das Problem der Isolierung: Geben Sie Beispiele. Vergleichen Sie mit der Situation ausländischer Studenten in Ihrer Heimat. Welche Gründe könnte die Isolierung haben? Was könnte man tun, um das Problem zu lösen?

3. Was halten Sie von dem besonderen Studiengang in Marburg? (Was ist sein Vorteil? Hat er auch Nachteile? Sollte es Studiengänge nur für Ausländer geben? In welchen Fachbereichen könnte es ähnliche Studiengänge geben? Beschreiben Sie, wie sich diese Studiengänge von „normalen" unterscheiden müßten.)

4. Nehmen Sie Stellung zu dem Inhalt des Textes. (Ist er zu positiv, zu negativ? Was stellt er zu kurz, zu lang, was stellt er richtig dar?)

Zum Studium in die Bundesrepublik?

Spielen Sie diese Szene.

Vier Rollen müssen besetzt werden: Vater, Mutter, Tochter (oder Sohn), ein Bekannter der Familie.

Eine Tochter/Ein Sohn einer Familie möchte in der Bundesrepublik studieren. Ein Bekannter der Familie hat früher in der Bundesrepublik

Marburg: Blick über das Auditoriengebäude auf die Altstadt und das Schloß

studiert und rät der Tochter/dem Sohn, nicht dort zu studieren. Die Eltern sind sich noch unsicher. Sie haben sich noch nicht entschieden und stellen hauptsächlich Fragen und wollen genauere Informationen von der Tochter/dem Sohn und dem Bekannten haben.

Hier sind die Argumente der Tochter/des Sohns: Keine finanziellen Probleme, besonders in den Ferien, aber auch während des Semesters kann man Geld verdienen; wie deutsche Studenten kann man BAföG bekommen.

Nie allein und isoliert, weil es viele ausländische Studenten in der Bundesrepublik gibt.

Moderne Universitäten, hoher Stand der Wissenschaft; manche Studiengänge berücksichtigen direkt die Interessen ausländischer Studenten; viele Orientierungshilfen vor und bei Beginn des Studiums.

Gute Berufsaussichten bei der Rückkehr in die Heimat.

Moderne, komfortable Zimmer in Studentenheimen und bei Privatleuten.

Gutes Essen, gutes Bier, guter Wein; Obst, Gemüse und sonstige Nahrungsmittel aus allen Ländern der Welt.

Schönes Land mit guten Möglichkeiten zu reisen und alles zu sehen.

Großes kulturelles Angebot: Theater, Museen, Opern.

Zulassungsbeschränkungen (Numerus clausus)

I. Beschäftigen Sie sich vor der Lektüre mit der zweiten Aufgabe.

1   In Studiengängen, in denen allgemein oder an einzelnen Hochschulen die Bewerber-
nachfrage die Zahl der Studienplätze übersteigt, werden durch Rechtsverordnungen der
3   Länder oder durch Satzungen der Hochschulen Zulassungsbeschränkungen angeordnet. In diesen Fällen reicht der Nachweis der allgemeinen oder der fachgebundenen
5   Hochschulreife nicht zur Aufnahme des Studiums aus; vielmehr bedarf der Studienbewerber vor der Aufnahme des Studiums noch einer besonderen Zulassung.
7   Zuständig für die Entscheidung über die Zulassungsanträge *deutscher Studienbewerber*
ist bei Studiengängen, die in ein zentrales Vergabeverfahren einbezogen sind, die *Zen-*
9   *tralstelle für die Vergabe von Studienplätzen (ZVS, 4600 Dortmund 1, Sonnenstraße 171,*
Postfach 8000, F 0231/10811). Die Zulassungsanträge müssen für das *Wintersemester bis*
11 *zum 15. Juli,* für das *Sommersemester bis zum 15. Januar* bei der ZVS eingegangen sein.
Ausländische Studienbewerber müssen sich grundsätzlich direkt bei den Hochschulen um
13 einen Studienplatz bewerben, auch dann, wenn sie ihre Hochschulzugangsberechtigung
an einer deutschen Schule erworben haben. Eine Ausnahme gilt nur für solche Ausländer,
15 die ihre Hochschulzugangsberechtigung in Nordrhein-Westfalen erworben haben und
die sich für einen Studiengang bewerben, in dem die ZVS Studienplätze nur für nordrhein-
17 westfälische Hochschulen vergibt.
Die ZVS informiert vor Beginn jeden Semesters über bestehende Zulassungsbeschränkun-
19 gen. Das *zvs-kurzinfo* erhalten Studienbewerber direkt von der ZVS oder in weiterführen-
den Schulen, Hochschulen oder Arbeitsämtern.
(Aus: *Studien- und Berufswahl,* 1986/87, hg. Bund-Länder-Kommission für Bildungsplanung und Forschungsförderung und Bundesanstalt für Arbeit, Bad Honnef)

II. Texterschließung

Wie man einen bestimmten Text richtig liest, hängt davon ab, warum man ihn liest. Vor
dem Lesen sind also bereits Überlegungen notwendig, um keine Zeit und Energie zu verschwenden. Häufige Leseziele sind:

– Ich will mir Erstinformationen beschaffen.
– Ich will wissen, was eine bestimmte Person zu dem Thema sagt.

1. Welches ist Ihr Leseziel für „Zulassungsbeschränkungen"?

2. Verschwenden Sie keine Zeit und Energie. Überfliegen Sie den Text, und lesen Sie nur das ganz genau, was zu Ihrem Leseziel paßt. (Gibt Ihnen der Text dabei eine optische Hilfe? Welche?)

3. Halten Sie die Information, die für Sie wichtig ist, schriftlich fest.

III. Wortschatz

1. Klären Sie die Unterschiede.

a) die Nachfrage ist *allgemein / an einzelnen Hochschulen* größer als die Zahl der Plätze

b) *Rechtsverordnungen* (der Länder) / *Satzungen* (der Hochschulen) ordnen Zulassungsbeschränkungen an

c) eine *allgemeine* / eine *fachgebundene* Hochschulreife

d) ein *internes* Vergabeverfahren = ein Verfahren, bei dem die Studienplätze von der Hochschule selbst verteilt werden / ein *zentrales* Vergabeverfahren

e) *sich um* einen Studienplatz *bewerben* / einen Studienplatz *vergeben*

2. Ersetzen Sie die schräg gedruckten Teile der Sätze möglichst genau durch Formulierungen aus dem Text.

a) *Die Zahl der Bewerber ist größer als* die Zahl der Studienplätze. (Z. 1/2)

b) Die Länder oder die Hochschulen *bestimmen, daß die Zulassung beschränkt wird.* (Z. 3/4)

c) *Es genügt nicht, daß man ein Abiturzeugnis vorlegt.* (Z. 4–5)

d) *Wer sich um einen Studienplatz bewirbt, braucht* eine besondere Zulassung. (Z. 5/6)

e) *Über die Zulassungsanträge entscheidet* die Zentralstelle. (Z. 7–9)

f) *Die Termine für die Zulassungsanträge bei der ZVS sind* der 15. Juli und der 15. Januar. (Z. 10/11)

IV. Strukturverständnis

1. Wie heißt das Subjekt in den Zeilen 1/2?

2. Wie heißt das Verb im Infinitiv (vollständig)?: „In diesen Fällen reicht . . . " (Z. 4)

3. Formen Sie in Nebensätze um:

a) zur Aufnahme des Studiums (Z. 5); um . . .

b) vor der Aufnahme des Studiums (Z. 6); bevor er . . .

c) vor Beginn des Semesters (Z. 18); bevor das . . .

4. Formen Sie in Relativsätze um:

a) bestehende Zulassungsbeschränkungen (Z. 18/19); Zulassungsbeschränkungen, . . .

b) weiterführende Schulen (Z. 19/20); Schulen, . . .

---

* (Nach: *Unistart,* hg. Wolfgang Henniger, Königstein/Ts. 1984)

V. Beantworten Sie die Fragen zum Text.

1. Unter welcher Voraussetzung werden Zulassungsbeschränkungen angeordnet?
2. Wer kann Zulassungsbeschränkungen anordnen?
3. Was genügt normalerweise zur Aufnahme eines Studiums?
4. Was braucht ein Bewerber, der ein Numerus-clausus-Fach studieren will?
5. Wer ist zuständig für die Anträge der deutschen Studenten?
6. Wo müssen sich Ausländer bewerben, die ihr Abitur an einer deutschen Schule gemacht haben?
7. Unter welchen Bedingungen müssen sich Ausländer nicht direkt bei einer Hochschule bewerben?
8. Was steht in dem ZVS-Kurzinfo?

VI. Diskutieren Sie in Gruppen und dann in der Klasse über das Problem der Zulassungsbeschränkungen.

1. Gibt es bei Ihnen zu Hause Zulassungsbeschränkungen? Für welche Fächer? Wie bekommt man einen Platz in diesen Fächern?
2. Was halten Sie davon, die Plätze in diesen Fächern a) nach den Noten im Abitur, b) nach einem Praktikum, c) nach Interviews, d) nach Tests, e) durch das Los zu verteilen?
3. Gibt es noch andere Möglichkeiten als die in Frage 2 genannten? Welche? Was halten Sie von ihnen?
4. Wie kommt es zum Problem der Zulassungsbeschränkungen? Sollte der Staat etwas zur Lösung des Problems tun? Was? (Wenn nicht, warum nicht?)

Eine neue Aufnahmeprüfung für Medizinstudenten

I. Betrachten, beschreiben, erzählen

1. Betrachten Sie das Bild auf Seite 58, und beschreiben Sie alles, was Sie sehen.
2. Was denkt und fühlt Ihrer Meinung nach der Patient, was denken die Ärzte, wie fühlen sich die Studenten und was halten sie von dem Auslesetest?
3. Warum hat „Markus" dieses Bild gezeichnet? Was beabsichtigt er mit der Zeichnung?

> der Operationssaal, -säle; die Schlange, -n; das Tablett, -s; die Spritze, -n; der Operationstisch, -e; der Patient, -en

II. Bitte beschreiben Sie das Bild schriftlich.

Ein Test für neue Medizinstudenten

Das Bild zeigt . . . . In . . . geöffneten . . . steht . . . . . von Studenten. Ein . . . reicht . . . ersten Studenten . . . . . . mit Instrumenten. Hinter . . . Arzt steht . . . der großen Operationslampe . . . zweiter Arzt, . . . gerade . . . . . . fertig macht. Neben . . . Arzt ist . . . . . . , auf . . . ein . . . liegt. Der Patient wundert . . .

über ... vielen Studenten und darüber, ... der erste Arzt ... dem Tablett und ... Instrumenten macht. Er hat ... halb aufgerichtet, ... wollte er ... liebsten aufspringen ... weglaufen. Aber eine Krankenschwester, ... hinter dem Kopfende ...... steht, hält ... mit ... Händen ... den Schultern fest. Vielleicht sagt sie zu ... : „Aber, aber, warum regen Sie ... denn auf? Sie sollten ... freuen. Professor Neidhardt hat .... "

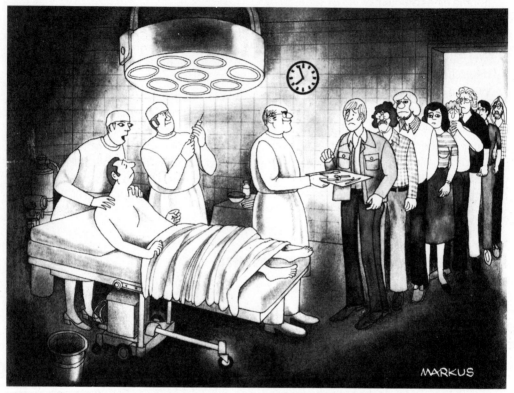

„Professor Neidhardt hat den ersten praxisnahen Test zur Auslese der Medizinstudenten entwickelt!"

III. Schreiben Sie die Geschichte auf, die der Patient seinen Freunden erzählt, wenn er aus dem Krankenhaus nach Hause kommt.

Und so könnten Sie anfangen:

Ein schreckliches Erlebnis

Neulich mußte ich wegen einer kleinen Operation ins Krankenhaus. Die Krankenpfleger brachten mich in den Operationssaal, und ich hatte eigentlich gar keine Angst. Da ging plötzlich die Tür auf, und ...

Die Finanzierung des Studiums

I. Die Ausgaben

1. Lesen Sie noch einmal auf S. 18/19 den Text in Übung 3 und die Übersicht in Übung 4.

2. Sprechen Sie nach der folgenden Übersicht über das Diagramm*. Berücksichtigen Sie dabei alle fünf Punkte der Übersicht.

- ● Thema
- ● Untertitel
- ● Einzelergebnisse
- ● Quelle
- ● Kommentar

Anregungen zum Kommentar:
a) Welche Aussagekraft haben Durchschnittswerte? (Denken Sie an die Mietkosten in Groß- und Kleinstädten, die Kosten einer Mietwohnung im Unterschied zu einer Wohnung bei den Eltern, u. ä.) b) Welche Studenten wurden nicht berücksichtigt? c) Die Berechnungen hat das Deutsche Studentenwerk (= eine Einrichtung der Studenten) angestellt. Wird der Staat (z. B. das Bildungsministerium) die Zahlen akzeptieren?

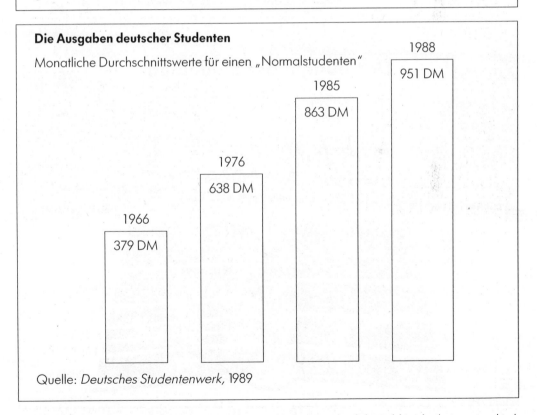

Die Ausgaben deutscher Studenten

Monatliche Durchschnittswerte für einen „Normalstudenten"

1988 — 951 DM
1985 — 863 DM
1976 — 638 DM
1966 — 379 DM

Quelle: *Deutsches Studentenwerk,* 1989

* Ein Diagramm ist eine Statistik, bei der die Zahlen graphisch veranschaulicht sind, hier durch vier unterschiedlich hohe Säulen.

3. Werten Sie das Diagramm schriftlich in einem zusammenhängenden Text aus. (Die Fragen und den Hinweis können Sie als Hilfe benutzen.)

a) Was ist das Thema des Diagramms?
b) Was wurde untersucht/erfaßt?
c) Wieviel Geld brauchte danach ein Student im Jahr 1966?
d) Wieviel Mark waren es 1976 bereits?
e) Auf wieviel Mark waren die Ausgaben 1985 bzw. 1988 gestiegen?
f) Allein in den drei Jahren von 1985 bis 1988 haben also die Ausgaben um rund wieviel Prozent zugenommen?
g) Auf wessen Angaben beruhen alle Zahlen?
h) Kommentar

II. Das Budget

1. Sprechen Sie über das folgende Diagramm. Benutzen Sie als Anhaltspunkt die Übersicht von Übung I,2.

Anregungen zum Kommentar:

Überraschend/Erstaunlich ist, wie hoch/niedrig die Ausgaben für . . .
Bemerkenswert ist die große/kleine Zahl von Studenten, die . . .
Man sollte eigentlich erwarten, daß . . .
In meiner Heimat / In . . .   sind die Ausgaben . . . / ist die Prozentzahl . . .

* Dazu gehören u. a.: Aufwendungen für Körperpflege, Hobby und Sport, Telefon und Krankenversicherung.

2. Werten Sie das Diagramm schriftlich in einem zusammenhängenden Text aus. Bitte lesen Sie vorher die folgenden Hinweise.

Zur Darstellung der „Einzelergebnisse":

● Bei längeren Listen von Zahlen würde die Aufzählung aller Zahlen den Leser ermüden und den Text unnötig verlängern. Prüfen Sie, ob Ihnen eine/mehrere Angaben entbehrlich erscheinen und ob zwei/mehrere Angaben zu einer Aussage zusammengefaßt werden können.

● Akzentuierung: Da Zahlen leicht vergessen werden, sollten die wichtigeren Informationen sprachlich verstärkt/betont werden, z. B.: der weitaus größte Teil, nämlich . . . Prozent / gleich viel(e), und zwar . . . Prozent / (etwa) halb (doppelt) so viel(e) wie / erheblich mehr (weniger)

● Reihenfolge: Das Ziel der Darstellung ist eine klärende, übersichtliche Informationsvermittlung. Springen Sie also nicht von einer Zahl in der Mitte nach oben, dann nach unten und wieder zurück zur Mitte oder von den „Einnahmen" zu den „Ausgaben" und wieder zurück.

Formulierungshilfen:

Der weitaus größte Teil der Einnahmen deutscher Studenten stammt von . . . , und zwar . . . Prozent / etwas bringt jemandem nur etwa halb soviel ein, nämlich . . . Prozent / aus sonstigen Quellen, etwas erhalten
Bei den Ausgaben, an der Spitze stehen mit . . . Mark / auf dem zweiten Platz folgen . . . / etwas macht etwa halb so viel aus wie . . . , nämlich . . . Mark / für etwas ungefähr gleich viel ausgeben, und zwar . . . Mark / ein erheblicher Teil der Ausgaben, nämlich . . . , entfällt auf . . .

Lehrveranstaltungen an deutschen Universitäten

I. Hören Sie zunächst das ganze Gespräch.

II. Lesen Sie jetzt die folgenden Fragen, hören Sie danach den Text noch einmal und beantworten Sie dann die Fragen.

1. Woher kennen sich Petra und Thomas?
2. Mit welcher Arbeit ist Thomas im Augenblick beschäftigt?
3. Vor welcher Prüfung steht Petra?
4. Warum schlägt Thomas vor, einen Kaffee zu trinken?

5. Welche unterschiedliche Meinung über die Qualität ihrer Tasse Kaffee haben Petra und Thomas?
6. Wie reagiert Thomas auf den Vorschlag, noch einen Kaffee zu trinken?
7. Warum bezahlt Thomas die Rechnung?
8. Was will Petra beim Taschner kaufen?
9. Warum möchte Petra, daß Thomas zum Sommerfest kommt?
10. Wird Thomas Ihrer Meinung nach zum Sommerfest kommen?

III. Redemittel: Begrüßen; Einladen und Annahme; Einladen und Ablehnung

1. Suchen Sie die „informelle" Alternative im Text.
   a) A: Guten Tag, Herr/Frau X. Wie geht es Ihnen?
      B: Danke, gut. Und Ihnen?
   b) A: Darf ich Sie zu einer Tasse Kaffee einladen?
      B: Danke, gern.
   c) A: Darf ich Ihnen noch eine zweite Tasse bestellen?
      B: Danke, das ist sehr nett. Aber leider habe ich um 12 Uhr eine wichtige Verabredung.

2. Spielen Sie Begrüßung, Einladung und Annahme bzw. Ablehnung.

Anregungen: zu einem Bier, einem Glas Wein, einem Eis, ins Kino einladen; Hast du Lust auf ein Bier / ein Glas Wein / ein Eis / heute abend ins Kino zu gehen? / Gerne, ja; Gute Idee (wollt' ich dich auch grad fragen) / Leider paßt es mir im Moment gar nicht, weil. . . ; Nee, du. Auf . . . steh' ich sowieso nicht, und außerdem . . .

IV. Konzentrieren Sie sich jetzt beim Hören auf die Informationen zu den Lehrveranstaltungen. Kreuzen Sie die Aussagen an, die mit den Informationen auf dem Band übereinstimmen.

1. Die Vorlesung ist eine Lehrveranstaltung der Universität. ○
2. Die Hauptarbeit ist eine Lehrveranstaltung der Universität. ○
3. Ein Protokoll und eine Proseminar-Arbeit sind Lehrveranstaltungen der Universität. ○
4. Proseminar, Haupt- und Oberseminar sind Lehrveranstaltungen der Universität. ○
5. Das Praktikum ist eine Lehrveranstaltung besonders für Archäologen. ○
6. Die Exkursion ist eine Lehrveranstaltung, bei der man vor allem lernt, wie man Apparate bedient und Experimente macht. ○
7. Bei allen Veranstaltungen, außer bei der Vorlesung, muß man sich anmelden. ○
8. Scheine bekommt man für ein Protokoll, ein Referat, eine schriftliche Arbeit und manchmal auch für gute mündliche Mitarbeit. ○
9. Haupt- und Oberseminare macht man normalerweise vor Proseminaren. ○
10. Hauptseminare kann man erst besuchen, wenn man die Zwischenprüfung oder das Vordiplom bestanden hat. ○

V. Definieren Sie.

1. Eine Übung ist eine Lehrveranstaltung, bei der man ... (Stoff, Fach)
2. Ein Praktikum ist ...
3. Ein Proseminar ist ... (Methoden)
Diese Methoden muß man dann ...

4. Eine Exkursion ist ... besonders für ... Auf Exkursionen wird ...

VI. Berichten und diskutieren Sie in der Klasse.

1. Welche Lehrveranstaltungen gibt es bei Ihnen zu Hause? Was ist gleich, was ist anders als bei den im „Gespräch" erwähnten Veranstaltungen?

2. Welche Veranstaltungen sind Ihrer Meinung nach am wichtigsten? Warum?

3. Gibt es etwas, was Ihnen an den Lehrveranstaltungen nicht gefällt (z. B. die Anmeldung/die Scheine)? Warum?

VII. Redemittel

1. Im Text ist Ihnen das Wort „mal" u. a. in Sätzen begegnet, die eine Aufforderung enthalten. Das ist nicht der einzige, aber ein sehr häufiger Gebrauch. In gehobener Sprache erscheint das Wort auch in der Form „einmal", nicht zu verwechseln mit dem gleichlautenden Zahlwort (einmal, zweimal, dreimal ...). Die übliche Form ist jedoch „mal", umgangssprachlich/familiär – wie in der Unterhaltung alter Schulkameraden – oft verkürzt zu „ma".
Hören Sie den Text stückweise, und schreiben Sie alle Sätze mit „mal" auf, die Aufforderungscharakter haben.

2. Vervollständigen Sie die Sätze in der Klammer. Ergänzen Sie dann in allen Sätzen „mal", und entscheiden Sie, welche der Lösungen a–d unten richtig sind.

a) Gib mir . . . den Bleistift. (Geben Sie . . .)

b) Halt . . . das Buch. (Halten Sie . . .)

c) Kannst du mir . . . beim Tragen helfen? (Können Sie . . .?)

d) Könntest du . . . das Fenster öffnen? (Könnten Sie . . .?)

e) Laß mich . . . dein Alter raten. (Lassen Sie . . .)

f) Laß mich . . . bezahlen. (Lassen Sie . . .)

g) Wir beobachten zunächst alle . . . das rechte Gefäß.

h) Wir atmen alle . . . tief ein.

i) Fangen wir . . . auf Seite 30 an.

j) Fragen wir uns jetzt . . . , was der Dichter wohl damit beabsichtigt.

k) Du kannst . . . rufen, wenn du Peter auf dem Spielplatz siehst. (Sie können . . .)

l) Würdest du den Ton . . . ein bißchen lauter stellen? (Würden Sie . . .)

Im Vergleich mit den Sätzen ohne „mal" wirken die Aufforderungen/Bitten mit „mal" ⓐ kälter, ⓑ zwangloser, ⓒ direkter, ⓓ eher beiläufig.

Die Abschlußprüfungen

I. Lesen Sie den Text auf der linken Seite, und klären Sie die unbekannten Wörter. Ersetzen Sie dann die schräg gedruckten Wendungen durch die Paraphrasen auf der rechten Seite. Beachten Sie die dabei notwendigen Veränderungen.

Grundsätzlich *gibt es* an deutschen Universitäten *zwei Arten von Abschlußprüfungen*: die Staatsexamen (z. B. Erste Juristische Staatsprüfung, Ärztliche Prüfung, Wissenschaftliche Prüfung für das Lehramt an Gymnasien) und die akademischen Prüfungen (z. B. Magister Artium, Diplom, Promotion).

Studenten können zwei Arten von Abschlußprüfungen machen

In den Fächern Jura, Medizin und Pharmazie *ist das Staatsexamen die einzig mögliche Abschlußprüfung.* Erst nach dem Staatsexamen *kann man als akademische Prüfung die Promotion anstreben.*

die Fächer nur mit dem Staatsexamen abschließen können
die Möglichkeit zur Promotion besteht

In den geistes- und naturwissenschaftlichen Fächern *gibt es wahlweise die Möglichkeit, das Staatsexamen abzulegen oder einen akademischen Grad zu erwerben.*

zwischen dem Staatsexamen oder einem akademischen Grad wählen können

Wer allerdings an einer öffentlichen Schule Lehrer werden will, der muß das Staatsexamen machen.

für den Lehrberuf an einer öffentlichen Schule allerdings das Staatsexamen brauchen

Für die anderen Berufe, die eine wissenschaftliche Ausbildung erfordern, kann man anstelle des Staatsexamens *die Magister- oder Diplomprüfung machen.* In beiden Fällen *kann selbstverständlich die Promotion angeschlossen werden.*

das Studium für andere Berufe mit wissenschaftlicher Ausbildung mit Magister- oder Diplomprüfung abschließen können

anschließend natürlich promovieren können

In den übrigen Fächern, z. B. den Wirtschaftswissenschaften, Psychologie, Pädagogik und in den Sozialwissenschaften, *stellt die Diplomprüfung den Abschluß dar.* Auch hier ist anschließend natürlich die Promotion möglich.

am Ende des Studiums steht die Diplom-Prüfung

(Nach: DAAD, *Der ausländische Student in der Bundesrepublik Deutschland,* Bonn o. J.)

II. Klären, vergleichen, erzählen

1. Machen Sie eine Aufstellung (an der Tafel oder in Ihrem Heft), aus der man entnehmen kann, in welchen Fächern man welche Abschlußprüfung machen muß (kann).

2. Welche Abschlußprüfungen gibt es bei Ihnen zu Hause? Was ist genauso wie in der Bundesrepublik, was ist anders?

3. Was möchten Sie studieren? Welchen Abschluß streben Sie an? Warum?

Oase für Probleme?

I. Sprechen Sie über den Titel, und lesen Sie dann den Text.

1 „Warum denn gleich in die Luft gehen, wenn dich mal wieder der Frust gepackt hat und alle Welt gemein zu dir war? Warum denn gleich zum Psychiater, wenn dir die Klausur im
3 Magen liegt? Komm lieber in unsere Selbsthilfegruppe, dann geht alles wie von selbst."
Der Wert von Selbsthilfegruppen, die sich in den letzten Jahren rasant vermehrt haben, ist
5 umstritten. Die einen schwören drauf, daß es nichts Besseres gibt, als wenn Betroffene sich
gegenseitig helfen. Die anderen fürchten, daß sich selbsternannte „Taschenpsycholo-
7 gen" dort gegenseitig, vor allem aber auch die wirklich Hilfebedürftigen fertigmachen.
Diese extremen Pole bestimmten auch die Diskussion in Bochum, bevor das Projekt Oase
9 im Frühjahr 1980 seine Arbeit aufnehmen konnte. Vier Jahre Erfahrung mit dem „Zentrum
für Selbsthilfegruppen und Krisenhilfe" haben die Gemüter beruhigt. Die Zusammenar-
11 beit von Studienbüro (professionelle Beratung und psychosoziale Hilfe) und Oase
(Selbsthilfegruppen, Krisenhilfe durch Laienhelfer) ist gut. Das Modell ist einmalig in der
13 Bundesrepublik.

Was bestimmt die Arbeit der Oase? Fangen wir mit der Krisenhilfe an. Das Wort „Krise"

15 hat Konjunktur. Es gibt fast nichts mehr, was nicht „in der Krise" ist. Warum also nicht auch Studenten? Gegen Krisen muß etwas unternommen werden. So schuf man die Oase zu-

17 nächst als „Kriseninterventionszentrum". Inzwischen hat man das in „Krisenhilfe" umgetauft. Dazu die Betreiber der Oase: „Das Wort gefällt uns nicht mehr so recht, weil es sich

19 so anhört, als müsse derjenige, der die Krisenhilfe in Anspruch nimmt, unbedingt mit dicken Problemen kommen."

21 Die Realität sieht anders aus. Die Oase ist ein Ort der Begegnung. Man trinkt Tee und quatscht. Zwei Laienhelfer, fast immer auch in einer Selbsthilfegruppe aktiv, machen zwi-

23 schen 18 und 23 Uhr Dienst. Sie sind Ansprechpartner, wenn jemand wirklich down ist und Hilfe braucht. Gemeinsam wird versucht, einen Weg aus dem Tief zu finden. Da es bislang

25 noch nicht genügend Laienhelfer gibt, die über ausreichend Erfahrung und Training durch die Psychologen des Studienbüros verfügen, gilt das Angebot nur von Donnerstag bis

27 Sonntag.
Werner und Renate, die beiden „Hauptamtlichen", sind nicht nur für den Verwaltungs-

29 kram zuständig, sondern auch für die Koordination von Terminen und Gruppen. Sie sind auch so weit ausgebildet, daß sie, wenn es sein muß, eingreifen können. Sowohl bei der

31 Krisenhilfe als auch wenn eine der 35 derzeit arbeitenden Selbsthilfegruppen nicht weiterkommt.

33 Soviel Probleme es gibt, soviel verschiedene Gruppen arbeiten auch. Da sind die „klassischen" Selbsthilfegruppen „Anonyme Alkoholiker", „Anonyme Neurotiker" und „Ano-

35 nyme Vielesser", auch OA (Overeater anonymus) genannt. Natürlich Schwule, Frauen. Zu den Rennern gehören Selbsterfahrungsgruppen, Frauengruppen, Ängstegruppen.

37 Die gibt es immer. Zwar zerfallen sie schnell, aber genauso fix wird eine neue gegründet. Selbsthilfegruppen sind etwas Vergängliches. Länger als eineinhalb Jahre hält kaum eine.

39 Erklärtes Hauptziel ist, dafür zu sorgen, daß es dem einzelnen in seiner Gruppe gut geht. Zu Mehrarbeit, z. B. einen Infotisch für die Oase zu machen oder Plakate zu kleben, las-

41 sen sich nur sehr wenige gewinnen, wenn man dem „Chef" Werner glauben darf.
Da trifft sich nun in der Oase ein problembeladener Haufen von jungen Menschen. Wer

43 hilft denen dann? Normalerweise geht man, wenn man Probleme hat, doch nicht zu jemandem, der auch problembeladen ist. Welche Idee steckt hinter dem Begriff „Selbst-

45 hilfe"?
„Die Idee ist, daß ähnlich oder gleich Betroffene, Leute, die Defizite haben, sich zusam-

47 menfinden. Die haben zwar Probleme, manchmal auch schwere, aber das sind keine völlig kaputten Menschen, keine Kranken. Und natürlich sind nicht alle gleich. Jeder ent-

49 wickelt seine eigene Strategie, die Schwierigkeiten zu bewältigen. Jeder hat andere Erfahrungen. Die teilt man sich mit."

51 „Eine Art Rezepteaustausch?" „Ja, so kann man das formulieren."

(Aus: Hermann Kohn/Otmar Weber, *Uni überleben*)

II. Wortschatz

1. Ersetzen Sie die schräg gedruckten Teile der Sätze durch Formulierungen aus dem Text.

a) Sie *sind völlig überzeugt davon*, daß es nichts Besseres als Selbsthilfe gibt. (Z. 5)

b) Im Frühjahr *begann* das Projekt „Oase" *mit seiner Arbeit*. (Z. 9)

c) Gegen Krisen muß man etwas *tun*. (Z. 16)

d) Die Studenten *machen Gebrauch von der* Krisenhilfe. (Z. 19)

e) Einige Laienhelfer *haben noch nicht genug* Erfahrung und Training. (Z. 25/26)

2. Stellen Sie eine Liste der Wörter und Wendungen zusammen, die Ihnen „umgangssprachlich" vorkommen.

3. Suchen Sie zu folgenden Wörtern und Wendungen die umgangssprachlichen Entsprechungen in Ihrer Liste bzw. im Text.

(Z. 1–3) sich sehr aufregen; von Frustration erfaßt werden; (die Klausur) macht einem Sorgen / bedrückt einen

(Z. 4–13) sich schnell vermehren; Laien mit psychologischem Halbwissen; die Menschen beruhigen

(Z. 14–20) das Wort wird häufig gebraucht; mit großen Problemen kommen

(Z. 21–32) sich miteinander unterhalten; sich seelisch (und körperlich) auf einem Tiefstand befinden; einen Weg aus Depression/Niedergeschlagenheit finden; die unangenehme und eigentlich nicht so wichtige Verwaltungsarbeit

(Z. 33–41) der Homosexuelle; Gruppen, die besonders häufig gegründet werden; genauso schnell; einen Tisch mit Informationsmaterial aufstellen, das Material verteilen und Interessierte informieren

(Z. 42–51) viele junge Menschen mit Problemen; Menschen, die psychisch, körperlich, sozial am Ende sind

III. Strukturverständnis

1. Vervollständigen Sie die Sätze grammatisch und inhaltlich.

a) *Warum denn gleich zum Psychiater, wenn dir die Klausur im Magen liegt?* (Z. 2/3)

b) Warum also nicht auch Studenten? (Z. 15/16)

c) Dazu die Betreiber der Oase ... (Z. 18)

... das intensive Lernen hat dich irgendwie verändert!

d) Natürlich Schwule, Frauen. (Z. 35)

2. Wie heißt das Verb im Infinitiv?
a) Fangen wir mit der Krisenhilfe an. (Z. 14)
b) Die teilt man sich mit. (Z. 50)

3. Worauf beziehen sich die schräg gedruckten Wörter?
a) ... gilt *das Angebot* nur von Donnerstag bis Sonntag. (Z. 26/27)
b) Länger als eineinhalb Jahre hält kaum *eine*. (Z. 38)

4. Wandeln Sie die schräg gedruckte Wendung in einen Relativsatz um.
a) ... wenn *eine der 35 derzeit arbeitenden Selbsthilfegruppen* nicht weiterkommt. (Z. 31/32) ... wenn eine der ...
b) Da trifft sich nun in der Oase *ein problembeladener Haufen von jungen Menschen.* (Z. 42) Da trifft sich nun in der Oase ein Haufen ...

5. Zeigen Sie die Bedeutung von „sich lassen", indem Sie den Satz ins Passiv umwandeln.
Zu Mehrarbeit ... lassen sich nur sehr wenige gewinnen. (Z. 40/41)
Zu Mehrarbeit ... können ...

IV. Welche der folgenden Aussagen stimmen sinngemäß mit dem Text überein?

1. Über die Frage, ob Selbsthilfegruppen nützlich oder schädlich sind, gibt es unterschiedliche Ansichten. ◯
2. In Bochum waren alle von Anfang an für das Projekt „Oase". ◯
3. Eine Einrichtung, die genauso ist wie die „Oase", gibt es sonst nirgends in der Bundesrepublik. ◯
4. Die Leute, die das Leben in der „Oase" organisieren, sind über den Begriff „Krisenhilfe" nicht glücklich. ◯

5. Die Laienhelfer müssen nicht unbedingt in einer der Gruppen selbst mitarbeiten. ◯
6. Werner und Renate sind richtige Psychologen. ◯
7. Werner und Renate sind in der Lage, bei der Krisenhilfe und bei den Selbsthilfegruppen Probleme zu lösen. ◯
8. Die einzelnen Selbsthilfegruppen haben nicht sehr lange Bestand. ◯
9. Das Wichtigste bei den Gruppen ist, daß sich die Teilnehmer in ihnen wohl fühlen. ◯
10. Wenn man in der „Oase" mehr arbeitet, ist nicht viel zu gewinnen. ◯
11. Wer für die „Oase" Plakate klebt, kann dabei nicht viel verdienen, sagt „Chef" Werner. ◯
12. Die Leute, die sich bei der Selbsthilfe zusammenfinden, haben natürlich nicht alle Probleme. ◯
13. Jeder, der zur Selbsthilfe kommt, hat eine eigene Methode, seine Schwierigkeiten zu lösen. ◯

V. Stellen Sie den anderen Kursteilnehmern Fragen zum Text.

Überlegen Sie sich zuerst jeder eine Frage. Dann beginnt ein Teilnehmer mit seiner Frage und bestimmt, wer sie beantworten soll. Derjenige, der die Frage beantwortet hat, stellt dann seine Frage.

VI. Übergreifendes Verständnis

1. Im Text wird darauf hingewiesen, daß die Experten vom Studienbüro und die Selbsthilfegruppen und die Laienhelfer eng zusammenarbeiten (Z. 10–12). Warum ist dieser Hinweis im Textzusammenhang wichtig? Nennen Sie wörtlich das vorausgegangene Argument, gegen das sich dieser Hinweis richtet.

2. Welcher Zusammenhang besteht zwischen den Zeilen 42–45 und dem Rest des Texts? Verwenden Sie folgende Hilfe: „In den Zeilen 42–45 geht es um die Frage: Wie können . . .? Im Rest des Textes wird . . . ."

VII. Diskutieren will gelernt sein (2)

	Redemittel
Diskutieren Sie miteinander, und reden Sie nicht aneinander vorbei. Sagen Sie also ausdrücklich,	
● wo Sie jemandem zustimmen,	Was eben/vorhin über . . . gesagt wurde, ist völlig richtig. Ich meine außerdem . . .
● wo Sie etwas ablehnen,	Das Argument überzeugt mich nicht. Ich meine . . .
● was Sie nur teilweise akzeptieren,	Also ich finde, es ist zwar richtig, daß . . . . Aber . . . sehe ich doch etwas anders.
● daß Sie einen neuen Gedanken in die Diskussion einbringen wollen.	Bisher ist immer nur über . . . gesprochen worden. Ich meine, wir sollten doch auch . . . berücksichtigen.

VIII. Diskutieren und erörtern Sie zuerst mit Ihrem Nachbarn und dann in der Klasse.

1. Was halten Sie von dem Modell Oase? Hier sind stichwortartig einige negative und positive Gesichtspunkte, die im Text erwähnt werden und über die Sie sprechen könnten: „Taschenpsychologen", Mangel an erfahrenen Laienhelfern, kurze Bestandsdauer der Gruppen, Problembeladene helfen Problembeladenen – Ort der Begegnung, erfahrene Ansprechpartner, „Rezepteaustausch".
2. Würden Sie selbst bei einer Selbsthilfegruppe mitmachen? Warum? Warum nicht? Wie müßte eine Gruppe aussehen, bei der Sie mitmachen würden?

Richtiges Lernen

I. Lesen Sie den folgenden Text und die Tabelle. Schreiben Sie dann in jede Zeile der Tabelle den Buchstaben a = stimmt oder b = stimmt nicht.

1 In der Universität ist fast alles anders als in der Schule. Nur wenige Studenten kennen sich gegenseitig. Die Dozenten kennen einen Studenten nur im Ausnahmefall. Man weiß nicht,
3 welcher Lernstoff wirklich wichtig ist und wie man ihn am besten lernt. Es gibt nur wenige

Kontrollen, die zeigen, ob man mit Erfolg studiert. – Viele Studenten fühlen sich deshalb un-
5 sicher, sie haben Angst und brechen ihr Studium ab. Das muß nicht so sein. Es gibt viele
Möglichkeiten, etwas dagegen zu tun. Eine Möglichkeit ist das richtige Lernen.
7 Wenn man richtig lernen will, muß man zuerst herausfinden, was man bisher beim Lernen
richtig und was man falsch gemacht hat. Tabellen, wie die folgende, können dabei helfen.

Selbstbeobachtung	Stimmt (a)	Stimmt nicht (b)
1. Wenn ich für eine Prüfung lerne, arbeite ich manchmal sechs und mehr Stunden hintereinander.		
2. Wenn ich etwas neu gelernt habe, versuche ich, dies neue Wissen auch anzuwenden.		
3. Bevor ich mich mit einem einzelnen Problem beschäftige, versuche ich, einen Überblick über das ganze Gebiet zu gewinnen.		
4. Ich teile mir meine Arbeitszeit so ein, daß sie auch für Wiederholungen reicht.		
5. Ich diskutiere über den Stoff und die Probleme mit anderen Studenten.		
6. Ich bezweifle, daß Gruppenarbeit gut ist. Deshalb arbeite ich allein.		

(Nach: M. Weimer, *Arbeits- und Lerntechniken,* in: Uni 2/1978)

II. Halten Sie ein Kurzreferat über Ihre Lerngewohnheiten. (Wenn Sie wollen, können Sie diese Aufgabe auch schriftlich erledigen.)

Wenn Sie in der Tabelle z. B. bei 1. den Buchstaben a, bei 2. und 3. den Buchstaben b eingetragen haben, könnte der Anfang Ihres Referats folgendermaßen aussehen:

Ich möchte kurz über meine Lerngewohnheiten berichten. Wenn ich für eine Prüfung lerne, arbeite ich manchmal sechs und mehr Stunden hintereinander. Ich versuche nie, wenn ich etwas gelernt habe, dies neue Wissen anzuwenden. Ich versuche auch nicht, einen Überblick über das ganze Gebiet zu gewinnen, bevor ich mich mit einem einzelnen Problem beschäftige.

Vielleicht konnten Sie sich bei der Tabelle nicht immer eindeutig für a oder b entscheiden. In Ihrem Referat haben Sie die Möglichkeit, dies auszudrücken. Der Anfang Ihres Referats könnte dann z. B. folgendermaßen aussehen:

Ich möchte kurz meine Lerngewohnheiten darstellen. Wenn ich für eine Prüfung lerne, arbeite ich manchmal sechs und mehr Stunden hintereinander. Ich versuche nur selten, wenn ich etwas neu gelernt habe, dies neue Wissen anzuwenden. Es kommt auch nicht sehr oft vor, daß ich versuche, einen Überblick über das ganze Gebiet zu gewinnen, bevor . . .

III. Lesen Sie jetzt, was Lernpsychologen zu den Punkten 1–6 in Übung I sagen.

Zu 1: Es hängt vom Stoff ab, wie lange man ohne Unterbrechung lernen sollte. Aber sechs Stunden hintereinander kann niemand konzentriert arbeiten. Es ist deshalb besser, den Stoff nicht auf einmal zu lernen, sondern ihn z. B. auf mehrere Tage zu verteilen.

Zu 2: Wissen muß angewendet werden, damit es besser behalten wird. Außerdem ist es leichter, neue Probleme zu lösen, wenn man vorher andere ähnliche Probleme bearbeitet hat.

Zu 3: Einzelprobleme, die man in einem großen Zusammenhang sieht, versteht und behält man besser.

Zu 4: Ein Stoff muß mehrmals wiederholt werden, damit man ihn wirklich behält. Bei bestimmten Stoffen vergißt man innerhalb von 24 Stunden etwa 60 bis 70 Prozent.

Zu 5: Diskussionen geben Anregungen, und sie zeigen, ob man Probleme verstanden, d. h. mit Erfolg studiert hat.

Zu 6: Gruppen erleichtern die Arbeit, weil man die Arbeit auf mehrere Personen aufteilen kann. Gruppen finden mehr Lösungen und erkennen schneller falsche Lösungen. Gruppen ermöglichen menschlichen Kontakt. Aber: Die Gruppen dürfen nicht zu groß sein. Die Gruppenmitglieder müssen alle dasselbe Ziel haben. Jeder muß aktiv mitarbeiten. Nach der Arbeit müssen positive und negative Erfahrungen besprochen werden.

IV. Tauschen Sie Ihre persönlichen Erfahrungen aus.

Sprechen Sie über jeden der sechs Punkte. Finden Sie Beispiele, die zeigen, was in den einzelnen Punkten gemeint ist. Berichten Sie darüber, ob nach Ihren Erfahrungen die Aussagen der Psychologen stimmen. (Z. B. Punkt 5: Haben Sie in Diskussionen neue Ideen gehört, sind Ihnen erst in Diskussionen manche Probleme klargeworden? Oder: Wird in Diskussionen immer nur das gleiche gesagt, versteht man nie richtig, was der andere eigentlich meint? Oder: Warum haben Diskussionen manchmal einen positiven, manchmal einen negativen Effekt? Was muß man tun, um eine positive Wirkung zu erreichen?)

Warum studieren Sie nicht mal im Ausland?

Hören Sie den Text, und geben Sie ihn dann mit eigenen Worten wieder.

> *Hilfen zur Wiedergabe:*
>
> in Deutschland/im Ausland studieren; knapp, der Universitätsabsolvent,-en, ein Gaststudium nachweisen; die meisten; etwas scheint beliebt zu sein
> Angst vor, das Universitätssystem; Probleme mit, die Antwort/Erwiderung lautet; jmdm. etwas garantieren, das Examen anerkennen, zurückfragen, der Gefragte,-n; etwas fürchten, das Vorurteil,-e; ein letztes Mal, Afghanistan

Das Glasperlenspiel

Studienjahre

Josef Knecht war nun etwa vierundzwanzig Jahre alt. Mit der Entlassung aus Waldzell war seine Schülerzeit abgeschlossen, und es begannen die Jahre des freien Studierens; mit Ausnahme der harmlosen Eschholzer Knabenjahre sind sie wohl die heitersten und glücklichsten seines Lebens gewesen. (. . .)
In Kastalien nun ist die geistige Freiheit der Studierenden noch unendlich viel größer, als sie es je an den Universitäten früherer Epochen war, denn die zur Verfügung stehenden Möglichkei-

ten zu Studien sind viel reichhaltiger, außerdem fehlt in Kastalien völlig die Beeinflussung und Beschränkung durch materielle Rücksichten, durch Ehrgeiz, Ängstlichkeit, Armut der Eltern, Aussichten auf Brot und Karriere und so weiter. In den Akademien, Seminaren, Bibliotheken, Archiven, Laboratorien der pädagogischen Provinz ist jeder Studierende, was seine Herkunft und was seine Aussichten betrifft, vollkommen gleichgestellt; die Hierarchie stuft sich lediglich aus den intellektuellen und charakterlichen Anlagen und Qualitäten der Schüler. (. . .)

Für die vielseitig Begabten und Interessierten – und zu ihnen gehörte Knecht – haben die paar ersten Studienjahre durch diese sehr weitgehende Freiheit etwas wunderbar Verlockendes und Entzückendes. Gerade diesen vielseitig Interessierten läßt die Behörde, wenn sie nicht etwa geradezu ins Bummeln geraten, eine beinahe paradiesische Freiheit; der Schüler mag nach Belieben sich in allen Wissenschaften umsehen, die verschiedensten Studiengebiete miteinander vermischen, sich in sechs oder acht Wissenschaften gleichzeitig verlieben oder von Anfang an sich an eine engere Auswahl halten; außer der Innehaltung der allgemeinen, für Provinz und Orden geltenden moralischen Lebensregeln wird nichts von ihm verlangt als jährlich einmal der Ausweis über die von ihm gehörten Vorlesungen, über seine Lektüre und seine Arbeit in Instituten. Die genauere Kontrolle und Prüfung seiner Leistungen beginnt erst dort, wo er fachwissenschaftliche Kurse und Seminare besucht, zu welchen auch die des Glasperlenspiels und der Musikhochschule gehören; hier freilich hat jeder Studierende sich den offiziellen Prüfungen zu stellen und die vom Seminarleiter verlangten Arbeiten zu leisten, wie es sich von selbst versteht.

(Aus: Das Glasperlenspiel, Roman von Hermann Hesse, 1877–1962)

Anregungen

1. Was ist für das Studium in Kastalien typisch?
2. Was finden Sie an Kastalien (nicht) attraktiv?
3. Wo und in welcher Zeit könnte Ihrer Meinung nach Kastalien existieren?

Brot = Broterwerb, Beruf

pädagogische Provinz: die Gelehrten-(Geistes-)Republik Kastalien

Ausweis = Nachweis

das Glasperlenspiel: Ursprünglich eine Kombinations- und Gedächtnisübung mit wirklichen Glasperlen; später eine Zeichen- und Formelsprache, in der jede Wissenschaft und Kunst sich ausdrücken und mit anderen Wissenschaften und Kunstbereichen in Beziehung treten konnte; die Spiele mit dieser Sprache wurden schließlich ergänzt durch kontemplative Übungen (Meditation), wodurch das Glasperlenspiel für echte Spieler nahezu ein Gottesdienst war.

Wenn die Seele krank wird

Die zerbrochene Schale

I. Lesen Sie den Text, und finden Sie heraus, aus welchem Grund hier (nicht) geweint wird.

1 Eine verheiratete Frau hatte auf einer Reise einen Liebhaber kennengelernt und mit ihm eine schöne Zeit verbracht. Wieder zu Hause, dachte sie fortwährend an ihren Freund.
3 Nichts konnte sie mehr begeistern. Der Erfolg ihres Mannes war ihr gleichgültig wie die Wolken am Himmel. Sie langweilte sich. Vor Trauer und Langeweile wollte sie weinen,
5 konnte aber nicht, weil sie befürchtete, ihr Weinen könnte sie und ihre geheimen Wünsche verraten. Wie ungewollt ließ sie am Abend eine kostbare Schale fallen. Die Schale zer-
7 brach, und die Frau begann zu weinen, so herzzerbrechend, daß ihr Mann ihr nicht böse sein konnte. Im Gegenteil, zusammen mit der Schwiegermutter tröstete er seine Frau und
9 sagte: „Meine geliebte Frau, so schlimm ist es doch nun wieder nicht. Die Schale ist deine Tränen nicht wert." Doch die Frau weinte sich ununterbrochen ihre Langeweile und ihren
11 Kummer vom Herzen.

(Aus: N. Peseschkian[1], *Auf der Suche nach Sinn. Psychotherapie der kleinen Schritte*)

II. Texterschließung

Schon die Philosophen des Altertums verwendeten die sogenannten *W*-Fragen. Vor allem bei verhältnismäßig kurzen Texten, bei denen man sich für alle wichtigen Informationen interessiert, können diese *W*-Fragen zu einem texterschließenden Leseverhalten führen. Zu den wichtigsten *W*-Fragen gehören:

Wer?	Person	*Wo?*	Ort
Was?	Sache, Sachverhalt	*Wie?*	Art und Weise
Wann?	Zeit	*Warum? Wozu?*	Grund, Zweck

Man kann Fragen dieser Art nacheinander an jeden Teil eines Satzes stellen. Normalerweise aber wird man nicht jedes Satzstück erfragen, sondern nur die Stellen, die einem interessant oder schwierig erscheinen.

Wer hatte einen Liebhaber kennengelernt? Wo hatte sie ihn kennengelernt? Was hatte sie mit ihm verbracht? u.a.m.

Erschließen Sie jetzt zehn Stellen des Texts durch *W*-Fragen.

III. Wortschatz: Vervollständigen Sie nach den beiden Beispielen.

eine ledige Frau	eine verheiratete Frau		die Erde	. . .
zu Hause	auf einer Reise		die Freude	. . .
manchmal	. . .		mit Absicht	. . .
alles	. . .		morgens	. . .
der Erfolg	. . .		wertlos	. . .
jmdn. interessieren	. . .		hassen	. . .

IV. Schreiben Sie einen Paralleltext.

Sie können sich bei Ihrem Paralleltext sehr eng an den Text auf S. 74 halten und z.B. nur die Ereignisse am Abend ändern. Sie können aber auch sehr viel ändern, z.B. alles, was nach der Reise der Frau geschieht. Sie könnten anstelle der Frau auch einen verheirateten Mann verreisen lassen, usw.

1 Nossrat Peseschkian, Facharzt für Psychiatrie und Neurologie, geb. 1933 im Iran, Studium in Freiburg, Mainz, Frankfurt a. M., seit 1969 psychotherapeutische Praxis in Wiesbaden.

V. Erörtern Sie.

Am Ende des Kapitels, das mit dem Text „Die zerbrochene Schale" beginnt, empfiehlt Peseschkian in drei Schritten folgende Fragen:

1. Worüber ärgere ich mich eigentlich? Was bereitet mir Angst, Unbehagen oder Freude?
2. Welche Möglichkeiten habe ich, das Problem zu lösen?

3. Welche Ziele stehen hinter meinem Handeln? Was würde ich machen, wenn ich keine Probleme und Beschwerden hätte?
Erörtern Sie, wie die Frau in „Die zerbrochene Schale" sich diese Fragen stellt, welche Antworten sie sich möglicherweise gibt und wie dadurch ihr Leben (das Leben ihres Mannes) beeinflußt werden könnte.

Auch Männer müssen weinen

I. Sprechen Sie zuerst mit Ihrem Nachbarn und dann in der Klasse.

1. Warum (Wann) weint man? 2. Wie fühlt man sich nach dem Weinen? 3. Wann haben Sie das letzte Mal geweint? (Warum?) 4. Weinen in Ihrer Heimat die Männer genauso oft wie die Frauen? (Wenn nicht, warum nicht?)

II. Wortschatz

die Bibel = heiliges Buch der Christen

der Held = mutiger, tapferer Krieger (Soldat)

die Sage = Erzählung über alte Zeiten, vor allem über Götter und Helden; der Inhalt einer Sage kann teilweise wahr sein

die Träne = Flüssigkeit, die vor allem bei Schmerz und Trauer aus den Augen kommt

der Magen = Teil des Körpers von Menschen und manchen Tieren, in dem die Nahrung längere Zeit bleibt und teilweise verarbeitet wird

Lysozym = Stoff, der in den Tränen enthalten ist

III. Hören Sie den Text, und geben Sie ihn dann wieder.

Hier sind ein paar wichtige Wörter für die Wiedergabe:

die Bibel,-n – der Held,-en – die Sage,-n – die Tränen zurückhalten; westlich – das Industrieland,¨er; der Wissenschaftler,- – sich mit etwas beschäftigen – fordern; der Grund,¨e; frei fließen lassen – sondern – unterdrücken – nach innen – der Magen,¨; schlimm sein – bestehen aus; der Stoff,-e – Lysozym; es kommt zu etwas (etwas entsteht) – die Krankheit,-en – der Teil,-e – der Körper,-; die Trauer – der Schmerz,-en – die Freude,-n; die Situation, -en – seelisch (psychisch)

Pierre Besuchow

I. Lesen Sie den Text, und finden Sie heraus, wie Pierre den schweren Fragen des Lebens zu entkommen versucht.

1   Pierre hatte jetzt nicht wie früher Zeiten der Verzweiflung, der Schwermut und des Ekels vor
    dem Leben; aber diese Krankheit, die sich früher in scharfen Anfällen bekundet hatte, war
3   nun nach innen verdrängt und wich keine Sekunde von ihm. „Wozu? Warum? Was geht in
    der Welt vor?" fragte er sich verständnislos im Laufe jeden Tages, wenn er unwillkürlich
5   über den Sinn des Lebens nachdachte; aber da er aus Erfahrung wußte, daß es auf seine
    Fragen keine Antwort gab, so suchte er eilig von ihnen loszukommen, griff nach einem
7   Buch oder machte, daß er in den Klub oder zu Apollon Nikolajewitsch kam, um dort über
    den Staatsklatsch zu reden. Es war eine zu schreckliche Empfindung, unter dem steten
9   Druck der ungelösten Lebensfragen zu stehen, und so ergab er sich den ersten besten Ver-
    gnügungen, nur um jene Fragen zu vergessen. . . . Und es wollte ihm scheinen, alle Men-
11 schen suchten sich vor den schweren Fragen des Lebens zu retten, der eine durch Ehrgeiz,
    ein anderer durch Kartenspiel, ein anderer durch Abfassen von Gesetzen, ein anderer
13 durch Weiber, ein anderer durch Spielereien, ein anderer durch Pferde, ein anderer durch
    die Politik, ein anderer durch die Jagd, ein anderer durch den Wein, ein anderer durch
15 Amtstätigkeit.

                (Aus: *Krieg und Frieden,* Roman von Leo Tolstoi, zit. nach N. Peseschkian,
                                      Auf der Suche nach Sinn)

II. Stellen Sie Ihrem Nachbarn Fragen zum Text. (Wenn Fragen ungeklärt bleiben, stellen Sie sie dem Kurs.)

III. Erstellen sie ein Lexikon zum Thema „Krankheit".

Beispiel:

der Anfall, ̈-e, ein Anfall von Schwermut
die Depression, -en, unter Depressionen leiden, depressiv
der Druck, sich unter Druck fühlen, unter dem Druck von jmdm./etw. stehen
die Krankheit, -en, krank, sich krank (gut, gesund) fühlen, der Krankenschein, -e, den Krankenschein (beim Arzt) vorlegen
der Psychotherapeut, -en, eine psychotherapeutische Behandlung
das Rezept, -e, jmdm. ein Rezept ausstellen (geben, schreiben)
die Schwermut, schwermütig sein (werden), schwermütige Lieder
die Verdrängung, (unangenehme Erfahrungen, Schuldgefühle) verdrängen
die Verzweiflung, (am Leben, an den Menschen) verzweifeln

IV. Erörtern Sie.

1. Pierre Besuchow war ein Mann, ein Russe, Angehöriger der Oberschicht und lebte im vorigen Jahrhundert. Welche Hinweise darauf enthält der Text?

2. N. Peseschkian sagt, daß Tolstoi an dieser Stelle einen bestimmten Sachverhalt der Moderne sehr treffend deutlich macht. Welcher Sachverhalt ist Ihrer Ansicht nach gemeint?

V. Schreiben Sie eine Fortsetzung des Texts über Pierre Besuchow. (Ihre Fortsetzung sollte etwa 10-15 Sätze umfassen.)

> *Anregungen:*
> Pierre lernt eine Frau kennen, die er wirklich liebt.
> Oder: Pierre übernimmt eine wichtige politische Aufgabe.
> Oder: Die Vergnügungen verlieren ihren Reiz; Pierre geht nicht mehr aus dem Haus und . . .
> Oder: Pierre verabschiedet sich von allen Freunden und Verwandten und unternimmt eine einjährige Reise durch Deutschland (Iran, England, . . .)
> Oder: Pierre wird Alkoholiker.
> Oder: ?

Psychoboom

I. Wortschatz

1. Klären Sie die Bedeutung der schräg gedruckten Wörter und Wendungen.

a) Heute gibt es in vielen westlichen Ländern einen *Psychoboom.*

b) Das Wort „Psychologie" ist für viele Menschen *zu einer Zauberformel geworden*, von der die Lösung aller Probleme erwartet wird.

c) Die Psychotherapie hat für viele eine große *Anziehungskraft.*

d) Für viele Familien ist es ein großes finanzielles *Opfer*, ein Kind studieren zu lassen.

e) *Im Labyrinth des Minotaurus von Kreta* verirrten sich die Leute.

f) Man brauchte einen *Leitfaden*, um in diesem riesigen Supermarkt zu finden, was man sucht.

g) Wer sich in den zahlreichen psychotherapeutischen Angeboten nicht auskennt, ist *mit Haut und Haaren* verloren.

h) Geld wird für ihn *groß geschrieben*.

i) *Überspitzt formuliert,* gleicht die Psychologie heute einem Supermarkt.

j) Manche Verfasser schreiben *unter einem Pseudonym*.

2. Formen Sie nach den Beispielen um.

a) keine Ahnung haben ▶ ahnungslos sein
   Kraft, Haar(e), Einfluß, Sorgen, Gefühl(e)

b) die Prüfung der Angebote ▶ die Angebote werden geprüft
   die Verführung der Menschen, die Beeinflussung aller Lebensbereiche, die Behandlung neuer Titel und Themen, die Beantwortung der Fragen, die Entwicklung eines therapeutischen Computers

II. Lesen Sie die folgenden Aussagen. Hören Sie dann den Text, und kreuzen Sie an, welche der Aussagen mit dem Text übereinstimmen.

1. Die Wörter „Psychologie" und „Psychotherapie" sind den Menschen schon lange gut bekannt. ○

2. Viele Menschen lassen sich eine psychotherapeutische Behandlung viel Geld und Zeit kosten. ○

3. Wer von der Psychotherapie wirklich etwas haben will, muß über die vielen psychotherapeutischen Angebote Bescheid wissen. ○

4. Schaden kann die Psychologie glücklicherweise niemandem. ○

5. Die Psychologie hat vor allem für die Landbevölkerung große Bedeutung. ○

6. Es sieht so aus, als ob endlich über alle psychologischen Themen Bücher geschrieben worden sind. ○

7. Heute hat fast jede Illustrierte Kummer und Probleme. ○

8. Tanten, die große oder kleine Probleme haben, reden gern darüber. ○

9. Wenn junge Leute Probleme haben, können sie an die Zeitschrift „Bravo" schreiben. ○

10. Manche Psychologen schreiben unter einem Pseudonym. ○

11. Die Computerindustrie will die Patienten mit einem psychotherapeutischen Computer gesund machen. ○

III. Hören Sie den Text noch einmal, und setzen Sie die Wörter ein, die in den folgenden Sätzen fehlen:

1. Noch bis vor ... , ... wußten die ... ... mit den Worten „Psychologie" und „Psychotherapie" ... ...

2. Heute scheint das Wort „Psychologie" eine Zauberformel darzustellen, die eine große Anziehungskraft ... .

3. Wo immer die Psychologie den Menschen hilft, kann man sicher sein, ...

4. Der Mensch sollte prüfen, was er eigentlich will, sonst ... ... von dem heute ... ...

5. ... gesprochen, kann ... dasselbe passieren, was ... ... im Labyrinth des Minotaurus von Kreta ... : ohne ... ist er mit Haut und Haaren verloren.

6. Die ... und Themen scheinen ... ... : ... ... eine Psychologie des Todes.

7. Deshalb hat ... ... jede Illustrierte eine psychologische ... .

IV. Überlegen Sie, in welche vier Abschnitte der Text geteilt werden kann. Formulieren Sie für jeden eine möglichst kurze Überschrift.

1. Die Anziehungskraft . . .
Oder: Die Psychologie als . . .
2. Warnung vor . . .
Oder: Prüfung . . .
3. Die Beeinflussung aller . . .
Oder: Die Psychologie als . . .
4. Die Entwicklung . . .
Oder: Die Computerindustrie . . .

V. Hören Sie den Text von „Die Psychologie hat heute Einfluß . . ." bis „Seit einiger Zeit . . ." noch einmal, und geben Sie den Inhalt schriftlich wieder. (Achten Sie darauf, daß Ihr Text keine Wiederholungen enthält.)

VI. Berichten und diskutieren Sie.

1. Glauben Sie, daß es einen Psychoboom gibt? (Begründen Sie Ihre Meinung.)
2. Glauben Sie, daß die Ratgeber in Illustrierten („Tante Hertha") helfen können? (Begründen Sie Ihre Meinung.)
3. Kann der Computer einen Teil der Aufgaben des Therapeuten übernehmen? Kann er den Therapeuten ersetzen? (Begründen Sie Ihre Meinung.)
4. Der Verfasser und seine Absichten
a) Was will der Verfasser des Texts bei den Zuhörern erreichen?
b) Glauben Sie, daß der Verfasser seine Absicht(en) erreicht? (Warum, warum nicht?)
c) Billigen Sie diese Absicht(en)? (Warum, warum nicht?)

Die Therapie als Hilfe bei einem neuen Anfang

I. Lesen Sie den ganzen Text. Finden Sie die Stelle, wo das Thema, das die Überschrift nennt, wieder aufgegriffen wird.

1 Viele suchen heute nach neuen Antworten, nach einem anderen Sinn im Leben. Sie sind nicht mehr zufrieden mit Wertvorstellungen wie „liebe deinen Nächsten wie dich selbst".

3 Die Orientierung an einem solchen Gebot erscheint im gegenwärtigen Chaos schwer lebbar.

5 Der moderne Mensch befindet sich in jeder Beziehung seines Alltagslebens in einer nie dagewesenen Abhängigkeit: Er fährt einen Wagen, den er nicht versteht, er trägt Kleider,

7 die er nicht selbst angefertigt hat; er ernährt sich von Früchten, die er nicht gesät und geerntet hat; er wird behandelt von Ärzten, die eine für ihn fremde Sprache sprechen, und er

9 vertraut seine Gesundheit der Macht der Pillenchemie an. Seine Forderungen nach Gerechtigkeit muß er Rechtsanwälten übergeben, denn er ist nicht fähig, im Paragraphen-

11 wald seinen Fall wiederzuerkennen. Die Massenmedien überfluten ihn mit Informationen, die ihn verblüffen, beängstigen und ärgern, aber er steht den Ereignissen machtlos ge-

13 genüber. Was kann er denn zur Lösung der Energiekrise wirklich tun? Es bleibt ihm nur die Hoffnung auf vernünftige Politiker, die zumindest ab und zu mal seine Interessen vertreten.

81

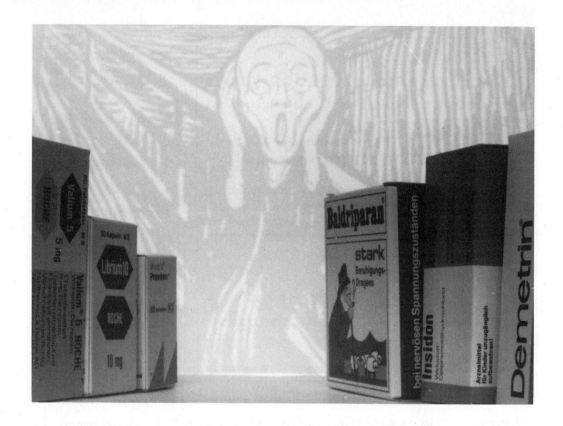

15 Der sogenannte Weltfrieden beruht nach wie vor auf Abschreckung, die Vernichtung der
Menschheit liegt in der Hand weniger; ein Fingerdruck genügt, um die Welt in ein Chaos
17 zu stürzen. Wie soll der Mensch seinen Nächsten lieben, wenn er selbst keine Liebe erfährt, wenn er Angst hat, abends allein über die Straße zu gehen, wenn er jederzeit darauf
19 gefaßt sein muß, von gerissenen Geschäftsleuten übers Ohr gehauen zu werden, wenn
er hört: wir müssen alle Opfer bringen, um die schwierige Krise zu überwinden, aber sein
21 Opfer im Verlust des Arbeitsplatzes besteht?
Nach einer langen Phase, in der es fast nur um materielle Werte und wissenschaftliche
23 Fortschritte ging, nach einer Zeit mörderischer Kriege und der Entfremdung des Menschen
von seiner Arbeit und den Mitmenschen durch die Industrialisierung und durch den
25 Zwang zu wahllosem Konsum betrachten wir das gegenwärtige Suchen als Anfang einer
psychologischen Renaissance. Immer mehr Menschen spüren, daß es nicht genügt, die
27 gegenwärtige Misere mit Schlagworten wie Aggression, Entfremdung, Existenzangst zu
begründen, ohne etwas dagegen zu unternehmen. Viele wollen aus der passiven Beob-
29 achterrolle heraus, um Kommunikationsprobleme mit einem Minimum an feindseligen
Konflikten und Frustration und einem Maximum an Lebensfreude zu lösen. Sie entdecken,
31 daß sie fähig sind, Konflikte nicht nur in angemessener Weise zu verstehen, sondern sie
auch in eigener Verantwortlichkeit und durch persönliches Engagement zu lösen bzw. bei
33 der Lösung mitzuarbeiten. Als Hilfe dienen vielen die psychologischen Therapien. Wir

glauben, daß besonders die neuen Therapien versuchen, die Entfremdung des Individu-
35 ums von sich selbst und seiner Umwelt zu beenden und gleichzeitig das „existenzielle
Vakuum", wie Victor E. Frankl es nannte, auszufüllen.

(Nach: Bach/Molter, *Psychoboom,* Düsseldorf/Köln 1976)

II. Wortschatz

1. Suchen Sie für die Wendungen auf der linken Seite die Entsprechungen auf der rechten.
(Z. 1–21)

1. sich in Abhängigkeit befinden (Z. 5/6)	a) mit etwas rechnen/auf etwas vorbereitet sein
2. etwas anfertigen (Z. 7)	b) bestimmt/entschieden werden von
3. jmdm. etwas anvertrauen (Z. 9)	c) abhängig sein
4. jmdn. mit etwas überfluten (Z. 11)	d) jmdn. betrügen
5. jmdn. von etwas abschrecken (Abschreckung , Z. 15)	e) jmdm. etwas übergeben/überlassen, weil man ihm vertraut
6. in der Hand von jmdm. liegen (Z. 16)	f) jmdm. zu viel von etwas geben
7. Liebe erfahren (Z. 17/18)	g) etwas herstellen
8. auf etwas gefaßt sein (Z. 18/19)	h) jmdn. an etwas hindern, indem man ihm Angst macht
9. jmdn. übers Ohr hauen (Z. 19)	i) Liebe bekommen

2. Wie werden die folgenden Aussagen im Text formuliert? (Z. 1–21)

a) Der Mensch unserer Zeit ist in jeder Hinsicht auf andere angewiesen.

b) Der Mensch kann rechtliche Probleme nicht alleine lösen.

c) Der Mensch hört, liest und sieht ständig überraschende, Angst verursachende und ärgerliche Nachrichten.

d) Über den Frieden in der Welt entscheiden nur einige wenige Leute.

e) Liebe ist in unserer Zeit selten geworden.

f) Der Mensch muß ständig damit rechnen, bei Geschäften betrogen zu werden.

g) Alle sind zu schmerzlichem Verzicht gezwungen.

3. Welche Bedeutung haben die Wörter im Text? (Z. 22–36)

(Z. 22) *die Phase*
    a) Zeitpunkt
    b) Zeitabschnitt
    c) Satzstück

(Z. 27) *die Misere*
    a) trostlose, schlimme Lage
    b) Entfremdung
    c) materielle Werte

(Z. 28) *unternehmen*
    a) kämpfen
    b) tun
    c) mit Geld beseitigen

(Z. 29) *das Minimum*
    a) möglichst wenig
    b) schlecht
    c) möglichst viel

(Z. 30) *die Frustration*
    a) Ernte
    h) Enttäuschung
    c) Arbeit

(Z. 36) *das Vakuum*
    a) die Leere
    b) Ferien
    c) Entfremdung

4. Finden Sie die Wörter bzw. Wendungen im Text, die den folgenden Wendungen entsprechen. (Z. 22–36)

a) Dinge, deren Wert man mit Geld beziffern kann

b) Kauf und Verbrauch von Gütern, ohne nachzudenken

c) ein wiedererwachtes Interesse an der Psychologie

d) die Lust und Sucht zu streiten und zu kämpfen

e) Zahlreiche Menschen wollen nicht länger nur zuschauen.

f) die Schwierigkeiten, andere zu verstehen und sich selbst den anderen verständlich zu machen

g) eigene Mitarbeit und eigener Einsatz

h) die Leere des Daseins, ein Leben ohne höhere Ziele und Werte

III. Strukturverständnis

1. Wandeln Sie die schräg gedruckte Stelle in einen Relativsatz um.

a) Er befindet sich *in einer nie dagewesenen Abhängigkeit.* (Z. 5/6)

b) Er wird behandelt von Ärzten, die *eine für ihn fremde Sprache* sprechen. (Z. 8)

2. Wie heißt das Verb im Infinitiv?

. . . er vertraut seine Gesundheit der Macht der Pillenchemie an. (Z. 8/9)

3. Vervollständigen Sie den Satz nach „weniger" durch *ein* Wort.

. . . die Vernichtung der Menschheit liegt in der Hand weniger. (Z. 15/16)

4. Formulieren Sie den schräg gedruckten Teil des Satzes durch das Verb in der Klammer um.

. . . wenn er selbst *keine Liebe erfährt* . . . (Z. 17/18) (lieben)

5. Formulieren Sie das folgende Satzstück in einen Nebensatz um:

. . . nach der Entfremdung des Menschen von seiner Arbeit und von seinen Mitmenschen . . . (Z. 23/24) (entfremdet sein)

6. Worauf beziehen sich die schräg gedruckten Wörter?

a) . . . ohne etwas *dagegen* zu unternehmen. (Z. 28)

b) Sie entdecken, daß sie fähig sind, Konflikte nicht nur in angemessener Weise zu verstehen, sondern *sie* auch in eigener Verantwortlichkeit und durch persönliches Engagement zu lösen . . . . (Z. 30–32)

IV. Welche der folgenden Aussagen sind nach dem Text sinngemäß richtig? Nennen Sie bei den richtigen Aussagen die Zeilenangaben des Textes.

1. „Liebe deinen Nächsten wie dich selbst" ist ein Gebot. ◯
2. Es ist nicht leicht, heute nach der Wertvorstellung „Liebe deinen Nächsten wie dich selbst" zu leben. ◯
3. Der Mensch war in seinem täglichen Leben noch nie so abhängig wie heute. ◯
4. Der heutige Mensch überläßt die Macht der chemischen Industrie, weil er ihr vertraut. ◯
5. Wer Gerechtigkeit verlangt, muß sich von Rechtsanwälten helfen lassen. ◯
6. Es gibt unübersehbar viele Gesetzesvorschriften. ◯
7. Die Massenmedien bringen sehr viele Informationen, die man nicht versteht. ◯
8. Man kann nur hoffen, daß die Politiker gelegentlich etwas für einen tun. ◯
9. Eine kleine Zahl von Menschen kann alles menschliche Leben auslöschen. ◯

10. In schwierigen Situationen muß man natürlich seinen Arbeitsplatz opfern. ○
11. Niemand will heute nur die Rolle eines Beobachters spielen. ○
12. Viele wollen Probleme lösen, indem sie sich um möglichst viel Lebensfreude bemühen. ○
13. Viele meinen, daß Konflikte meßbar sind. ○
14. Die neuen Therapien versuchen, nach Meinung der Verfasser, durch die Entfremdung des einzelnen das „existenzielle Vakuum" auszufüllen. ○

V. Erläutern Sie.

Erklären Sie, was mit den Aussagen gemeint ist. Geben Sie Beispiele. Stellen Sie dar, wie es zu dem kommt, was in den Sätzen behauptet wird.

1. Die Ärzte sprechen eine für den Patienten fremde Sprache (Z. 8).
2. Der Mensch vertraut seine Gesundheit der Pillenchemie an (Z. 8/9).
3. Der Mensch erkennt seinen Fall im Paragraphenwald nicht wieder (Z. 10/11).
4. Der sogenannte Weltfrieden beruht auf Abschreckung (Z. 15).
5. Der Mensch ist von seiner Arbeit und den Mitmenschen entfremdet (Z. 23/24).

VI. Übergreifendes Verständnis

1. Was ist die entscheidende Aussage des ersten Abschnitts? (Z. 1–4) Prüfen Sie, ob Begründungen/Erklärungen notwendig sind. Formulieren Sie dann Ihre Antwort in max. 10 Wörtern.
2. Was sollen die folgenden beiden Abschnitte zeigen (Z. 5–21)? Antworten Sie möglichst kurz. Zählen Sie keine Einzelheiten auf, sondern überlegen Sie, welche Absicht hinter den Einzelinformationen steht. Beginnen Sie Ihre Antwort so: „Beide Abschnitte sollen . . ."
3. Der letzte Abschnitt kann in Unterabschnitte geteilt werden: Z. 22–25, Z. 25–33, Z. 33–36. Nennen Sie möglichst kurz für die beiden letzten Unterabschnitte das Thema, um das es geht. (Thema von Z. 22–25 ist: Kennzeichen der vergangenen Phase.) Beginnen Sie Ihre Antworten so: „Z. 25–33: . . ."

4. Die Verfasser wollen nicht nur informieren. Was wollen Sie bei den Lesern des Textes außerdem erreichen? Antworten Sie in einem Satz. Beginnen Sie so: „Die Verfasser wollen . . ."

VII. Lesen Sie zuerst alle Fragen des Reporters (R), und beantworten Sie sie dann. Die zweite Frage müssen Sie selbständig beantworten. Bei den anderen Fragen können Sie die Informationen von Zeile 22–36 verwenden.

R: Herr Professor, wofür hat sich Ihrer Meinung nach der Mensch lange Zeit nur interessiert?
Prof.: . . .
R: Sie schreiben, daß der Mensch heute von seiner Arbeit und von seinen Mitmenschen entfremdet ist. Können Sie das etwas näher erklären und vielleicht sagen, wie es früher war?
Prof.: . . .
R: Sie behaupten, daß immer mehr Menschen nach einem neuen Anfang suchen. Wie kommt es zu dieser Suche?
Prof.: . . .
R: Sie erwähnen, daß die Menschen nicht länger lediglich Zuschauer sein wollen. Was wollen die Menschen statt dessen?
Prof.: . . .
R: Glauben Sie, daß die Menschen das überhaupt können?
Prof.: . . .
R: Und wozu braucht der Mensch dann die Therapien?
Prof.: . . .

VIII. Diskutieren will gelernt sein (3)

Ein guter Diskussionsleiter versucht,
- auf die Einhaltung der Regeln, z. B. auf die Reihenfolge der Wortmeldungen, zu achten,
- Verbindungen zwischen verschiedenen Beiträgen herzustellen,

- die Diskussion voranzubringen,

- die Diskussion am Ende zusammenzufassen.

Redemittel

Entschuldigen Sie, aber Herr/Frau X ist vor Ihnen dran.

Das war also noch einmal ein Argument für / Das steht natürlich in Verbindung zu / Damit sind wir jetzt wieder an den Anfang (zum Argument . . .) zurückgekehrt. Wir haben uns jetzt ziemlich ausführlich mit . . . beschäftigt. Wenn Sie einverstanden sind, schlage ich vor, jetzt mal . . . zu betrachten.
Wir haben einige wichtige Gesichtspunkte, z. B. . . . , erörtert. Einiges blieb bis zum Schluß umstritten, besonders . . . . Vielleicht können wir diese Fragen später noch mal aufgreifen. Wenn nicht, haben wir jetzt jedenfalls genug Stoff zum Nachdenken.

IX. Diskutieren Sie in der Klasse. (Bereiten Sie sich in Gruppen auf die Diskussion vor.)

1. Die Beschreibung des Chaos (Z. 5–25)
a) Trifft die Beschreibung des Chaos Ihrer Meinung nach zu? (Übertreiben die Verfasser? Wo? Sehen die Verfasser alles zu negativ? Fehlt etwas in der Darstellung? Was?)
b) Glauben Sie, daß der Weltfrieden in letzter Zeit sicherer geworden ist? Können Sie Auswirkungen der Entspannungspolitik in Ihrem Land feststellen? Welche?

2. Die psychologische Renaissance (Z. 26–36)

a) Haben Sie bei der Bevölkerung, einzelnen Gruppen, in den Massenmedien etwas von dieser Renaissance in der Bundesrepublik bemerkt? Was?
b) Gibt es in Ihrem Heimatland eine Renaissance von nationalen, kulturellen, religiösen o. ä. Werten? Wie zeigt sich das?

3. Die Bewertung der „Renaissance"
Was halten Sie von der Renaissance a) in der Bundesrepublik b) in Ihrem Heimatland? (Ist sie positiv/negativ? Für wen? Was müßte Ihrer Meinung nach noch verstärkt, geändert, rückgängig gemacht werden?)

Die Blechtrommel

Erstes Buch

Der weite Rock

Zugegeben: ich bin Insasse einer Heil- und Pflegeanstalt, mein Pfleger beobachtet mich, läßt mich kaum aus dem Auge; denn in der Tür ist ein Guckloch, und meines Pflegers Auge ist von jenem Braun, welches mich, den Blauäugigen, nicht durchschauen kann.

Mein Pfleger kann also gar nicht mein Feind sein. Liebgewonnen habe ich ihn, erzähle dem Gucker hinter der Tür, sobald er mein Zimmer betritt, Begebenheiten aus meinem Leben, damit er mich trotz des ihn hindernden Guckloches kennenlernt. Der Gute scheint meine Erzählungen zu schätzen, denn sobald ich ihm etwas vorgelogen habe, zeigt er mir, um sich erkenntlich zu geben, sein neuestes Knotengebilde. Ob er ein Künstler ist, bleibe dahingestellt. Eine Ausstellung seiner Kreationen[1] würde jedoch von der Presse gut aufgenommen werden, auch einige Käufer herbeilocken. Er knotet ordinäre Bindfäden,[2] die er nach den Besuchsstunden in den Zimmern seiner Patienten sammelt und entwirrt, zu vielschichtig verknorpelten[3] Gespenstern, taucht diese dann in Gips, läßt sie erstarren und spießt sie mit Stricknadeln,[4] die auf Holzsöckelchen[5] befestigt sind.

Oft spielt er mit dem Gedanken, seine Werke farbig zu gestalten. Ich rate davon ab, weise auf mein weißlackiertes Metallbett hin und bitte ihn, sich dieses vollkommenste Bett bunt bemalt vorzustellen. Entsetzt schlägt er dann seine Pflegerhände über dem Kopf zusammen, versucht in etwas zu starrem Gesicht allen Schrecken gleichzeitig Ausdruck zu geben und nimmt Abstand von seinen farbigen Plänen.

Mein weißlackiertes metallenes Anstaltsbett ist also ein Maßstab. Mir ist es sogar mehr: mein Bett ist das endlich erreichte Ziel, mein Trost ist es und könnte mein Glaube werden, wenn mir die Anstaltsleitung erlaubte, einige Änderungen vorzunehmen: das Bettgitter möchte ich erhöhen lassen, damit mir niemand mehr zu nahe tritt.

(Aus: *Die Blechtrommel,* Roman von Günter Grass, geb. 1927)

Anregungen

1. Wie sieht das Verhältnis „Pfleger" und „Patient" in einer Heil- und Pflegeanstalt normalerweise aus? Stehen der Pfleger und das „Ich" in einem solchen typischen Verhältnis? Ist das „Ich" ein „Normalpatient"?

2. Das Textstück ist der Anfang des Romans „Die Blechtrommel". Welche Fragen muß der Roman Ihrer Meinung nach im weiteren Verlauf beantworten?

3. Was halten Sie davon, daß Grass den Roman vom Insassen einer Heil- und Pflegeanstalt erzählen läßt?

---

1 e *Kreation,-en* = kunstähnliches/künstlerisches Werk
2 *Bindfäden, die er nach den Besuchsstunden sammelt:* die Besucher bringen Geschenke mit, die mit Papier und Bindfaden verpackt sind
3 *verknorpelt* = unregelmäßig geformt mit kleinen Verdickungen
4 *mit Stricknadeln spießen* = auf Stricknadeln stecken/befestigen
5 s *Holzsöckelchen,-* = kleines Holzstück

Die Bundesrepublik und die Deutschen

Was macht die Deutschen zu Deutschen?

Lesen Sie den Text, möglichst ohne das Wörterbuch zu Hilfe zu nehmen, und beantworten Sie dann die Frage in der Überschrift mit einem Wort.

1   Der „Nationalcharakter" – das war vor und nach dem Zweiten Weltkrieg eines der zentralen wissenschaftlichen Themen: Was macht den Russen zum Russen, den Deutschen

3   zum Deutschen, den Amerikaner zum Amerikaner?

Koexistenz

Als sich, nach dem Krieg, die Nationen auf eine Ära der friedlichen Zusammenarbeit ein-

5   richteten, verschwand auch das Interesse am Nationalcharakter wieder, das Interesse konzentrierte sich jetzt auf Versuche zur Verbesserung der Zusammenarbeit zwischen den

auf ?e Ära

7   Völkern – man ging davon aus, daß die Unterschiede zwischen den Nationen ohnehin verschwänden.

9   Die folgenden Jahrzehnte haben diese Prognose allerdings nicht bestätigt. Vielmehr hat

im Gegenteil

das Nationalgefühl in vielerlei Hinsicht wieder das Interesse an den Besonderheiten der

11 verschiedenen Völker geweckt. Der Grund dafür ist die Erkenntnis, daß sich Menschen
verschiedener Völker in der Tat nach eben den Werten unterscheiden, die einen Teil ihres
13 kulturellen Erbes bilden.

Das Urteil über den Nationalcharakter anderer wird dabei immer von der Kultur gefärbt
15 sein, in der der Beobachter aufgewachsen ist. Bestimmte Grundzüge freilich werden stets
auffallen: eben die Grundzüge, die alle Deutschen zu Deutschen, alle Amerikaner zu Ame-
17 rikanern machen. Was sind nun diese kontinuierlichen Eigenarten, die alle Deutschen verbinden? Worin besteht die *Besonderheit* der deutschen Kultur und ihrer Organisation?
19 Bei der Fahrt durch Deutschland bemerkt man zuallererst die ordentliche und präzise Aufteilung von Raum, Land und Gebäuden: Stadt wie Land sind in ordentliche, geometrische
21 Parzellen aufgeteilt, die von einer Vielzahl von Mauern, Zäunen und Toren bezeichnet werden. Jeder Fleck Boden scheint von einer definitiven Grenze umschlossen, die ihn klar von

Baiershofen in Bayern

23 allen anliegenden Grundstücken scheidet. In den Kleinstädten sind die einzelnen Häuser
durch regelrechte Mauern voneinander getrennt, und innerhalb dieser ummauerten Lie-
25 genschaften befinden sich wiederum Mauern, die den Vorgarten vom Haus und dieses
wieder vom Hof trennen – und das Haus selbst erscheint durch seine *Rolläden* vollends
27 als Festung. Aber auch innerhalb dieses schon so wohlbefestigten Hauses teilen normalerweise nochmals massive Türen einen Raum vom anderen.

29 Diese Aufteilung des Raums wird von einer ebenso unmißverständlichen Reihe von Regeln und Übereinkünften flankiert, die die Benutzung dieses Raums regeln. Überall schei-
31 nen Hinweis- und Verbotsschilder aufgestellt zu sein; eins der ersten Wörter, das jeder Ausländer in Deutschland lernt, ist „verboten". Appartementhäuser sind mit Verhaltensanwei-
33 sungen für Bewohner wie Besucher bestückt; Parks und Arbeitsplätze haben ihre Benutzungsordnung. Sogar die Kinderspielplätze, die sowieso schon von Zäunen und Toren
35 markiert sind, haben eine Benutzungsordnung, die genau bestimmt, Kinder welchen Al-
ters auf ihnen spielen dürfen, was sie auf ihnen spielen dürfen, von wann bis wann sie spie-
37 len dürfen. Wo man in Deutschland auch hinkommt, irgend jemand war immer schon da,
um ein Schild aufzuhängen.

39 Dieses Grundmuster der Aufstellung und Zuordnung von Land und Raum mit Hilfe besonderer Verordnungen zeigt sich auch im Umgang mit der Zeit. Wie jeder Raum von einem
41 besonderen Regelwerk peinlich genau aufgeteilt und beherrscht wird, so wird auch die
Zeit von zahlreichen und unterschiedlichen Zeitplänen strikt eingeteilt. Es gibt genaue Ar-
43 beitszeiten, Schulstunden und ganz bestimmte Zeiten, zu denen in den Restaurants ganz
bestimmte Gerichte zu haben sind. Es gibt sogar generelle Leitpläne (wie etwa das Laden-
45 schlußgesetz), die wiederum die einzelnen Zeitpläne koordinieren. Selbst wo es keine offiziellen Zeitpläne gibt, werden informelle aufgestellt und so genau eingehalten, als seien
47 sie Gesetz. Die Deutschen halten Essenszeiten fast so exakt ein wie U-Bahn-Fahrpläne.
Zeit und Raum sind in Deutschland vom Wert strikter *Ordnung* durchdrungen. Dieses
49 Ideal zieht sich quer durch die deutschen Wohnungen und Häuser, die Geschäfte, die Regierung, die Freizeit, die Schule. Die Hausfrau will ihr Heim und ihre Kinder *in Ordnung*
51 halten; der Arbeitsplatz in der Fabrik hat *in Ordnung* zu sein. Die Klasse des Lehrers, die
ganze Lebensführung des Menschen hat *in Ordnung* zu sein. Das Konzept der *Ordnung*
53 ist sowohl Teil des stereotypen Bilds, das Ausländer von Deutschland haben, als auch Teil
ihres Erstaunens über die Deutschen. Diese Erzwingung der Ordnung von Zeit und Raum
55 ist eine der größten Leistungen der deutschen Gesellschaft. Sie hat die Bundesrepublik zu
einer der führenden Industrienationen gemacht, aber gleichzeitig der deutschen Psyche
57 und Persönlichkeit eine ungeheure Starre aufgezwungen.

(Aus: Jack McIver Weatherford, *Deutsche Kultur, amerikanisch betrachtet,*
in: Tintenfisch 15, Berlin 1978)

Die Abschnitte bis Z. 19

I. Wortschatz

1. Lesen Sie den Text noch einmal bis Z. 18, und entscheiden Sie, welche Wörter bzw. Wendungen das gleiche ausdrücken.

1. die Ära (Z. 4)	a) das Merkmal,-e
2. die Prognose,-n (Z. 9)	b) die Einsicht,-en
3. die Hinsicht (Z. 10)	c) die Zeit, der Zeitabschnitt
4. die Erkenntnis,-se (Z. 11)	d) die Voraussage,-n, hier: die Annahme
5. das Erbe (Z. 13)	e) die Beziehung,-en
6. die Eigenart,-en (Z. 17)	f) von den Vorfahren überkommener Besitz
7. sich einrichten auf (Z. 4/5)	g) beeinflußt werden von
8. etwas bestätigen (Z. 9)	h) sich einstellen auf
9. gefärbt sein von (Z. 14/15)	i) als zutreffend erweisen
10. auffallen (Z. 16)	j) die Aufmerksamkeit auf sich lenken
11. ohnehin (Z. 7)	k) sowieso
12. vielmehr (Z. 9)	l) genau
13. eben (Z. 12)	m) immer
14. freilich (Z. 15)	n) stets vorhanden
15. stets (Z. 15)	o) im Gegenteil
16. kontinuierlich (Z. 17)	p) allerdings

2. Vervollständigen Sie die Sätze/Wendungen mit Verben aus dem Text.

a) Sie haben sich auf eine Zeit der friedlichen Zusammenarbeit . . . (Z. 4/5)
b) Man hat sich auf die Verbesserung der Zusammenarbeit . . . (Z. 6/7)
c) Kann man vom Verschwinden aller Unterschiede . . . ? (Z. 7/8)
d) eine Prognose . . . (Z. 9)
e) das Interesse an etwas . . . (Z. 10/11)
f) Grundzüge . . . (Z. 15/16)
g) Durch welche Eigenarten sind alle Deutschen . . . ? (Z. 17/18)

II. Strukturverständnis

1. Formen Sie den schräg gedruckten Teil des Satzes in einen Nebensatz um.
(Z. 5/7) . . . das Interesse konzentrierte sich jetzt auf Versuche *zur Verbesserung der Zusammenarbeit zwischen den Völkern.* – Das Interesse konzentrierte sich jetzt auf Versuche . . .

2. Wie heißt das Verb im Infinitiv?
. . . man ging davon aus . . . (Z. 7)

3. Warum steht in Zeile 7/8 der Konjunktiv „verschwänden"?

4. Worauf beziehen sich
a) das (Z. 1) b) diese Prognose (Z. 9) c) dafür (Z. 11)?

III. Beantworten Sie nun folgende Fragen zu diesem Abschnitt:

1. Womit hat sich die Wissenschaft beschäftigt?
2. Wann und warum hat die Wissenschaft das Interesse an dieser Frage verloren?
3. Wie kommt es, daß man sich heute wieder für die verschiedenen Völker interessiert?
4. Warum gibt es kein eindeutiges Urteil über den Nationalcharakter eines Volkes?
5. Warum ist es, nach Aussage des Texts, trotzdem sinnvoll, nach dem Nationalcharakter eines Volkes zu fragen?

IV. Geben Sie den Text bis Z. 18 auf der Grundlage der Fragen von Übung III und Ihrer Antworten zuerst mündlich und dann schriftlich wieder.

V. Diskutieren Sie zuerst in Gruppen und dann in der Klasse.

1. Die Menschen (= alle Menschen) eines Volkes sind vom Nationalcharakter ihres Volkes geprägt. Stimmen Sie dieser Behauptung zu? (Begründen Sie Ihre Meinung.)
2. Kulturelles Erbe oder soziale Gegenwart – lassen sich beide Bereiche trennen? Wenn ja, welcher Bereich prägt den Menschen stärker?
3. Das Interesse am Nationalcharakter müßte viel stärker sein. Stimmen Sie dieser Forderung zu? (Begründen Sie Ihre Meinung.)

Die Abschnitte von Z. 19–38

I. Wortschatz

1. Lesen Sie den Text von Zeile 19 bis 38, und suchen Sie die Wörter bzw. Wendungen, die das gleiche bedeuten.
1. genau, exakt 2. kleines Grundstück 3. durch etwas kenntlich gemacht/markiert werden 4. kleine Fläche 5. bestimmt, endgültig, unveränderbar 6. richtig 7. das Grundstück, der Grundbesitz 8. aufrollbare Wand vor Fenstern und Türen 9. befestigter Ort 10. fest, stabil 11. die Abmachung/ etwas, worauf man sich geeinigt hat 12. begleiten, unterstützen, ergänzen 13. reichlich versehen mit; eigentlich: mit Geschützen ausrüsten 14. gekennzeichnet/bezeichnet/ kenntlich gemacht sein

2. Lesen Sie den Abschnitt noch einmal, und vervollständigen Sie dann die Sätze sinngemäß mit den folgenden Wendungen:

> wie eine Burg; Benutzungsordnung; ordentlich und präzise aufteilen; ein Schild aufstellen; durch Mauern trennen; in kleine geradlinige Grundstücke einteilen; durch Vorschriften regeln; durch

> Türen voneinander trennen; eine feste Grenze haben

1. In Deutschland sind Raum, Land und Gebäude . . . (ordentlich, präzise, aufteilen).
2. Ob in der Stadt oder auf dem Land, ganz Deutschland ist . . .
3. Jeder Fleck Boden scheint . . .
4. Die Häuser sind voneinander, von den Vorgärten und von den Höfen . . .
5. Da die Häuser außerdem noch Rolläden haben, wirken . . .
6. Auch innerhalb der Häuser werden die Räume . . .
7. Die Benutzung des Raums ist durch . . .
8. In Appartementhäusern, in Parks, am Arbeitsplatz, auf den Kinderspielplätzen, überall gibt . . .
9. Gleichgültig wo man in Deutschland hinkommt, man kann sicher sein, daß . . .

II. Strukturverständnis

1. Formen Sie den schräg gedruckten Teil des Satzes in einen Nebensatz um.
Bei der Fahrt durch Deutschland bemerkt man . . . (Z. 19)
2. Formen Sie den schräg gedruckten Teil des Satzes in einen Relativsatz um.
Aber auch innerhalb *dieses schon so wohlbefestigten Hauses* . . . (Z. 27)
3. Wie heißt das Subjekt in dem Satz von Z. 27/28?

III. Stellen Sie Ihrem Nachbarn Fragen zu den Abschnitten von Z. 19–38.

(Tauschen Sie nach 5 Fragen die Rollen.)

IV. Erörtern Sie in der Klasse.

1. Zuerst bemerkt man in Deutschland die präzise Aufteilung von Raum, Land und Gebäuden. a) War das auch Ihr erster Ein-

druck? Wenn nein, was ist Ihnen zuerst aufgefallen? b) Ist es überhaupt richtig, daß alles präzise aufgeteilt ist? (Geben Sie Beispiele.)

2. Wirken deutsche Häuser wie Festungen? Vergleichen Sie mit den Häusern Ihrer Heimat.

3. Ist es richtig, daß überall Hinweis- und Verbotsschilder sind? Gibt es zuviel/zuwenig Hinweis- und Verbotsschilder? Wie ist es bei Ihnen zu Hause in Parks, am Arbeitsplatz, auf Kinderspielplätzen etc.?

Die Abschnitte von Z. 39–57

I. Wortschatz

1. Lesen Sie den Rest des Texts, und finden Sie die Wörter bzw. Wendungen, die das gleiche bedeuten.

(Zeile 39–47) das Grundprinzip; eine Menge zusammengehörender, aufeinander bezogener Regeln; ganz genau; peinlich genau eingeteilt; die Mahlzeit; ein allgemeiner Plan, der anderen Einzelplänen übergeordnet ist; einander zuordnen, aufeinander beziehen, aufeinander abstimmen; genau, strikt

(Zeile 48–57) völlig bestimmt werden von; die Vorstellung, die Idee; feststehend, unveränderlich; die Verwunderung; durch Zwang, Beharrlichkeit, große Anstrengung erreichen; die Seele, das Wesen, geistig-seelische Haltung; Unbeweglichkeit, Steifheit

2. Setzen Sie das Wort ein, das am besten paßt.

> Übereinkunft; Regel; Anweisung; Verordnung; Vorschrift; Gesetz

a) Das Parlament hat das neue ... endlich verabschiedet.

b) Die ... gelten für jeden, der bei dem Spiel mitmachen will.

c) Wenn der Schiedsrichter eine ... gibt, müssen die Spieler sie befolgen.

d) Die ... des Arztes interessierten ihn kaum. Er nahm ein Medikament nur, wenn er es für gut hielt.

e) Der Beamte hielt sich genau an die ... und schloß um 16.00 den Schalter, obwohl noch viele Menschen warteten.

f) Die beiden Kolleginnen haben die ... getroffen, daß sie in ihren Kursen gleichzeitig dieselben Texte bearbeiten wollen.

II. Strukturverständnis

1. Formen Sie um mit „man" als Subjekt.

..., zu denen ganz bestimmte Gerichte *zu haben sind*. (Z. 43/44)

..., zu denen man ganz bestimmte Gerichte ...

2. Worauf bezieht sich
a) „zu denen" (Z. 43) b) „sie" (Z. 47)?
3. Wie heißt das Subjekt in Zeile 48?
4. Formulieren Sie mit einem Modalverb um.

... die ganze Lebensführung des Menschen hat in Ordnung zu sein. (Z. 51/52)

... die ganze Lebensführung des Menschen ...

III. Welche der folgenden Aussagen stimmen mit dem Text sinngemäß überein? Berichtigen Sie die abweichenden Aussagen.

1. Nicht nur der Raum, sondern auch die Zeit ist genau eingeteilt.

2. Wie für den Raum so gibt es auch für die Zeit Regeln und Verordnungen.

3. Das Ladenschlußgesetz ist ein Beispiel für einen übergeordneten Zeitplan.

4. Die Öffnungszeiten eines bestimmten Geschäfts sind ein einzelner Zeitplan, der vom Ladenschlußgesetz unabhängig ist.

5. Zwischen Essenszeiten und Fahrplänen der Untergrundbahn gibt es einen deutlichen Unterschied.

6. Das Ideal, das den Raum und die Zeit bestimmt, ist die Ordnung.

7. Zum Bild des Ausländers von Deutschland gehört die Ordnung.

8. Alle Ausländer wundern sich über die strikte Ordnung in Deutschland.

9. Die Ordnung ist das, was an Deutschland ohne Einschränkung positiv ist.

IV. Diskutieren Sie zuerst in Gruppen und dann in der Klasse.

1. Die genauen Zeitpläne in der Bundesrepublik sind mir (nicht) aufgefallen. – Bei mir zu Hause ist das anders. (Beispiele)

2. Die Ordnung in Häusern, Geschäften, der Freizeit, der Schule etc. ist bei uns genauso (nicht so) groß. (Beispiele)

3. Die Deutschen sind (nicht) sehr steif. (Beispiele) Bei uns zu Hause sind die Leute genauso (ganz anders).

V. Übergreifendes Verständnis (Z. 1–57)

1. Welcher inhaltliche Zusammenhang besteht zwischen dem ersten Abschnitt (Z. 1–3) und dem zweiten Abschnitt (Z. 4–8)? Stellen Sie zunächst den gemeinsamen Inhalt beider Abschnitte fest. Finden Sie dann heraus, was der entscheidende Unterschied bei den Aussagen zu diesem Inhalt ist. Beginnen Sie Ihre Antwort so: „In beiden Abschnitten geht es um … "; „Im ersten Abschnitt wird behauptet, daß … ;" „Im zweiten Abschnitt wird festgestellt, daß … "

2. Was ist das Thema des Abschnitts von Z. 19–28?

3. Was ist das Thema des Abschnitts von Z. 29–38?

4. Was ist das Thema des Abschnitts von Z. 39–47?

5. Untersuchen Sie die Funktion des letzten Abschnitts (Z. 48–57). Lesen Sie, bevor Sie anfangen, zunächst noch die folgenden Informationen:

● **Zum Aufgabentyp „Funktion eines Abschnitts"**

Wer sich die Gedankenfolge / den gedanklichen Aufbau eines Textes verdeutlichen will, muß u. a. die Verbindung, den Zusammenhang, die Beziehung von Abschnitten erkennen. Anders formuliert, er muß die *Funktion* eines Abschnitts im Textverlauf erkennen. Die Funktion des letzten Abschnitts eines Textes besteht häufig darin, etwas zusammenzufassen, etwas zu folgern, etwas zu bewerten, etwas gedanklich in die Zukunft hinein zu verfolgen. (Z. B.: Welche Fragen/Probleme müssen noch geklärt werden?)

Untersuchen und notieren Sie jetzt die Funktionen des letzten Abschnitts (Z. 48–57), und nennen Sie außerdem die jeweiligen Inhalte möglichst kurz. Beispiel für den Anfang Ihrer

Antwort: 1. Funktion = Zusammenfassung: „Zeit und Raum in Deutschland werden vom Ideal der Ordnung beherrscht." 2. Funktion = . . .

Deutsche Fragen am Telefon

Vorinformation

Der folgende Text dauert etwa 7 Minuten. Er beginnt mit einer Einleitung zum Thema „Meinungsumfragen". Dabei geht es auch um eine Umfrage, die ungefähr zehn Jahre zurückliegt. Es folgt dann der Hauptteil des Texts mit einer Telefonumfrage, bei der sich sechs Deutsche zum Thema „Deutschland" äußern sollen.

Namen: Meinungsforschungsinstitut Refas: eine erfundene Firma, die Meinungsumfragen durchführt; Willy Brandt: SPD-Politiker, geb. 1913, Bundeskanzler von 1969 bis 1974.

I. Wortschatz

1. Erklären Sie die Ausdrücke.

> a) das Meinungsforschungsinstitut = ein Institut, das . . . erforscht
> b) die Meinungsumfrage = eine Umfrage nach . . . der Leute
> c) das Zufallsprinzip = ein Prinzip, das . . . bestimmt wird
> d) der Umweltschutz = Schutz . . .
> e) der Umfragepartner = Teilnehmer an . . .
> f) die Selbstbestimmung eines Volkes (eines Menschen) = ein Volk . . . sein Schicksal . . .

2. Vervollständigen Sie den Text.
der Teilnehmer (3x), anrufen, die Nummer, das Telefonbuch, besetzt sein, sich melden, sich verwählen

> Wenn man jemanden . . . will und seine . . . nicht kennt, muß man die Nummer im . . . nachschlagen. Wenn man Glück hat, . . . sich . . . sofort. Wenn man Pech hat, ist die Nummer . . ., oder der . . . ist nicht zu Hause. Ärgerlich ist es, wenn man sich . . .; dann muß man das Gespräch bezahlen, obwohl man mit dem falschen . . . gesprochen hat.

II. Lesen Sie zuerst die Fragen, hören Sie dann die Einleitung des Texts, und beantworten Sie anschließend die Fragen.

1. Was ist in vielen Industrieländern nicht ungewöhnlich?
2. Wann können die Antworten von relativ wenigen Menschen viel über die Meinung von relativ vielen Menschen verraten?
3. Was geschah vor ungefähr zehn Jahren zum ersten Mal?
4. Wie fand man die sieben Teilnehmer für die Umfrage?
5. Welche drei Fragen sollten beantwortet werden?
6. Was war bei der neuen Umfrage gleich, was war anders?
7. Würden Sie selbst bei einem solchen Anruf bereitwillig Auskunft geben? Oder was würden Sie tun?
8. Sind Sie schon einmal bei einer Meinungsumfrage nach Ihrer persönlichen Meinung gefragt worden? Wenn ja, bei welcher Gelegenheit?

III. Hören Sie jetzt alle Gespräche, und beantworten Sie dann die Fragen.

1. Wer führte die Umfrage durch?
2. Wie viele Leute wurden angerufen, wie viele waren nicht bereit, die Fragen zu beantworten?
3. Welche drei Fragen zum Thema „Deutschland" sollten die Angerufenen beantworten?

IV. Hören Sie die beiden ersten Gespräche, und kreuzen Sie die richtigen Aussagen an.

1. Gespräch

1. Man kann von „Zusammenwachsen" sprechen wegen der gemeinsamen Sprache und Kultur der Deutschen. ○
2. Man konnte die Sprache nicht ewig von der Kultur trennen. ○

3. Man kann nicht von „Zusammenwachsen" sprechen, weil die familiären Bindungen ja schon lange existieren. ○
4. Der Angerufene kann sich nicht vorstellen, daß Deutschland zwei Weltkriege verloren hat. ○
5. Es gibt eine Gemeinsamkeit zwischen einem Kind, das sich verbrannt hat, und Deutschland. ○
6. Die Einheit ist für den Angerufenen ein sehr hoher Wert. ○
7. Vor der Einheit kommt für ihn nur noch der Frieden. ○

2. Gespräch

1. Die gemeinsame Sprache ist kein gutes Argument für das Zusammenwachsen der Deutschen. ○
2. Österreich, ein großer Teil der Schweiz und Deutschland müssen zusammenwachsen. ○

Abbau der Grenzbefestigungen

3. Die Behauptung, daß die Deutschen eine gemeinsame Religion, eine gemeinsame Malerei und Baukunst haben, ist viel zu allgemein. ⌀

4. Das Christentum, eine gemeinsame Malerei und Baukunst verbinden nicht nur die Staaten Europas. ○

5. Die Deutschen werden auf keinen Fall wieder einen Krieg anfangen. ○

6. Wenn es um kleinere Konflikte geht, verhalten sich die Deutschen möglicherweise genauso wie die USA und die UdSSR. ⌀

7. Der Befragten bedeuten Gesundheit, Familie und Freunde mehr als die Einheit. ⌀

8. Auch in der großen Politik sind Gesundheit, Familie und Freunde sehr wichtig. ○

V. Hören Sie das dritte und vierte Gespräch, und vervollständigen Sie dann die folgenden Sätze sinngemäß:

---

3. Gespräch (Reaktionen von Herrn Fritsch)
1. Es tut mir leid, . . .
2. Politik . . . *interessiert mich gar nicht*
3. Am Telefon . . . *schon gar nicht*

4. Gespräch
1. (Böhme) Warum . . . ? *denn mir?*
2. (Tannenberg) Wir wenden das Zufallsprinzip an, wenn . . .
3. (Tannenberg) Dazu nehmen wir . . .
4. (Böhme) Wenn das so ist, dann bitte ich Sie . . . *eine andere Nummer versuchen*

VI. Hören Sie das fünfte Gespräch, und notieren Sie den wichtigsten Inhalt so kurz wie möglich. (Sie können auf die folgenden Hilfen zurückgreifen.)

---

1. Antwort: Zusammenwachsen = in Ordnung
weil . . . *gehört immer zusammen (ein Land)*

2. Antwort: Vereintes Deutschland ≠ . . .
weil . . . *wollen nichts anderes als starke Wirtschaft*

3. Antwort: . . .
aber

VII. Hören Sie bitte das letzte Gespräch, und kreuzen Sie die zutreffenden Aussagen an.

1. Die Behauptung, daß zusammenwächst, was zusammengehört, stammt von Willy Brandt.   Ø

2. Oft sind die Aussagen von Politikern weder falsch noch ganz richtig.   O

3. Die unbegrenzte, gewaltsame Trennung der Deutschen war nicht in Ordnung.   O

4. Es ist keine Frage, daß Zusammengehörendes unbedingt in einem Staat zusammenwachsen muß.   O

5. Der Wunsch der Deutschen nach Frieden war im vergangenen Jahrzehnt deutlich erkennbar.   O

6. Herr Rothe meint, daß ein großes Deutschland wirtschaftlichen Druck für politische Zwecke einsetzen wird.   O

7. Die Selbstbestimmung eines Volkes kann nicht ohne die Einheit des Volkes erreicht werden.   O

8. Herr Rothe möchte das Prinzip der Selbstbestimmung verwirklicht sehen.   Ø

9. Es ist nicht sicher, ob ein geeintes Deutschland friedlich bleibt.   Ø

10. In einem vereinigten Europa wird sich das geeinte Deutschland jedenfalls friedlich und vernünftig verhalten.   O

VIII. Diskussion und Stellungnahme

1. a) Wie sind die Deutschen nach dieser Telefonumfrage? (Ängstlich, klug, stolz, aggressiv, nationalistisch, . . . ?) b) Sind die Deutschen Ihres Wissens nach in Wirklichkeit anders? Wie sind sie? (Begründen Sie Ihre Meinung.)

2. Muß man die schnelle Vereinigung von Bundesrepublik und DDR Ihrer Meinung nach ablehnen / hinnehmen / begrüßen? (Begründen Sie Ihre Meinung.)

3. Nehmen Sie Stellung: Die Methode von Herrn Tannenberg ist gut, wenn man erfahren will, was die Bürger eines Landes denken.

IX. Redemittel: Sich melden, wenn das Telefon klingelt; sich vorstellen, wenn man einen Unbekannten anruft; darum bitten, Interviewfragen stellen zu dürfen; reagieren auf die Bitte

1. In jedem der sechs Gespräche kommen u. a. die obigen Redemittel vor. Hören Sie die Gespräche noch einmal, und notieren Sie, wie diese Redemittel realisiert werden. Die folgende Tabelle ist ein Lösungsmuster für das erste Gespräch:

	1. Gespräch
sich melden, wenn das Telefon klingelt sich vorstellen, wenn man einen Unbekannten anruft	Wagner. Guten Tag, Herr Wagner. Hier ist Tannenberg vom Meinungsforschungsinstitut Refas.
darum bitten, ein paar Interviewfragen stellen zu dürfen reagieren auf die Bitte	Kann ich Ihnen ein paar Fragen dazu stellen? Ja, warum nicht?

Berlin nach der Öffnung der Mauer am 10. 11. 1989: Mehrere tausend meist junge Leute aus Ost- und West-Berlin erklettern am 11. 11. 1989 die Berliner Mauer vor dem Brandenburger Tor.

2. Spielen Sie im Kurs ein Telefoninterview zu einem Thema Ihrer Wahl (z. B. zu einem Thema aus dem Bereich der Politik, der Wirtschaft, des Sports).

X. Diskussionsforum (1)

Auf den Seiten 52, 69 und 86 wurde Grundlegendes für „Diskussionen" dargestellt. Vieles davon, auch von den Redemitteln, gilt auch für die sogenannte Podiumsdiskussion, die vor allem im Fernsehen häufig, aber auch auf Fachtagungen nicht selten ist.

Kennzeichen dieser Diskussionen sind die begrenzte Zahl der Teilnehmer, die (vorher bekannten) Meinungsunterschiede, ein Moderator (Diskussionsleiter) und eine für die Dauer der eigentlichen Podiumsdiskussion schweigende Zuhörerschaft.

Unser „Diskussionsforum" soll aus vier Teilnehmern und dem Moderator bestehen. Zwei Teilnehmer (A1/A2) argumentieren für etwas, zwei Teilnehmer (B1/B2) argumentieren dagegen. Die Dauer des Forums, etwa 30 Minuten, legen Sie vorher fest.

	Redemittel
● Es beginnt der Moderator.	Meine Damen und Herren, ich darf Ihnen Frau/Herrn (A1–B2) vorstellen. Wie Sie wahrscheinlich wissen, vertreten Frau/Herr (A1/A2) die Meinung, daß . . . . Frau/Herr (B1/B2) sind dagegen der Meinung, daß . . . . Ich bitte nun Frau/Herr (A1) zu beginnen.
● A1 stellt seine Position dar. (Max. drei Minuten)	
● Moderator, der auf die Einhaltung der Redezeit achtet, erteilt B1 das Wort.	Vielen Dank, Frau/Herr (A1). Frau/Herr (B1), ich bitte Sie, nun Ihre Meinung darzustellen.
● B1 stellt seine Position dar. (Max. drei Minuten) (Er kann, aber höchstens mit zwei Sätzen, auf die Argumente von A1 eingehen.)	(Es ist klar, daß die Ausführungen von . . . ziemlich fragwürdig sind. Insbesondere . . . muß natürlich zurückgewiesen werden. In Wirklichkeit geht es doch um folgendes: . . .)
● Moderator (achtet auf die Einhaltung der Redezeit,) erteilt A2 und danach B2 das Wort.	

A2 und B2 geben im Unterschied zu A1 und B1 keine eigene zusammenhängende Stellungnahme ab. Ihre Aufgabe ist vielmehr, die Diskussionsphase zu eröffnen. Sie greifen also zwei (bis drei) Argumente der Gegenseite auf und weisen sie zurück. Gleichzeitig unterstützen sie die Argumente der eigenen Seite. Das können die Argumente von A1 bzw. B1 sein; sie können aber auch neue Argumente ins Spiel bringen.

● A2 hat das Wort. (Max. drei Minuten)	
● B2 hat das Wort. (Max. drei Minuten)	
● Moderator erteilt danach jedem Teilnehmer, der sich meldet, das Wort. Er achtet darauf, daß jede Seite einen gerechten Anteil an der Redezeit erhält.	Frau/Herr . . ., Sie wollten zuerst Stellung nehmen. Bitte sehr.
● Moderator beendet die Diskussion, wenn die festgelegte Zeit um ist. (Er kann kurz auf die Diskussion eingehen.) Er dankt den Teilnehmern.	Meine Damen und Herren, ich fürchte, unsere Zeit ist um. (Ich glaube, wir sind uns alle einig, daß einige wichtige Fragen nicht geklärt werden konnten und erneut aufgegriffen werden müßten.) Ich danke Ihnen.

Das Diskussionsforum verlangt von allen Beteiligten eine gute Vorbereitung. Legen Sie die Teilnehmer und den Moderator des ersten Forums fest. Bereiten Sie sich vor, und diskutieren Sie dann das Pro und Contra von „Die Bundesrepublik ist ein beneidenswertes Land" (Alternative: „Meine Heimat ist ein beneidenswertes Land").

Die Vereinsamung im Wohlstand

Wie man vom japanischen Standpunkt aus die Bundesrepublik erlebt

I. Lesen Sie den Text, und prüfen Sie, ob die Überschrift oder der Untertitel besser zum Text paßt.

1   In den Straßen deutscher Städte gibt es viel zuwenig Menschen. Man kann sich in irgendeinem Gebäude im Geschäftszentrum irgendeiner Stadt ans Fenster stellen und das Stück
3   Straße vor diesem Fenster beobachten: Wenn man dort mehr als drei Menschen auf einmal sieht, ist entweder gerade Geschäftsschluß, oder es ist ein Feuer ausgebrochen. In To-
5   kio oder in einer „Kleinstadt" wie Sapporo ist so etwas unvorstellbar. Nur in Münchens

Fußgängerzone in der Münchner Innenstadt

7 Kaufingerstraße fühlt der Besucher aus Japan sich nicht allein, sondern empfindet die angenehme Tuchfühlung auf der Straße, die ihm zeigt, daß er Mensch unter Menschen ist. In Deutschland lebt man auf Distanz, im wörtlichen und im übertragenen Sinne. Diejeni-

9 gen, denen es finanziell gutgeht, sitzen in ihren Eigenheimen am Stadtrand und grübeln darüber nach, daß es nicht mehr so ist wie früher. Ihre Freunde sind auf einmal weit ent-

11 fernt, und sie haben niemanden, mit dem sie über ihre Probleme sprechen können. Für Frauen besteht das Hauptproblem darin, daß sie nicht länger nur Hausfrau sein wollen.

13 Sie möchten sich gern mit etwas „Sinnvollerem" beschäftigen, aber sie wissen nicht womit. Obwohl es heute in jeder größeren Stadt Clubs und Cafés oder andere Stellen gibt,

15 wo Frauen sich mit Frauen treffen können, scheint die Mehrheit der Deutschen es vorzuziehen, ihre Sorgen mit sich allein herumzutragen. In der westdeutschen Erfolgsgesellschaft

17 verliert man offenbar das Gesicht, wenn man persönliche Mißerfolge eingesteht. Auch japanische Frauen haben Probleme. Aus gutem Grund sind auch in Japan in letzter

19 Zeit überall Treffpunkte für Frauen entstanden. In vieler Hinsicht ist die gesellschaftliche Situation der Japanerin sogar noch weniger fortschrittlich als die der deutschen Frau. Aber

21 die soziale Solidarität der Frauen untereinander hat sich aus der mittelalterlichen Tradition heraus bis heute erhalten.

23 Die deutschen Männer arbeiten Tag und Nacht, als hofften sie, auf diese Weise ihren häuslichen Problemen entkommen zu können. Diese Arbeitswut überrascht die Japaner —

25 die bekanntlich ebenfalls sehr arbeitsam sind —, weil es sich fast immer um eine individuelle Arbeitswut handelt. Japaner teilen die Arbeit. Auch geschäftliche Entscheidungen

27 werden von der Gruppe gemeinsam getragen. So leben und arbeiten die Bundesdeutschen in mehr oder weniger selbstgewählter Ein-

29 samkeit und haben in ihrem Wohlstand nichts, was sie zu gemeinsamem gesellschaftlichen Handeln bringen könnte.

31 Distanz und Isolierung können jedoch auch in der Bundesrepublik besiegt werden. Das beweisen die Ausländer und Umsiedler, obwohl sie immer noch nicht ganz integriert sind

33 und man ihnen die Schuld gibt für alles, was schiefgeht. Wer mittags nach drei Uhr in deutschen Restaurants nicht mehr bedient wird, kann immer noch zum Italiener gehen. Und in

35 Frankfurt geschah es, daß ein Ausländer plötzlich in der Straßenbahn anfing zu singen. — Von den übrigen Fahrgästen hat kaum einer diese spontane Lebensfreude als angenehm

37 empfunden.

(Nach: P. Crome, *Die Vereinsamung im Wohlstand,*
in: Frankfurter Rundschau vom 16. 2. 1980)

II. Wortschatz

1. Schreiben Sie die Sätze aus dem Text auf, die das gleiche ausdrücken.

a) Es hat plötzlich angefangen zu brennen. . . .

b) Die Deutschen halten gerne Abstand. . . .

c) Sie leben in ihren eigenen Häusern. . . .

d) Sie quälen sich (ohne Ergebnis) mit dem Gedanken ab, daß heute alles anders ist. . . .

e) Man verliert anscheinend sein Ansehen bei anderen Leuten. . . .

f) Es ist eine mehrere Jahrhunderte alte Überlieferung, die bis in die Gegenwart gültig ist, daß die Frauen sich helfen und zusammenhalten. . . .

g) Sie haben die Hoffnung, daß sie auf diese Art ihren familiären Schwierigkeiten entfliehen können. . . .

h) Sie entscheiden auch im Wirtschaftsleben gemeinsam und verantworten gemeinsam, was sie entschieden haben. . . .

i) Den Deutschen fehlt etwas, was sie veranlassen könnte, zusammen in der Gesellschaft und für die Gesellschaft aktiv zu werden. . . .

j) Man sagt, daß sie die Verantwortung für die Dinge haben, die nicht gelingen und nicht in Ordnung sind. . . .

2. Klären Sie durch Gesten, Beispiele, Synonyme oder Erläuterungen die folgenden Wörter bzw. Wendungen:

auf einmal (Z. 3/4), die Tuchfühlung (Z. 7), wörtlich (Z. 8), im übertragenen Sinn (Z. 8), auf einmal (Z. 10), eingestehen (Z. 17), die Hinsicht (Z. 19), die Tradition (Z. 21), der Umsiedler (Z. 32), integriert sein (Z. 32), spontan (Z. 36)

III. Welche der folgenden Aussagen sind nach dem Text sinngemäß richtig? Nennen Sie bei den richtigen Aussagen die Zeilenangaben des Texts.

1. Wenn man sich in irgendeiner deutschen Stadt ans Fenster stellt, sieht man normalerweise nicht mehr als drei Menschen gleichzeitig.

2. In japanischen Städten wie z. B. Tokio oder Sapporo bricht so gut wie nie ein Feuer aus.

3. In der Kaufingerstraße fällt dem japanischen Besucher die Kleidung der Menschen angenehm auf.

4. Die Deutschen leben nicht nur räumlich im Abstand voneinander.

5. Die Deutschen, die genug Geld haben, leben im eigenen Haus am Stadtrand.

6. Frauen, die nicht berufstätig sind, suchen nach einer sinnvollen Beschäftigung.

7. Die Mehrheit der Deutschen scheint gerne Sorgen zu haben.

8. In Deutschland verliert man sein Ansehen, wenn man persönliche Mißerfolge zugibt.

9. Die vielen neuen Treffpunkte für Japanerinnen zeigen, daß auch japanische Frauen Probleme haben.

10. Die Japanerinnen wollen aus der sozialen Solidarität und der mittelalterlichen Tradition heraus.

11. Der Verfasser weiß genau, daß die deutschen Männer deshalb so viel arbeiten, weil sie vor ihren Problemen zu Hause flüchten wollen.

12. Die Japaner sind überrascht, daß die Deutschen Wut auf die Arbeit haben.

13. Die Bundesdeutschen haben ihre Einsamkeit nicht in jedem Fall selbst gewählt.

14. Die Bundesdeutschen werden nicht gemeinsam gesellschaftlich aktiv.

15. Ausländer und Umsiedler zeigen, daß man in der Bundesrepublik nicht unbedingt isoliert leben muß.

16. Ausländer und Umsiedler sind dafür verantwortlich, daß man ihnen für alles die Schuld gibt.

17. In italienischen Restaurants wird man auch mittags nach drei Uhr noch bedient.

18. Wenn ein Ausländer in der Straßenbahn plötzlich singt, ist das nur sehr wenigen Fahrgästen angenehm.

IV. Wählen Sie sich zwei zusammenhängende Abschnitte aus, und geben Sie sie zuerst mündlich und dann schriftlich wieder.

V. Übergreifendes Verständnis

1. Was fällt einem Japaner auf, wenn er das Leben auf den Straßen sieht? Antworten Sie kurz. Beginnen Sie Ihre Antwort so: „Auf japanischen Straßen gibt . . . "

2. In der Situation der Japanerinnen und der deutschen Frauen gibt es zwei Übereinstimmungen. Welche beiden Übereinstimmungen sind das? (Für die Antwort genügt ein Satz mit weniger als 20 Wörtern. Formulierungshilfe: „Japanerinnen und deutsche Frauen . . . , und sie . . . ")

3. Vergleichen Sie japanische und deutsche Männer hinsichtlich der Arbeit. Gliedern Sie Ihre Antwort. Benutzen Sie folgende Hilfen:

a) „Japanische und deutsche Männer . . . ."
b) „Aber die Japaner . . . , während die Deutschen . . . "

4. Was hält der Japaner für das entscheidende Kennzeichen des Lebens in Deutschland? Ihre Antwort soll nicht länger als ein Satz sein.

5. Finden Sie für drei der folgenden Textabschnitte eine passende Überschrift: a) Z. 1–7 b) 8–11 c) 12–22 d) 23–27 e) 31–37.

● **Zum Aufgabentyp „Passende Überschrift"**

Eine Überschrift kann ein vollständiger Satz sein. Eine Überschrift kann auf das Verb verzichten. Eine Überschrift kann die Form einer Frage haben. (Vgl. die beiden Überschriften vor dem Text.)

Im Unterschied zu den Überschriften in einer Zeitung, die oft nur einen Teilaspekt des Inhalts nennen, mit dem sie die Leser zum Kauf der Zeitung verführen wollen, soll Ihre Überschrift die Kernaussage des Abschnitts enthalten. (Zur „Kernaussage" vgl. S. 21.)

VI. Berichten und vergleichen

Vergleichen Sie mit Ihren Erfahrungen in der Bundesrepublik und (oder) mit der entsprechenden Situation in Ihrer Heimat.

1. In den Städten gibt es zuwenig Menschen.

2. Die reichen Leute leben am Stadtrand.

3. Die Menschen leben auf Distanz.

4. Wenn man persönliche Mißerfolge eingesteht, verliert man das Gesicht.

5. Die Frauen wollen nicht länger nur Hausfrauen sein.

6. In größeren Städten gibt es Treffpunkte für Frauen.

7. Die gesellschaftliche Situation der Frau ist nicht sehr fortschrittlich.

8. Die Männer arbeiten sehr viel, und zwar allein und aus eigenem Antrieb.

9. Die Menschen haben nichts, was sie zu gemeinsamem gesellschaftlichen Handeln bringen könnte.

10. Die Ausländer sind nicht integriert und an allem schuld.

11. Die Ausländer sind diejenigen, die Distanz und Isolierung besiegen können.

VII. Schreiben Sie einen Text über die Bundesrepublik oder Ihre Heimat.

Sie können zwischen zwei Themen wählen: „Wie man die Bundesrepublik vom . . . Standpunkt aus erlebt" oder: „Wie ich meine Heimat sehe". Sie sollten sich in Ihrer Arbeit zunächst an Punkte halten, die im Text von Peter Crome bzw. in Übung VI enthalten sind.

Erfahrungen einer peruanischen Studentin

I. Lesen Sie die Überschrift, die folgenden Informationen und Erklärungen, und stellen Sie Vermutungen über den Inhalt des Hörtexts an.

Lateinamerika = Süd- und Mittelamerika; Peru = Staat in Südamerika; Wertvorstellungen (Pl.) = das, was man als gut/richtig/wichtig ansieht; jmdn. diskriminieren = jmdn. herabsetzen, herabwürdigen; inferior = minderwertig; der Mensch als ein exotischer (= aus fernen Ländern kommender, fremder) Gegenstand; paternalistisch = übertrieben fürsorglich (als sei der andere völlig hilflos und unfähig); der Eurozentrismus = eine Einstellung/Haltung, für die nur Europa und die europäische Kultur interessant (und wertvoll) ist; Bert Brecht (deutscher Schriftsteller, 1898–1956); Pablo Neruda (chilenischer Schriftsteller, 1904–1973); Mario Vargas Llosa (peruanischer Schriftsteller, geb. 1936); García Márquez (kolumbianischer Schriftsteller, geb. 1928).

II. Formulieren Sie die Sätze so um, daß die schräg gedruckten Wörter zu Verben werden.

1. Man beobachtet *eine Beschränkung* der Freiheit. – Man beobachtet, daß die Freiheit . . .
2. Man wünscht sich *Unterstützung.* – Man wünscht sich, daß man . . .
3. Man hat *verläßliche* Unterstützung. – Man hat eine Unterstützung, auf die . . .
4. Man sieht *die Unterschiede* in den Wertvorstellungen und Verhaltensweisen. – Man sieht, daß die Wertvorstellungen . . .
5. Man fühlt *die Diskriminierung.* – Man fühlt, daß man . . .

6. Man macht *Erfahrungen* mit direkter Diskriminierung. – Man . . . direkte . . .
7. *Die Betrachtung* der Bürger der Dritten Welt als dumm und inferior ist offensichtlich. – Es ist offensichtlich, daß die Bürger der Dritten Welt als . . .
8. Man beobachtet die allgemeine *Verbreitung* des Eurozentrismus. – Man beobachtet, daß der Eurozentrismus allgemein . . .

III. Hören Sie den Text. Konzentrieren Sie sich auf die Informationen zu den folgenden Fragen, und beantworten Sie dann die Fragen.

1. Welchen Nachteil, welchen Vorteil hat ein Mädchen in Lateinamerika?
2. Welche beiden Probleme gab es bei der Kommunikation?
3. Welche Erfahrung hat die Studentin bei Behörden und im Privatleben nicht gemacht?
4. Wie sieht, wie behandelt man Bürger der Dritten Welt in der Bundesrepublik?
5. Was wird über den Eurozentrismus gesagt?

IV. Notieren Sie möglichst kurz – manchmal genügt ein Wort – die fünf wichtigsten Punkte, über die im Text gesprochen wird.
(Sie können aus den folgenden Vorschlägen eine Auswahl treffen. Begründen Sie Ihre Wahl.)

1. die Situation der Mädchen in Lateinamerika – Freiheit – Unterstützung
2. Sprachschwierigkeiten – Kommunikationsprobleme – Wertvorstellungen
3. das Privatleben – die Behörden – Diskriminierung

4. Frage nach Kleinigkeiten – Dummheit – Paternalismus
5. Wer kennt Neruda? – Eurozentrismus – Brecht ist wichtig

V. Hören Sie den Text noch einmal, und ersetzen Sie die schräg gedruckten Wörter/ Wendungen durch die Formulierungen des Texts.

1. Das ist natürlich oft etwas *hinderlich*. 2. Andererseits ist man daran gewöhnt, immer *eine* Unterstützung zu haben, *auf die man sich verlassen kann*. 3. Am häufigsten war für mich in Deutschland *das Gefühl der Einsamkeit* und *das Fehlen von Kontakt- und Gesprächsmöglichkeiten*. 4. Der Kommunikationsmangel wurde durch *Sprachschwierigkeiten vergrößert, wird* aber nicht allein *durch sie verursacht*. 5. *Eher schien es mir so, daß es einen Unterschied . . . gibt*. 6. So hatte ich den Eindruck, daß die Deutschen kalt sind *und nichts tun, ohne an ihren eigenen Vorteil zu denken*. 7. Für mich *ist* Leistung *kein absoluter Wert*. 8. Man sieht Bürger eines *Entwicklungslandes sofort und von Anfang an* als *minderwertig* an. 9. Das *zeigt sich z. B. darin*, daß man . . . fragt. 10. *Wer* z. B. nur wenig Brecht gelesen hat, *wird als Mensch ohne Bildung angesehen*.

VI. Lesen Sie die folgenden Aussagen, und entscheiden Sie, welche dem Text sinngemäß entsprechen.

	Ja	Nein
1. In Lateinamerika werden vor allem Mädchen von der Familie behütet.	O	O
2. In Lateinamerika sind die Mädchen in ihrer Freiheit beschränkt.	O	O
3. Einsam war die Studentin in Deutschland nie.	O	O
4. Wenn die Studentin keine sprachlichen Schwierigkeiten gehabt hätte, hätte es keine Kommunikationsprobleme gegeben.	O	O
5. Deutschland und Peru unterscheiden sich in den Wertvorstellungen und Verhaltensweisen der Menschen.	O	O
6. In der Bundesrepublik betreibt man Kommunikation um ihrer selbst willen.	O	O
7. Die Deutschen sind auf den Nutzen hin orientiert.	O	O
8. Die Peruanerin empfand es als angenehm, von den Leuten angeschaut zu werden.	O	O
9. Ausländer werden häufig durch Behörden diskriminiert.	O	O
10. Eurozentrismus ist in der Bundesrepublik selten.	O	O

VII. Hören Sie den Text noch einmal, und beantworten Sie dann die Fragen.

1. Mit welchem Beispiel zeigt die Peruanerin, daß nach ihrem Eindruck die Deutschen kalt und berechnend sind?

2. Was bedeutet für die Peruanerin „Leistung"?

3. Wie verdeutlicht die Peruanerin, daß Bürger eines Landes der Dritten Welt als minderwertig und dumm betrachtet werden?

4. Was berichtet die Peruanerin von Leuten, die von Berufs wegen mit ausländischen Studenten zu tun haben?

5. Welchen Vorwurf macht die Studentin eurozentrierten Deutschen?

VIII. Vergleichen Sie die Erfahrungen der Studentin mit Ihren eigenen und/oder mit den Erfahrungen, die ein Ausländer in Ihrer Heimat macht.

1. Ausländer leiden unter Einsamkeit und Kommunikationsmangel.
2. Die Kommunikationsschwierigkeiten werden auch durch die unterschiedlichen Wertvorstellungen und Verhaltensweisen verursacht? (Durch welche?)
3. Man nimmt nur Kontakt zu Ausländern auf, wenn man etwas von ihnen haben will. (Beispiele)
4. Ein Ausländer wird als exotischer Gegenstand betrachtet.
5. Ausländer aus der Dritten Welt werden als minderwertig eingestuft.
6. Die eigenen Werte, die eigene Kultur stehen ganz im Mittelpunkt. Für die fremde Kultur besteht wenig Interesse, man weiß kaum etwas über sie, sie wird als minderwertig betrachtet. (Beispiele)

IX. Diskutieren Sie zunächst in Gruppen und dann in der Klasse.

Sind die Deutschen (Ist das Gastland) an allen Problemen der Ausländer schuld? (An welchen?) Oder sind die Ausländer an ihren Problemen selbst schuld? (An welchen?)

Deutsche, französische, chinesische Stimmen – Und Ihre Stimme?

Nachtgedanken

Denk ich an Deutschland in der Nacht,
dann bin ich um den Schlaf gebracht,
ich kann nicht mehr die Augen schließen,
und meine heißen Tränen fließen.

(Heinrich Heine, 1797–1856)

„Deutschland hat Angst. Die Angst, dieses vage Gefühl, ist in das Bewußtsein der Deutschen gesickert. Im Fernsehen, im Radio, in den Zeitungen: überall der gleiche Ton. Wer behauptet, er schlafe ruhig und verbringe seine Tage in Heiterkeit, gilt als beschränkt oder schlicht als verantwortungslos. ‚Was?‘ wird man sagen, ‚du fürchtest dich nicht vor morgen? Siehst du nicht, daß die Welt zugrunde geht, daß unsere Tage gezählt sind?‘“
(Brigitte Sauzay, *Die rätselhaften Deutschen*)

„Einem in der Bundesrepublik lebenden Franzosen wird bald eine Besonderheit des deutschen Lebens auffallen: das Gewicht moralischer Gesichtspunkte in der öffentlichen Diskussion. Die politische Sprache der Deutschen ist voller moralischer oder religiöser Anspielungen und Bezüge. Nach französischer Ansicht paßten Moral und Politik nie so recht zusammen; jeder Versuch, beide zu vermengen, führte zu den schlimmsten Katastrophen.“
(Brigitte Sauzay, *Die rätselhaften Deutschen*)

Aus dem Tagebuch einer chinesischen Gastdozentin:
(August) Wie unglaublich schnell die Deutschen essen! Wie sie zum Beispiel ein großes Stück Fleisch mit Beilagen in wenigen Minuten verschlingen können. Das Wunderbare dabei ist noch, daß sie sich dabei mit ihren Gästen unterhalten können. . . .
Die Deutschen haben keine Zeit zu verlieren. Rennen müssen sie zur Arbeit, zur Kantine, ja sogar zur Toilette. . . .
(Liu Fangben, Die Zeit, vom 6. 2. 1987)

Ich sehe was, was du nicht siehst

Vorklärung

„Ich sehe was, was du nicht siehst": Rätsel-spiel, das ein Spieler mit diesem Satz be-ginnt. Darauf fragen die Mitspieler: „Wie sieht's denn aus?" Stück für Stück verrät dann der erste Spieler immer mehr über „es", bis einer der Mitspieler die Lösung fin-det.
leben wie Gott in Frankreich: im Überfluß le-ben
ein Auge zudrücken: etwas, was eigentlich zu tadeln/bestrafen ist, nachsichtig, wohl-wollend übersehen

sich kleine Freiheiten erlauben: sich kleinere Verstöße gegen Normen/Gesetze erlauben
Flick-Skandal: verschleierte Geldzahlungen des Flick-Konzerns an deutsche Parteien und Politiker, um politische Entscheidungen in sei-nem Interesse zu beeinflussen
es knirschen die alten Scharniere: hier: alte (veraltete) Gedanken werden wieder wach
freudlose Leistungsethik: Wertordnung, in der die Leistung als höchster Wert gilt und für Freude und Vergnügen kein Platz ist

I. Lesen Sie den Text, und finden Sie heraus, an welcher Stelle die Lösung des Rätselspiels ge-geben wird.

1   Kennen Sie das alte Kinderspiel „Ich sehe was, was du nicht siehst"? Machen wir ein Spiel. Ich sehe ein Land, in dem die Menschen leben wie Gott in Frankreich. Sie kümmern
3   sich nicht um die Regierung, der Staat ist ihnen egal, und von den Gesetzen befolgen sie nur diejenigen, die ihnen nützen oder zumindest einleuchten. Steuern zahlen sie murrend,
5   und das Finanzamt zu hintergehen, ist ihnen jedes Mittel recht.
Die Menschen in diesem Land lieben ihre private Freiheit. Mit ihrer Disziplin ist es nicht weit
7   her. Verkehrsregeln betrachten sie als Empfehlungen. Die Polizei, die es in diesem Land reichlich gibt, drückt gern ein Auge zu. Das findet allgemeine Billigung. Man ist nicht allzu
9   streng zueinander in diesem Land. Mit moralischen Anforderungen, ob es nun Sexualität und Familie oder die Korrektheit der Politiker betrifft, ist man zurückhaltend. So wie jeder-
11 man sich selber kleine Freiheiten erlaubt, so ist er auch nicht übermäßig enttäuscht, wenn die Politiker dasselbe tun. Natürlich schimpft man auf die jeweilige Regierung, aber das ist
13 nicht ernst gemeint. Zwar geht es in der Politik und in den öffentlichen Dingen chaotisch zu, aber man findet sich damit ab.
15 Daß die Menschen in diesem Land gerne arbeiten, es wäre übertrieben, das zu behaup-ten. Sie lieben die Freizeit und den Müßiggang, sie trinken gern Wein, und für eine Kaffee-
17 und Zigarettenpause haben sie allemal Zeit.
Italien, natürlich Italien, werden Sie jetzt antworten. Fast richtig, aber doch leider falsch.
19 Denn ich habe vergessen hinzuzufügen, daß das einzige, worunter die Menschen dort wirklich leiden, der andauernde Regen ist, denn das Land liegt nördlich der Alpen.
21 Nicht an ihrer geteilten Nation leiden die Deutschen, nicht am Flick-Skandal und nicht an den Atomraketen, nicht an der Dummheit ihrer Politiker und nicht am schlechten Gang der
23 Geschäfte, sondern am Regen. Das unterscheidet Deutschland von Italien, und deshalb

fahren sie bei jeder Gelegenheit in den Süden, wo sie sich die Gliedmaßen verbrennen
25 wie Nachtfalter an der Kerze. Scheint aber plötzlich die Sonne in Deutschland, dann rückt
man die Stühle vor die Tür, wirft die Kleider ab, lagert sich auf den Wiesen, und abends zie-
27 hen Heerscharen fröhlicher Zecher singend durch die Straßen.
Ist das Ihr Land, erkennen Sie es wieder? Nein? Das wundert mich nicht.
29 Sobald wir anfangen, über das ewige Thema Deutschland und „Was ist deutsch?" nachzudenken, knirschen die alten Scharniere, verfallen wir in die melancholische, aber längst
31 ausgeleierte Melodie Heines „Denk ich an Deutschland in der Nacht . . .". Erstaunlich ist
das nicht, denn zwangsläufig stoßen wir dabei auf die deutsche Frage, die deutsche Tei-
33 lung, das deutsche Elend (Anm.: heute die soziale Frage). Aber mehr als eine kleine Schar
Intellektueller und berufsmäßig trauernder Politiker beschäftigt das nicht.
35 Etwas davon dokumentiert das kürzlich erschienene Buch „Lieben Sie Deutschland? –
Gefühle zur Lage der Nation", herausgegeben von Marielouise Janssen-Jurreit (Serie Pi-
37 per Band 368).
Viele der auf diese tückische Frage „Lieben Sie Deutschland?" Antwortenden stoßen und
39 reiben sich an den alten deutschen Untugenden: An der freudlosen Leistungsethik, an
engstirniger Intoleranz, an sturem Gehorsam. Nicht bestreitbar ist, daß diese deutschen
41 Laster nach wie vor existieren, wohl aber, daß sie noch immer ein überaus typisches Merkmal des deutschen Durchschnittsbürgers darstellten.
43 Nein, in Deutschland herrschen längst italienische Verhältnisse. Wir haben sogar, neben
südlicher Lässigkeit, südliche Arbeitslosigkeit und Armut. Die preußischen Tugenden, die

45 es vor grauer Zeit einmal gegeben haben soll: Fleiß, Disziplin, Sparsamkeit, moralische Integrität, selbstlose Aufopferung für Staat und Gemeinwohl – wo sind sie? Glücklicher-
47 weise verschwunden.

(Ulrich Greiner, Die Zeit vom 14. 2. 1986)

II. Texterschließung

Auf Seite 47 wurde auf den Wert von hervorhebenden, vergleichenden, begründenden und verneinten Wendungen hingewiesen. Gemeinsam ist allen, daß sie über sich selbst hinaus auch im Textzusammenhang Bedeutung haben. Mit hervorhebenden Wendungen signalisiert der Verfasser (oder der Sprecher), was der Leser (oder der Hörer) im Textzusammenhang als wichtig ansehen soll. Ein Vergleich verdeutlicht einen Zusammenhang, eine Begründung verweist auf das, was begründet wird. Eine Verneinung ist sehr oft das Signal für einen vorausgehenden oder folgenden „bejahten" Zusammenhang, also für das, was eigentlich richtig und gültig ist.

Finden Sie im Text den bejahten Zusammenhang.

Beispiel: Mit ihrer Disziplin ist es *nicht* weit her. (Z. 6/7) Sondern z. B.: Verkehrsregeln betrachten sie als Empfehlungen. (Z. 7)

1. Man ist *nicht* allzu streng zueinander in diesem Land. (Z. 8/9) Sondern: . . .
2. . . . so ist er auch *nicht* übermäßig enttäuscht, wenn die Politiker dasselbe tun. (Z. 11/12) Sondern: . . . (Die Antwort erfolgt erst einige Zeilen weiter.)
3. Daß die Menschen in diesem Land gerne arbeiten, es wäre übertrieben, das zu behaupten. (Z. 15/16) = Sie arbeiten *nicht* wirklich gerne. Sondern: . . .
4. Fast richtig, aber leider doch falsch. (Z. 18) = . . . aber leider *nicht* richtig. Sondern: . . . (Hier ist eine eigene Formulierung bei der Antwort notwendig.)
5. *Nicht* an ihrer geteilten Nation litten die Deutschen, *nicht* am Flick-Skandal . . . (Z. 21 ff.). Sondern: . . .

III. Wortschatz

Welche Wörter haben die gleiche Bedeutung?

1.1.	etwas leuchtet jemandem ein (Z. 4)	a) jmd. versteht/begreift etwas
2.	jemanden hintergehen (Z. 5)	b) Anstoß nehmen an/negativ bewerten und sich darüber ärgern
3.	sich abfinden mit etwas (Z. 14)	c) sich zum Entspannen niederlegen
4.	etwas übertreiben (Z. 15)	d) durch die Straßen gehen
5.	sich lagern (Z. 26)	e) automatisch auf etwas kommen/sich automatisch an etwas erinnern
6.	durch die Straßen ziehen (Z. 26/27)	f) jmdn. täuschen/betrügen
7.	in etwas verfallen (Z. 30)	g) sich mit etwas (als nicht zu ändern) zufriedengeben

8.	sich stoßen an etwas (Z.38/39)	h)	zuviel behaupten/übersteigern
9.	sich reiben an etwas (Z. 38)	i)	sich mit etwas auseinandersetzen, was einem mißfällt

2.1.	die Disziplin (Z. 6)	a)	das Kennzeichen
2.	die Empfehlung (Z. 7)	b)	das Nichtstun
3.	die Billigung (Z. 8)	c)	der Anspruch
4.	die Anforderung (Z. 9)	d)	die Zustimmung
5.	der Müßiggang (Z. 16)	e)	der Vorschlag, der Rat
6.	die Heerschar (Z. 27)	f)	die Unduldsamkeit
7.	das Elend (Z. 33)	g)	die Not
8.	die Intoleranz (Z. 40)	h)	die Ungezwungenheit/Lockerheit
9.	das Merkmal (Z. 41/42)	i)	die Unbescholtenheit; die Unbestechlichkeit
10.	die Lässigkeit (Z. 44)	j)	die Ordnung
11.	die Integrität (Z. 45/46)	k)	die große Menge

3.1.	murrend (Z. 4)	a)	völlig ungeordnet, verworren
2.	übermäßig (Z. 11)	b)	immer
3.	chaotisch (Z. 13)	c)	nicht auf den eigenen Vorteil bedacht, uneigennützig
4.	allemal (Z. 17)	d)	abgenutzt
5.	ausgeleiert (Z. 31)	e)	auf versteckte Weise gefährlich
6.	zwangsläufig (Z. 32)	f)	automatisch; notgedrungen
7.	tückisch (Z. 38)	g)	besonders
8.	engstirnig (Z. 40)	h)	starrsinnig, durch nichts zu beeinflussen
9.	stur (Z. 40)	i)	voller Vorurteile; borniert, geistig beschränkt und kurzsichtig
10.	selbstlos (Z. 46)	j)	schimpfend und widerwillig

IV. Überlegen Sie sich fünf Fragen zum Text, und stellen Sie die Fragen Ihrem Nachbarn. (Beantworten Sie die fünf Fragen Ihres Nachbarn.)

V. Strukturverständnis

1. Wie heißt das Subjekt in Zeile 5?
2. Vervollständigen Sie den Satz: „Fast richtig, aber leider doch falsch." (Z. 18)
3. Ergänzen Sie „Denk ich an Deutschland in der Nacht . . ." (Z. 31) durch die richtige Konjunktion: als, weil, wenn, obgleich.

4. Worauf bezieht sich „dabei"? (Z. 32)
5. Wandeln Sie die schräg gedruckte Wendung in einen Relativsatz um. „Aber mehr als *eine kleine Schar berufsmäßig trauernder Politiker* beschäftigt das nicht." (Z. 33/34)
6. Formulieren Sie die folgende Wendung als Passivsatz mit einem Modalverb. „Nicht bestreitbar ist, daß . . ." (Z. 40). – Es . . .

VI. Übergreifendes Verständnis

1. Im Text ist an drei Stellen von Italien die Rede. Was ist danach (in den Augen des Ver-

fassers) für Italien typisch? Bei der ersten Stelle geben Sie bitte nur die Zeilen an, die zeigen, was für Italien typisch ist. Bei den anderen Stellen geben Sie bitte eine sprachlich ausformulierte Antwort.

2. Wieso bezeichnet der Verfasser die Melodie (das Gedicht) Heines als „ausgeleiert", d. h. als abgenutzt und letztlich unwichtig für die deutsche Gesellschaft? – „Weil der Verfasser meint . . . "

3. Was wird nach Meinung von U. Greiner in dem Buch „Lieben Sie Deutschland? – Gefühle zur Lage der Nation" deutlich? (2 Antwortmöglichkeiten)

4. Vergleichen Sie einen der drei Texte auf S. 107 mit dem Text von U. Greiner. Beschränken Sie sich bei dem Vergleich auf die Darstellung der gegensätzlichen Behauptungen. Verwenden Sie folgende Formulierungshilfe: „Brigitte Sauzay (oder: Liu Fangben) behauptet . . . . Ulrich Greiner dagegen . . . " (2 Sätze reichen als Antwort aus.)

VII. Diskutieren, erörtern, Stellung nehmen

1. Die Deutschen arbeiten nicht besonders gern, sondern lieben die Freizeit und den Müßiggang.

2. Disziplin, moralische Integrität, Aufopferung für Staat und Gesellschaft sind in der Bundesrepublik verschwunden.

Machen Sie sich Gedanken über eine dieser beiden Aussagen. (Als Alternative können Sie beide Aussagen auch auf Ihre Heimat beziehen.) Sprechen Sie dann mit den anderen Kursteilnehmern darüber. Nehmen Sie zuletzt in einem zusammenhängenden Text Stellung.

3. Aus dem Text geht deutlich hervor, daß die Deutschen die Wiedervereinigung fast aus den Augen verloren hatten; sie war kein Gesprächsthema mehr. – Alte deutsche Untugenden hatte man abgelegt und konzentrierte sich eher auf das individuelle Wohlergehen.

● **Schema einer Stellungnahme:**

a) *Thema/Einführung* (Länge: 1 Satz. Formulierungshilfen: Es wird oft gesagt, behauptet, daß . . . *oder*: Erst kürzlich las, hörte ich . . . *oder*: In meiner Heimat sagt man . . .)

b) *Argumente/Beispiele dafür bzw. dagegen* (Formulierungshilfe: Tatsächlich; in der Tat; das erste, was hier erwähnt werden kann . . . / zweitens; drittens . . .)

c) *Argumente/Beispiele dagegen bzw. dafür* (Formulierungshilfe: Auf der anderen Seite; andererseits; im Gegensatz dazu; man muß jedoch auch sehen/außerdem; schließlich . . .)

d) *Vergleich von b) und c)* (Länge: 2 Sätze. Formulierungshilfe: Beim Vergleich der Argumente; ich glaube, die Argumente in b (c) sind . . .; es ist danach wohl klar, daß b (c) . . . / außerdem, insbesondere scheint mir . . .)

e) *Zusammenfassung/Ergebnis* (Länge: 1 Satz. Formulierungshilfe: Deshalb, aus diesen Gründen meine ich, steht für mich fest; es ist also richtig, falsch, nicht eindeutig zu sagen . . .)

Moskauer Jugendliche befragen den deutschen Bundespräsidenten 📼

Vorinformation

Der folgende Text ist etwa sieben Minuten lang. Worum es geht, verrät die Überschrift. Eine Sprecherin wird am Anfang dazu noch einige Zusatzinformationen geben. Einige der Jugendlichen sprechen Deutsch, andere dagegen Russisch. An einigen Stellen werden Sie deshalb einen Dolmetscher und im Hintergrund Russisch hören. Gegen Schluß spielen zwei Begriffe eine Rolle: Perestroika = die Umgestaltung; Interdependenz = die gegenseitige Abhängigkeit.

I. Hören Sie den ganzen Text; konzentrieren Sie sich dabei auf die Fragen der Jugendlichen. Notieren Sie zu jeder Frage so kurz wie möglich das Thema, das angeschnitten wird.

Beispiele: Neue Parteien / Das Verhältnis von Kirche und Staat

II. Hören Sie den Text in Abschnitten, und konzentrieren Sie sich auf die Beiträge des Bundespräsidenten und seiner Tochter. (Lesen Sie jeweils zuerst die Aufgabe, bevor Sie den Abschnitt hören.)

1. Die erste Frage und die Antwort des Präsidenten. (Bis „. . . hat unsere Tochter uns in diesem guten Sinne erzogen.")
Was ist nach der Meinung des Bundespräsidenten die (doppelte) Aufgabe der Eltern?

2. Die Tochter des Bundespräsidenten
Was sagt Marianne von Weizsäcker zu den Stichwörtern „Freilassen", „Entscheidungen", und wie beurteilt sie die Erziehung ihrer Eltern?

3. Die zweite Frage und die Antwort. (Bis „. . . Also Sie glauben an uns, ja? Vielen Dank.")
a) Was will der Präsident mit dem Vergleich verdeutlichen „Jemanden wie einen Austauschmotor in ein vorfabriziertes Gehäuse einsetzen"?
b) Was sagt der Bundespräsident über „Werte", und wie beschreibt er ein „gutes Vorbild"?
c) Was hält er von den Forderungen junger Leute?

4. Die dritte Frage und die Antwort. (Bis „. . . wie in vielen anderen Bereichen auch".)
a) Was lernen die Männer nach Meinung des Präsidenten nur langsam?
b) Was wird zum Stichwort „Schwierigkeiten" gesagt?

5. Die vierte Frage und die Antwort. (Bis „. . . als gerade bei der Kernenergie".)
a) Welchen Inhalt hat die „öffentliche Auseinandersetzung"?
b) Was wird über andere Energieerzeugungsquellen gesagt?
c) Wo sieht der Bundespräsident Möglichkeiten zur Zusammenarbeit?
d) Warum betont der Präsident: „Wir sind eine zusammenwachsende Welt"?

6. Die letzte Frage und die Antwort.
a) Wie erklärt der Präsident die Bedeutung von „Zusammenarbeit" und „Interdependenz"? (Was ist für ihn „unsinnig"? Was ist seiner Meinung nach „in Wirklichkeit" der Fall?)
b) Von welchen großen Aufgaben wird gesprochen?
c) Was gehört zur „Perestroika"?

III. Redemittel: Ankündigen einer Frage; Einschränken der eigenen Kompetenz; Erfragen einer Meinung; Bewerten von Fragen; Signalisieren eines Rückgriffs

1. Finden Sie die Alternative im Text.
   a) (Frage) . . . zu den Problemen, . . . zählt auch das Verhältnis zwischen verschiedenen Generationen. *Meine Frage ist* . . .
   (Antwort) *Für diese Frage bin ich nur zur Hälfte zuständig.* Die andere Hälfte . . .
   b) Manche Erwachsene sagen, daß wir . . . keine Ideale und keine Vorbilder haben. *. . . Was ist Ihre Meinung dazu?*
   c) *Das ist eine gute Frage.* Denn sie ist ein weiteres Beispiel . . .
   d) (Frage) *Ich möchte auf die Frage der Umgestaltung zurückkommen* . . .

2. Wenden Sie die Redemittel an, indem Sie die Sätze vervollständigen.
   (Ankündigen einer Frage)
   a) Ich möchte meine Frage so formulieren: . . .
   b) Meine Frage an Sie lautet: . . .
   (Einschränken der eigenen Kompetenz)
   c) Zu . . . will ich Ihnen gern alles sagen, aber zu . . . müssen Sie schon . . .
   d) Für . . . bin ich leider nicht zuständig. Mein Gebiet ist mehr . . .
   e) Die Politik der USA interessiert mich schon, aber mein eigentliches Interesse gilt . . .
   (Erfragen einer Meinung)
   f) Was halten Sie eigentlich von . . .?
   g) Wie sehen Sie eigentlich . . .?
   h) Und was meinst du zu . . .?
   (Bewerten von Fragen)
   i) Ich finde es sehr gut, daß du . . .
   j) Ich möchte es nachdrücklich begrüßen, daß Sie . . .
   k) Die Frage nach . . . erscheint mir in diesem Zusammenhang überflüssig.
   (Signalisieren eines Rückgriffs)
   l) Ich möchte jetzt mal auf . . . zurückkommen.
   m) Du hast vorhin . . . erwähnt.
   n) Wir waren uns am Anfang einig, daß . . .

IV. Hören Sie den Text noch einmal (bis: „Also Sie glauben an uns, ja? Vielen Dank"). Entscheiden Sie, welche der folgenden Aussagen richtig sind, berichtigen Sie die falschen Aussagen. (Hören Sie zuerst den Text, lesen Sie erst dann die Aussagen.)

1. Der Bundespräsident war zu einem Privatbesuch nach Moskau gereist.
2. Die jungen Leute in Moskau mußten mit einem leicht gekürzten Gespräch zufrieden sein.
3. In der ersten Frage wird Richard von Weizsäcker als Präsident zu dem Problem befragt.
4. Der Bundespräsident hat keine Autorität.
5. Der Bundespräsident hält eine behütete Familie für wichtig.
6. Der Bundespräsident meint, daß die Eltern es den jungen Leuten ermöglichen müssen, selbständig zu werden.
7. Der Präsident und seine Frau sind in einem bestimmten Bereich von ihrer Tochter erzogen worden.

8. Die Tochter des Präsidenten sagt, daß sie lernen mußte, selbst zu entscheiden.

9. Die Tochter meint, es ist in jedem Fall leichter, selbst Entscheidungen zu treffen.

10. Die junge Moskauerin meint, den Erwachsenen fehlen Ideale und Vorbilder.

11. Richard von Weizsäcker meint, man kann Vorbilder nicht korrigieren.

12. v. Weizsäcker hält es für möglich, daß junge Leute unter dem Mangel an Vorbildern leiden.

13. Er meint, junge Leute dürften nicht so erzogen werden, daß sie den Älteren möglichst ähnlich werden.

14. v. Weizsäcker fordert, daß das Tun und die Reden der älteren Generation übereinstimmen.

15. Die junge Moskauerin ist mit der Antwort des Präsidenten zur Frage der Vorbilder zufrieden.

V. Hören Sie das nächste Textstück (bis „. . . als gerade bei der Kernenergie") noch einmal, und beantworten Sie die Fragen.
(Lesen Sie zuerst die Fragen.)

1. Wie beurteilt die Jugendliche die gegenwärtige Situation der Frauen?

2. Was will sie vom Bundespräsidenten wissen? (Mehrere Antwortmöglichkeiten)

3. Warum begrüßt der Bundespräsident die Frage zur Rolle der Frau?

4. Worauf kommt es nach Meinung des Präsidenten bei den Familienaufgaben für Männer und Frauen an?

5. Warum sind, nach Meinung der jungen Moskauerin, viele Menschen gegen den Bau von Atomkraftwerken?

6. Was sagt der Bundespräsident zur Nutzung der Kernreaktoren zum gegenwärtigen Zeitpunkt?

7. Welcher Plan muß nach Meinung des Präsidenten langfristig verfolgt werden?

8. Warum kann der Unfall bei einem Kernreaktor niemandem auf der Welt gleichgültig sein?

VI. Hören Sie das nächste Textstück satzweise, und korrigieren Sie dabei den folgenden Text. (Der Text enthält nicht nur Fehler, die die Sprecher machen, sondern auch zusätzliche Fehler.)

Moskauer Jugendliche: Ich möchte zur Frage der Umgestaltung zurückkehren. Jetzt möchte ich Ihnen fragen, was Sie darüber meinen. Ist es bei Ihnen, in Ihrem Land, auch nötig oder nicht?

R. v. Weizsäcker: Umgestaltung, das ist zuerst eine Aufgabe, die jede in seiner eigene Gesellschaft zu leisten hat. Und wir wollen gegenseitig uns in die Gesellschaften ja nicht reinreden. Zugleich aber könnten wir durch Zusammenarbeit, durch Interdependenz diese Prozesse auch fordern. Es ist unsinnig, daß in den westlichen Ländern man den Vorstellungen nachhängt, eine Schwächung des sozialistischen Lagers wäre eine Stärkung für uns.

VII. Hören Sie den Rest des Texts stückweise, und schreiben Sie ihn Wort für Wort auf.

VIII. Redemittel

1. Wie heißt das fehlende Wort? (Hören Sie den Text noch einmal.)

> a) Ich kann einen jungen Menschen, der darunter leidet, keine Vorbilder in der Welt zu finden, . . . nicht korrigieren.
> b) Die jüngeren Menschen wollen . . . nicht wie ein Austauschmotor in ein vorfabriziertes Gehäuse eingesetzt werden.

c) Also glauben Sie . . ., daß manche keine Vorbilder haben, . . .? Daß es so ein Problem gibt?

d) Und wir wollen uns gegenseitig in die Gesellschaften . . . nicht reinreden.

2. Beschreibung der Wörter

a) Beide Wörter können in unterschiedlichen Sätzen mit unterschiedlichen Funktionen vorkommen. Wir beschränken uns – nach den obigen Beispielen – auf Aussagesätze und unbetontes Vorkommen der Wörter.

b) Beide Wörter versuchen eine Übereinstimmung mit dem Hörer, seine zustimmende Kenntnisnahme zu erreichen.

c) Mit dem Gebrauch von „ja" signalisiert der Sprecher, daß er Übereinstimmung/zustimmende Kenntnisnahme im Grunde voraussetzt. Mit dem Gebrauch von „doch" gibt er zu erkennen, daß er nicht, noch nicht, nicht mehr sicher ist, ob Übereinstimmung/zustimmende Kenntnisnahme besteht.
Offensichtliche Nicht-Einmütigkeit wird mit „ja" als eigentlich überflüssig gekennzeichnet, während „doch" Widerspruch ausdrückt.

d) Die Wörter dürfen nicht verwechselt werden mit den gleichlautenden Wörtern in folgenden Sätzen: „Verstehst du das?" „Ja." – „Das verstehst du nicht." „Doch".

3. Sprechen Sie die Dialoge. Deuten Sie durch „ja" an, daß Sie die zustimmende Kenntnisnahme eigentlich voraussetzen.

a) A: Er hat Hunger. B: Ich kann ihm . . . schnell ein belegtes Brot machen.

b) A: Ich habe Mühe, die Raten für das Auto zu bezahlen. B: Wir können . . . das Familiensilber verkaufen.

c) A: Die Methode hilft vermutlich nicht. B: Wir können es . . . trotzdem versuchen.

d) A: Ich verstehe die Aufgabe nicht. B: Du kannst . . . Petra mal fragen.

e) A: Der Film soll nichts taugen. B: Du brauchst . . . nicht hinzugehen.

f) A: Unser Auto rostet immer mehr. B: Wir können . . . ein neues kaufen.

g) A: Meine Wohnung wird mir zu klein. B: Du kannst dir . . . eine größere mieten.

h) A: Ihr Personalausweis ist auch abgelaufen. B: Sie können ihn . . . gleich mitverlängern.

i) A: Das neue Fernsehgerät funktioniert auch nicht richtig. B: Du kannst es . . . zurückbringen.

4. Sprechen Sie die obigen Dialoge noch einmal. Deuten Sie durch „doch" an, daß Sie sich der zustimmenden Kenntnisnahme nicht sicher sind.

5. Sprechen Sie die folgenden Dialoge. Deuten Sie durch „ja" an, daß die Nicht-Einmütigkeit eigentlich unnötig ist.

a) A: Können Sie das mal erklären? B: Das habe ich . . . schon erklärt.

b) A: Würden Sie bitte noch einmal seine Anschrift überprüfen? B: Ich habe sie . . . bereits mehrfach überprüft.

c) A: Begründen Sie bitte Ihre Entscheidung. B: Ich habe sie . . . schon begründet.

d) A: Bleib doch noch ein bißchen. B: Ich habe dir . . . schon alles erzählt.

e) A: Kannst du mir 10 Mark leihen? B: Ich hab' dir . . . erst gestern 10 Mark geliehen.

f) A: Gehst du gar nicht mehr mit mir ins Kino? B: Wir waren . . . erst letzten Monat.

g) A: Gib ihm endlich eine Chance. B: Das tu' ich . . . schon seit Wochen.

h) A: Schreiben Sie sich diese Jahreszahlen auf. B: Wir wissen sie . . . auswendig.

i) A: Willst du dich nicht für dein Fehlen entschuldigen? B: Ich hab' mich . . . durch einen Klassenkameraden bereits entschuldigen lassen.

6. Sprechen Sie die obigen Dialoge noch einmal (Übung 5). Deuten Sie durch „doch" Widerspruch an.

7. Ergänzen Sie „ja" oder „doch", wo es möglich ist.

1. Wir müßten etwas sparsamer sein.
a) Du hast . . . recht. b) Wir haben . . . noch unsere Erbtante. (2 Möglichkeiten)

2. Können Sie mir 10 % Rabatt geben?

a) Ich kann . . . mal den Chef fragen. b) Wir sind hier . . . nicht im Basar. (2 Möglichkeiten)

3. Hast du noch kein Auto?
a) Ich kann . . . mal anfangen zu sparen. b) Ich hab' . . . gar keinen Führerschein. (2 Möglichkeiten)

4. Wie viele Briefmarken hast du?
a) Ich kann . . . mal zählen. b) Ich sammle . . . gar keine Briefmarken. (2 Möglichkeiten)

5. Wann fährt sie in Urlaub?
a) Keine Ahnung. Ich kann sie . . . morgen in der Mensa fragen. b) Keine Ahnung. Sie muß . . . erst noch ihr Referat beenden. (2 Möglichkeiten)

IX. Berichten, Zusammenfassen, Stellungnehmen. (Wählen Sie eine oder mehrere Aufgaben aus, und bereiten Sie sich in Gruppen vor.)

1. Das „Freigeben" bzw. das „Freiwerden" ist für die ältere bzw. die jüngere Generation (nicht) leicht. – Nehmen Sie Stellung.

2. Junge Menschen brauchen (keine) Vorbilder. – Was meinen Sie?

3. Jedes Land, jede Gesellschaft, jedes System kämpft auf seine Weise mit der Lösung des Problems der Gleichberechtigung von Mann und Frau. – Berichten Sie, wie die Situation der Frau in Ihrer Heimat ist und was zur Lösung des Problems getan wird.

4. Unter den gegenwärtigen Bedingungen können wir nicht auf die Kernreaktoren verzichten. – Welche Bedingungen bestehen in Ihrer Heimat in bezug auf das Problem? Stimmen Sie der Behauptung zu? Gibt es Kernreaktoren? Wie steht es mit anderen Energieerzeugungsquellen? Wird öffentlich über die Nutzung der Atomkraft diskutiert, mit welchen Argumenten und mit welchem Ergebnis?

5. a) Wenn die Meinung des Bundespräsidenten von der Mehrheit der Deutschen geteilt wird, was erfährt man dann in diesem Text über die Deutschen? Berücksichtigen Sie alle vier bzw. fünf Themen mit jeweils zwei bis drei Sätzen. b) *Entweder:* Ist nach Ihren Informationen die Meinung des Präsidenten typisch für die Mehrheit der Deutschen? (Wo, wo nicht? Welche Ergänzungen sind notwendig?) *Oder:* In welchen Punkten wäre die Meinung des Bundespräsidenten für die Meinung der Leute in Ihrer Heimat (nicht) typisch? Stellen Sie die Unterschiede und Gemeinsamkeiten dar.

Das Lied der Deutschen

Deutschland, Deutschland über alles, über alles in der Welt,
Wenn es stets zu Schutz und Trutze brüderlich zusammenhält,
Von der Maas bis an die Memel, von der Etsch bis an den Belt:
Deutschland, Deutschland über alles, über alles in der Welt!

Deutsche Frauen, deutsche Treue, deutscher Wein und deutscher Sang
Sollen in der Welt behalten ihren alten schönen Klang,
Uns zu edler Tat begeistern unser ganzes Leben lang:
Deutsche Frauen, deutsche Treue, deutscher Wein und deutscher Sang!

Einigkeit und Recht und Freiheit für das deutsche Vaterland!
Danach laßt uns alle streben brüderlich mit Herz und Hand!
Einigkeit und Recht und Freiheit sind des Glückes Unterpfand.
Blüh' im Glanze dieses Glückes, blühe, deutsches Vaterland!

(Hoffmann von Fallersleben, 1798–1874)

Maas: Fluß, der durch West-Frankreich, Belgien und die Niederlande fließt; *Memel:* Fluß in der UdSSR, bildete die Nordgrenze von Ostpreußen; *Etsch:* Fluß in Norditalien; *Belt:* Großer/Kleiner Belt, Meeresstraßen östlich bzw. westlich der Insel Fünen (Dänemark)

Anregungen

1. An welchen Zeitabschnitt der deutschen Geschichte denken Sie, wenn Sie das Gedicht lesen?
2. Was fällt Ihnen an der ersten, an der zweiten und an der dritten Strophe besonders auf?

3. Würden Sie das ganze Lied (oder einzelne Strophen) als Nationalhymne empfehlen, oder halten Sie alles für überholt?
4. Übersetzen Sie Ihre Nationalhymne ins Deutsche, und untersuchen Sie, wo die Unterschiede und wo Gemeinsamkeiten zum „Lied der Deutschen" liegen.

Hoffmann von Fallersleben war Schriftsteller und Professor für Germanistik, ein Republikaner, Demokrat, Patriot. Das Lied entstand 1841, als es keinen deutschen Nationalstaat, sondern fast 40 selbständige deutsche Fürstentümer bzw. freie Reichsstädte gab. Der Inhalt der ersten Strophe ist vor dem historischen Hintergrund also eine Utopie, ein Wunschtraum gewesen. 1922–45 war das Lied Nationalhymne; seit 1952 wird in der Bundesrepublik die dritte Strophe als offizielle Nationalhymne gesungen.

Das tägliche Brot

Ein gnadenloser Mechanismus

I. Wortschatz

1. Bilden Sie den entsprechenden Begriff, und klären Sie – falls notwendig – seine Bedeutung.

a) *Produktion,* die zu einem *Überschuß* führt = Überschußproduktion

b) *Kosten,* die bei der *Herstellung* (von Produkten) entstehen = ...

c) Minister, der für die Wirtschaft seines Landes verantwortlich ist = ...

d) ein Erzeugnis der Landwirtschaft (!) = ...

e) ein Produkt der Agrarwirtschaft = ...

f) ein Erzeugnis der Industrie = ...

g) ein Berg aus Butter = ...

h) ein See aus Milch = ...

i) ein Überschuß an Getreide = ...

j) die Möglichkeit zur Entwicklung = ...

k) die Fähigkeit zum Wettbewerb = ...

l) der Bericht über die Entwicklung der Welt = ...

2. Setzen Sie die richtigen Wörter ein.

> aggressiv, die Aggressivität; subtil, die Subtilität; effizient, die Effizienz; defizitär, das Defizit; depressiv, die Depression; resignieren, die Resignation; subventionieren, die Subvention

a) Das Land braucht mehr Nahrungsmittel, als es selbst produziert. Es gibt z. B. ein ... bei Getreide und Milchprodukten. In diesem Bereich ist die Situation ....

b) Der Staat muß manche Bereiche der Wirtschaft finanziell unterstützen, damit sie wirtschaftlich überleben können. Er zahlt ihnen .... Die Produkte werden durch Zahlungen des Staates billiger gemacht, damit sie konkurrenzfähig sind. Sie werden ....

c) Die Firma kämpft verbissen darum, ihre Produkte zu verkaufen. Ihre Verkaufspolitik ist .... Ihre ... ist groß.

d) Die Maßnahmen sind wirkungsvoll. Sie sind .... Ihre ... ist groß.

e) Das Land erlebt einen wirtschaftlichen Niedergang. Es befindet sich in einer Phase der .... Es macht eine ... wirtschaftliche Entwicklung durch.

f) Die Ausbeutung geschieht so fein und raffiniert, daß man sie nicht leicht erkennt. Die Ausbeutung ist .... Ihre ... macht sie schwer erkennbar.

g) Der Politiker hat jede Hoffnung auf eine positive Änderung der Situation aufgegeben. Er hat .... Seine ... ist groß.

3. Welche Wörter/Wendungen haben die gleiche Bedeutung?

1.	ungehemmt	a)	jmdm. etwas nehmen
2.	etwas zieht etwas nach sich	b)	etwas beherrschen
3.	etwas verscherbeln (ugs.)	c)	außerdem
4.	allenfalls	d)	furchtbar groß/hoch
5.	horrend	e)	genau, richtig, zutreffend
6.	die Eintracht	f)	zur Folge haben
7.	treffend	g)	höchstens
8.	etwas dominieren	h)	ungebremst, unvermindert
9.	jmdn. um etwas bringen	i)	Einigkeit, Einmütigkeit, Übereinstimmung
10.	zudem	j)	etwas weit unter seinem Wert verkaufen

II. Lesen Sie den Text.

1 Zum erstenmal in der Geschichte gibt es heute mehr als genug Nahrungsmittel, um die auf fünf Milliarden angewachsene Bevölkerung der Erde zu ernähren. Die „Grüne Revolu-

3 tion" brachte vor allem bei Reis und Weizen so starke Produktionszuwächse, daß China und Indien kein Getreide mehr zu importieren brauchen. Einige afrikanische Länder ernten

5 inzwischen sogar so viel Getreide, daß sie ihre Überschüsse auf dem Weltmarkt anbieten können.

7 Ein stolzes Ergebnis – doch ein Problem für die Länder, die ihre Überschüsse traditionell in den Defizitländern loswurden. Statt sich der tatsächlichen Nachfrage anzupassen, produ-

9 zieren sie ungehemmt weiter. Die weltweiten Getreideüberschüsse werden heute auf nicht weniger als 400 Millionen Tonnen im Jahr geschätzt. Butterberge und Milchseen bewei-

11 sen, daß auch bei anderen Agrarprodukten das Angebot die Nachfrage bei weitem über-steigt.

13 Die Folge ist ein gnadenloser Subventionswettlauf. Die USA verabschiedeten ein Farmge-setz, das laut *New York Times* „das aggressivste Exportprogramm seit der Eisenhower-Re-

15 gierung" nach sich zog. Saudi-Arabien zahlt heimischen Produzenten heute 350 Dollar für eine Tonne Weizen, die auf dem Weltmarkt zu achtzig Dollar gehandelt wird. Die Europäi-

17 sche Gemeinschaft verscherbelt Butter für ein Zehntel der Herstellungskosten an die Sowjetunion.

19 Wie ineffizient das ganze System ist, zeigt nicht nur die Tatsache, daß die Überschußpro-duktion ökonomisch sinnlos ist, sondern auch, daß allenfalls die Hälfte der horrenden

21 Subventionssummen bei den Bauern ankommen. Seit fünf Jahren erleben Amerikas Far-mer die schlimmste Depression seit Beginn des Jahrhunderts. Ihre europäischen Kollegen

23 singen laut und in seltener Eintracht das Lied von der Verarmung. Daran wird sich grund-sätzlich kaum etwas ändern.

25 Daß gleichzeitig auch noch die ärmsten Länder von dieser Politik getroffen werden, wird leicht übersehen. Ein europäischer Wirtschaftsminister hat den Zusammenhang treffend

27 beschrieben: „Es ist eine subtile, aber für die Armen verhängnisvolle Form der Ausbeu-tung, wenn wachsende Teile des Sozialprodukts der Reichen dazu verwendet werden,

29 den Export von Landwirtschaftserzeugnissen zu subventionieren und so die internationalen Agrarmärkte zu dominieren."

31 Der Mechanismus ist leicht zu erkennen: Länder der Dritten Welt haben in der Regel außer
Agrarprodukten nicht viel auf dem Weltmarkt anzubieten. Die Exporterlöse brauchen sie,
33 um den Import von Industrieerzeugnissen zu bezahlen, die wiederum für die Entwicklung
ihrer Wirtschaft unentbehrlich sind. Wenn hochentwickelte Länder ihre Agrarproduktion
35 so stark bezuschussen, daß das Angebot aus Entwicklungsländern keine Chance hat,
dann wird die Dritte Welt um ihre Entwicklungsmöglichkeiten gebracht.
37 Fast resignierend zog die Weltbank in ihrem Weltentwicklungsbericht Bilanz: „Die Konkur-
renzfähigkeit der Entwicklungsländer hängt weniger von ihrer eigenen Leistungsfähigkeit
39 als von politischen Entscheidungen in den Industrieländern ab. Ihre Wettbewerbsfähigkeit
kann zudem jederzeit durch eine höhere Subventionierung der Ausfuhren der Industrie-
41 länder untergraben werden."

(Klaus-Peter Schmid, *Viele Worte, wenig Taten*,
in: Die Zeit, Nr. 35/1987, leicht verändert und gekürzt)

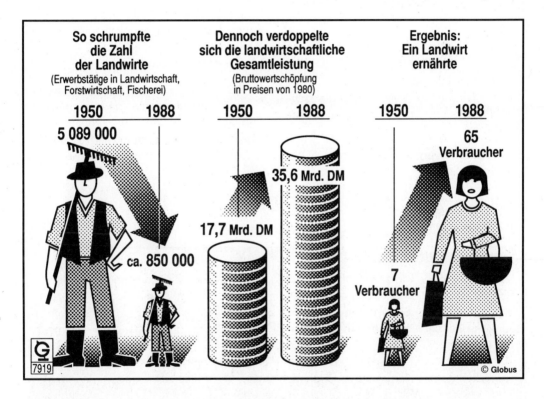

„*Grüne Revolution*" (Z. 2/3) Politik von Veränderungen in der Landwirtschaft der Dritten Welt mit dem Ziel, die Ernteerträge zu steigern. (Häufige Maßnahmen: Verwendung von besserem Saatgut, Düngung, Pflanzenschutz, Bewässerung, Mechanisierung.) *Sozialprodukt* (Z. 28) in Geldwert ausgedrückte Gesamtheit aller Güter, die eine Volkswirtschaft in einem bestimmten Zeitraum gewerbsmäßig herstellt. *Weltbank* (Z. 37) Organisation der Vereinten Nationen (UN), die Kredite aufnimmt und vergibt mit dem Ziel, die Wirtschaft der Mitgliedsstaaten zu fördern.

III. Fragen zum Text

1. Stellen Sie Ihrem Nachbarn vier Fragen zum Text, und beantworten Sie die Fragen Ihres Nachbarn.
2. Stellen Sie den anderen Kursteilnehmern Fragen zum Text. (Überlegen Sie sich zuerst eine Frage. Stellen Sie dann die Frage, und lassen Sie sich die Frage beantworten. Derjenige, der die Frage beantwortet hat, stellt dann seine Frage.)
3. Werten Sie das Diagramm auf S. 121 aus. Beschränken Sie sich dabei auf die drei entscheidenden Aussagen. Beginnen Sie so: In der Bundesrepublik schrumpfte die Zahl . . . von . . . bis . . . von 5 089 000 auf . . . . Dennoch . . .

IV. Strukturverständnis

1. Formen Sie in einen Relativsatz um.
. . . um *die auf fünf Milliarden angewachsene Bevölkerung der Erde* zu ernähren. (Z. 1/2)

2. Vervollständigen Sie die schräg gedruckten Teile des Satzes grammatisch.

a) *Ein stolzes Ergebnis* (Z. 7)
b) *– doch ein Problem für die Länder,* die ihre Überschüsse traditionell in den Defizitländern loswurden. (Z. 7/8)

3. Worauf bezieht sich „sie"? (Z. 9)

4. Wie heißt das Subjekt?
. . ., daß auch bei anderen Agrarprodukten das Angebot die Nachfrage bei weitem übersteigt. (Z. 11/12)

5. Worauf bezieht sich „daran"? (Z. 23)

6. Worauf bezieht sich „so"? (Z. 29)

7. Ersetzen Sie die Konstruktion „haben + zu + Infinitiv".
Länder der Dritten Welt haben in der Regel außer Agrarprodukten nicht viel auf dem Weltmarkt anzubieten. (Z. 31/32)
Länder der Dritten Welt . . .

8. Wandeln Sie in einen Nebensatz um.
. . . kann zudem jederzeit *durch eine höhere Subventionierung der Ausfuhren der Industrieländer* untergraben werden. (Z. 40/41)
. . . kann zudem jederzeit untergraben werden, . . .

V. Texterschließung

Fast alle Texte enthalten „Signale", die dem Leser die Orientierung erleichtern. Häufig sind das Wörter, wie z. B. Problem, Konflikt, Schwierigkeit, Zusammenhang, System, Grund, Ursache, Beweis, Folge, Konsequenz, Aspekt, Gesichtspunkt, Vorteil, Nachteil, Veränderung, Beispiel, Aussage, Klarstellung, Zusammenfassung, Bilanz, Ergebnis und entsprechende Adjektive/Verben, wie z. B.: schwierig, zusammenhängen, systematisch, begründen, verursachen, beweisen.
Diese und ähnliche Wörter haben über ihre Wortbedeutung hinaus die Funktion, auf vorausgehende oder folgende Informationen, Sätze, Abschnitte zu verweisen. Begegnet man etwa dem Wort „Problem", kann man erwarten, daß der Text weitere Informationen dazu enthält, z. B. wie es zu dem Problem kommt, ob und wie es gelöst wird und was daraus folgt. Deshalb ist es notwendig, diese Wörter besonders zu beachten, sich klarzumachen, welche Art von weiteren Informationen man zu diesen Wörtern erwarten kann und diese Informationen gezielt im Text zu suchen.

Wenden Sie das Verfahren bei den folgenden Stellen an, indem Sie die Fragen beantworten.

Z. 7   *ein Problem*
Was ist das Problem? Wie kommt es zu dem Problem? Wie reagiert man auf das Problem? Was sind die Folgen?

Z. 10/11   *beweisen*
Wer/Was beweist was?

Z. 13   *Die Folge*
Die Folge wovon? Wie sehen die Folgen aus?

Z. 19   *das ganze System*
Was ist „das ganze System"? Welche weiteren Informationen werden zu dem System gegeben?

Z. 37   *Bilanz ziehen*
Wer zieht wo Bilanz? Woraus wird welche Bilanz gezogen?

VI. Übergreifendes Verständnis

1. Warum produzieren die amerikanischen, saudi-arabischen und europäischen Bauern trotz der Agrarüberschüsse weiter?
2. Nennen Sie möglichst kurz vier negative Gesichtspunkte der Agrarsubventionen. (Maximal zwei Gesichtspunkte sollen sich auf die Dritte Welt beziehen.)
3. Nennen Sie möglichst kurz das Thema der folgenden Abschnitte.
a) Z. 13–18 b) Z. 19–24 c) Z. 25–41.
Beispiel für Z. 1–6: Genug Nahrungsmittel als Folge der „Grünen Revolution".

VII. Bericht, Diskussion, Stellungnahme

1. Berichten Sie über die Situation der Landwirtschaft in Ihrer Heimat. a) Was wird in welchen Teilen des Landes produziert, gibt es Überschüsse/Defizite? b) Gab es in den letzten Jahren Veränderungen? („Grüne Revolution"? Änderung der Besitzverhältnisse? o. ä.) c) Wie ist die wirtschaftliche Lage der Bauern? d) Welche Agrarpolitik wäre Ihrer Meinung nach für Ihr Land wünschenswert?

2. Nehmen Sie Stellung: Agrarsubventionen in reichen Ländern sollten verboten werden. (Diskutieren Sie zuerst in der Klasse: Folgen für die Bauern / für die Verbraucher / für den Staat in den reichen Ländern, mögliche Folgen für die armen Länder. Nehmen Sie dann zusammenhängend Stellung nach dem Schema von S. 112.)

Tomateneinfuhr verhindert

Statt guter Ware aus Marokko bekommt der Kunde nur teure holländische Tomaten.

B o n n (dpa/vwd) Die Arbeitsgemeinschaft der Verbraucher (AGV) hat gestern die Verteuerung der Tomateneinfuhren aus Drittländern scharf kritisiert. Um die Tomatenpreise hoch zu halten, verteuere die EG ab 8. April alle Einfuhren durch hohe Abgaben, stellte die AGV fest. Mit einer Art Schutzgeld von 1,67 DM je Kilo, das der Staat an den EG-Grenzen kassiert, werde der Hauptlieferant Marokko, der im April und Mai für ein reichliches und preiswertes Angebot in der Bundesrepublik sorge, jetzt von den Märkten ausgesperrt.
Dies geschehe nur, um die teure holländische Produktion zu schützen. Daher seien die Tomatenmindestpreise so hoch festgesetzt worden, daß die Verbraucher das Kilo im Frühjahr kaum unter vier bis sechs Mark bekämen, obwohl es halb so teuer sein könnte.

Die GTZ

Vorinformation

GTZ: Gesellschaft für technische Zusammenarbeit
Sitz der Gesellschaft: Eschborn bei Frankfurt

Es handelt sich um ein Interview. Ein Reporter befragt Herrn Neumaier, der für die Öffentlichkeitsarbeit der GTZ verantwortlich ist.
Im ersten Teil des Interviews spielen u. a. folgende Begriffe eine Rolle: die Forstwirtschaft, der Sektor der Massenmedien (= der Bereich der . . .), die Laufzeit von Krediten, die Zinskonditionen.

I. Hören Sie den ersten Teil des Interviews zweimal (bis: „Wie kommt es nun zur praktischen Zusammenarbeit?"). Notieren Sie die wichtigsten Informationen.

1. a) Auftraggeber der GTZ: . . .
   b) Auftrag: . . .
2. a) Technische Zusammenarbeit: . . .
   b) Finanzielle Zusammenarbeit: . . .

3. Kosten der Zusammenarbeit: . . .

II. Stellen Sie die bisherigen Informationen in einem zusammenhängenden Text dar. Sie können die folgenden Hilfen benutzen:

> Die GTZ hat von der . . . . Es gibt zwei Formen . . . . Zur technischen Zusammenarbeit gehören u. a. . . . . Es geht hier also nicht nur . . . . Bei der finanziellen Zusammenarbeit werden den . . . . Die technische Zusammenarbeit ist im wesentlichen . . . . Allerdings müssen z. B. qualifizierte . . . . Die finanzielle Zusammenarbeit dagegen . . . .

III. Lesen Sie zunächst die folgenden Aufgaben, und hören Sie dann den zweiten Teil des Interviews bis „zugunsten der armen Länder aussprechen". Sie können diesen Teil so oft hören, bis Sie alle Aufgaben lösen können.

Eine kleine botswanische Schneiderei. Sie wird in Verbindung mit einem GTZ-Programm gefördert.

1. Im ersten Abschnitt dieses zweiten Teils wird der Ablauf eines geplanten Projekts bis zum Vertrag über das Projekt beschrieben. Tragen Sie in die Kästchen die Stellen ein, die an dem Ablauf, dem Verfahren beteiligt sind.

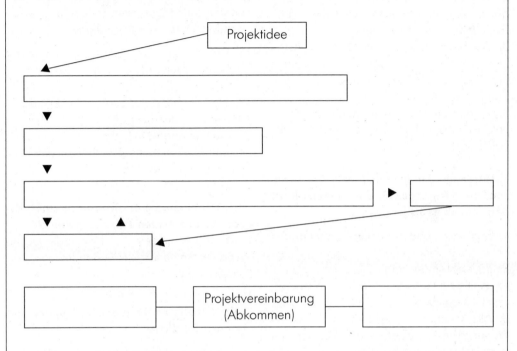

2. Der zweite Teil dieses Interviewabschnitts nennt nicht nur die einzelnen Stationen von der Projektidee bis zum Projektabkommen, sondern beschreibt auch einige Schritte des Verfahrens etwas genauer. Vervollständigen Sie die folgenden Sätze über das Verfahren.

a) Im Bundesministerium für wirtschaftliche Zusammenarbeit (BMZ) wird die . . . entwicklungspolitisch . . . .

b) Bei dieser Prüfung wird z. B. entschieden, ob ein Schwellenland oder eins . . . . gefördert . . . soll.

c) Wenn diese Entscheidung gefallen ist, erhält die . . . den Auftrag, ...

d) Das Angebot bzw. der Plan der GTZ gibt vor allem die . . . und . . . eines Projekts genau an.

e) Das . . . entscheidet auf der Grundlage dieses Angebots bzw. Plans, ob . . . . . . verwirklicht wird.

f) Wenn diese Entscheidung positiv ausfällt, wird die . . . von der Bundesregierung beauftragt, ...

g) Die Regierungen schließen . . . . . . über das Projekt.

IV. Diskutieren Sie.

1. Die Projektidee stammt von den Entwicklungsländern. Ist das gut oder schlecht? (Begründen Sie Ihre Meinung.)

2. Von der Projektidee bis zur Realisierung gibt es viele Schritte. Was halten Sie davon? (Begründen Sie Ihre Meinung.)

3. Der Text gibt ein Beispiel für eine entwicklungspolitisch „sinnvolle" Entscheidung. Nehmen Sie Stellung zu dieser Entscheidung.

4. Wann ist Ihrer Meinung nach ein Projekt entwicklungspolitisch sinnvoll? (Geben Sie Beispiele.)

V. Hören Sie den Rest des Texts, und kreuzen Sie die Aussagen an, die sinngemäß mit dem Text übereinstimmen.

1. Es gibt niemanden, der eine Erhöhung der Entwicklungshilfe fordert. ◯

2. Es steht manchmal Geld für Entwicklungshilfe zur Verfügung, das nicht ausgegeben werden kann. ◯

3. Alle Angebote in insgesamt einer Größenordnung von über einer Milliarde DM konnten in Projekte umgesetzt werden. ◯

4. Wenn eine Projektidee nicht verwirklicht wird, liegt das oft daran, daß in den Entwicklungsländern die Voraussetzungen zur Verwirklichung des Projekts fehlen. ◯

5. Die Verwirklichung der Projekte scheitert oft daran, daß die Entwicklungsländer nicht genügend Geld haben. ◯

6. Die GTZ bemüht sich für ihre Projekte auch um ausländische Fachleute, die in den Industrieländern ausgebildet wurden. ◯

7. Es kann sein, daß die GTZ in Zukunft noch stärker als bisher deutsche Fachleute in die technische Zusammenarbeit einbezieht. ◯

8. Die GTZ hat enge Kontakte mit ausländischen Studenten, um zu einer besseren Kooperation zu kommen. ◯

VI. Fassen Sie die zentralen Aussagen des letzten Teils zusammen, indem Sie die folgenden Sätze vervollständigen:

1. Das für Entwicklungshilfe zur Verfügung stehende Geld kann manchmal . . . .

2. Der Grund dafür liegt vor allem darin, daß die entsprechenden . . . .

3. Am dringendsten fehlen . . . .

4. Die GTZ bemüht sich darum, dies Problem zu lösen, aber . . . .

VII. Schreiben Sie ein Transkript eines Abschnitts des letzten Teils. Beginnen Sie mit: „Ja, wir tun einiges . . ." bis „in die technische Zusammenarbeit der Bundesregierung einzubeziehen".

VIII. Diskutieren Sie zuerst in Gruppen und dann in der Klasse.

1. Die GTZ ist Eigentum des Bundes. Der Sprecher der GTZ ist deshalb natürlich daran interessiert, die deutsche Entwicklungshilfe positiv darzustellen. Gibt es im Interview Stellen, an denen das Ihrer Meinung nach deutlich wird? (Wenn ja, an welchen?)

2. Was halten Sie von den Fragen, die dem Vertreter der GTZ gestellt werden? (Sind es reine Sachfragen? Gibt es Fragen, die den Sprecher der GTZ zu etwas genaueren, geänderten Aussagen zwingen? Gibt es kritische Fragen? Welche sind am häufigsten? Warum?)

3. Welche Fragen hätten Sie gestellt?

Afghanische Flüchtlinge, die im Rahmen eines GTZ-Projektes als Metallhandwerker ausgebildet wurden, eröff-
neten in Peshawar (Pakistan) mit einfachsten Mitteln eine Schweißerwerkstatt.

Gedeih oder Verderb

Neue Wege, die Armut in der Dritten Welt zu bekämpfen

I. Informieren Sie sich auf S. 55/56 noch einmal über die Bedeutung von Überlegungen vor der Lektüre eines Texts.

II. Lesen Sie den Text mit dem doppelten Ziel, alles über die Grameen-Bank und über die Spar- und Darlehensgruppen in Bangladesch zu erfahren.

1   Jorimon ergreift die Initiative, unsicher und zögernd. Sie gründet zusammen mit vier ande-
     ren Frauen – Landlose wie sie – nach langen Überlegungen mit ihrem Mann, mit den Dorf-
3   ältesten und mit dem Manager der nahe gelegenen Zweigstelle der Grameen-Bank im
     Dezember 1979 die erste Spar- und Darlehensnehmerinnen-Gruppe in ihrem Dorf Beltoil
5   in Bangladesch.
     Mit dem ersten Kredit von sechzig Mark finanziert Jorimons Familie eine einfache Reis-
7   schälanlage und den Ankauf von ungeschältem Reis. Mit dem Erlös aus dem Verkauf des
     geschälten Reises steigen die monatlichen Einkünfte der fünfköpfigen Familie von bisher
9   20 auf 57 Mark. Vierzig Mark werden für Nahrung aufgewandt, fünf für die wöchentlichen
     Tilgungsraten, Zinsen und Beiträge für den Sparfonds der Gruppe, zwölf Mark erübrigt
11   die Familie für Kleidung, Geschirr oder legt sie auf die Seite.

Nach pünktlicher Rückzahlung des ersten Kredits nimmt Jorimon ein Jahr später einen
13 zweiten auf und kauft eine Kuh. Die monatlichen Einkünfte steigen auf achtzig Mark. Jorimon: „Früher hungerten wir jeden Tag. Heute nicht mehr. Wie Sklaven arbeiteten wir in
15 fremden Häusern. Heute beschimpft uns niemand mehr. Die Kinder gehen jetzt zur Schule.
Wir konnten das nicht."
17 Zu den weiteren Krediten trägt auch Jorimons Mann bei. Die nächsten Ziele: der Kauf von
etwas Land, ein kleiner Holzhandel und ein festes Dach.
19 Jorimons Geschichte ist kein Einzelfall. Die Grameen-Bank hat 220 000 Kunden, darunter
65 Prozent Frauen. Sie ist erst gut ein Jahrzehnt alt und hat heute ein Sparvolumen von
21 über sieben Millionen Mark. Die Zinsen decken die Kosten; die Rückzahlungsquote beträgt neunzig Prozent. Der Erfolg bestätigt das Motto des Gründers, Professor Muham-
23 mad Yunus: „Bringt die Bank zu den Menschen und nicht die Menschen zu der Bank."
Zu den Menschen gebracht wird die Bank vor allem durch 45 000 Gruppen von Sparern
25 und Kreditnehmern. Sie machen das System funktionsfähig: Je fünf Mitglieder einer
Gruppe regeln untereinander, wer für welchen Zweck, in welcher Reihenfolge und Höhe
27 ein Darlehen erhält; sie gewährleisten eine wöchentliche Spareinlage in den Gruppenfonds und die Tilgungen. Und sie haften füreinander der Bank gegenüber. Sie ersetzen so
29 die üblichen, den Armen aber nicht möglichen Sicherheiten durch eine förmlich nicht ab-
gesicherte „informelle" Gruppenhaftung.
31 Die Grameen-Bank ist nur ein Beispiel für ein von innen und von unten aufgebautes
Selbsthilfesystem. Diese Hilfen entstehen inzwischen an vielen Orten der Dritten Welt, um
33 eine dauerhafte Verbesserung der Lebensbedingungen für die arme Bevölkerung zu erreichen. Gemeinsam ist ihnen, daß sie nicht einzelne Ursachen der Armut bekämpfen, son-
35 dern alle Faktoren einbeziehen: ungenügende Nahrung, Wohnung und Bildung, Arbeitslosigkeit, Krankheit und politische Ohnmacht ebenso wie fehlende Mittel.
37 Die Selbsthilfebewegungen setzen auf die Bemühungen der einzelnen – sei es anfangs
mit noch so kleinen Beiträgen –, auf gegenseitige Hilfe in Gruppen und Unterstützung
39 durch die von ihnen getragenen Förderinstitutionen. Gemeinsam ist ihnen auch ihre Verwurzelung in der eigenen Gesellschaft und Kultur sowie eine auf Beteiligung beruhende,
41 lebendige Organisationsstruktur.
Beteiligung, Unterstützung, gegenseitige Kontrolle: Das sind die Elemente, die zum Erfolg
43 von Selbsthilfe einander bedingen. Die Grameen-Bank hat zur Regel, daß dritte und vierte
Mitglieder einer Gruppe – in der von ihr selbst beschlossenen Reihenfolge – erst dann ein
45 Darlehen erhalten, wenn das erste und zweite Mitglied acht Wochen lang pünktlich getilgt
haben. Die Gruppe ist also auf Gedeih und Verderb miteinander verbunden.
47 Die Weltbank schätzt die Zahl der Menschen auf eine Milliarde, die im Jahre 2000 nicht
die Möglichkeit haben, „durch nützliche Tätigkeit zu ihrem eigenen Lebensunterhalt, zur

---

die Tilgungsrate,-n (Z. 10) = Summe, die innerhalb eines bestimmten Zeitraumes gezahlt werden muß, um nach und nach eine langfristige Schuld zu tilgen (zurückzuzahlen); *der Sparfonds,-* (Z. 10) = eine finanzielle Grundlage (eine Vermögensreserve), die durch Sparen gebildet wird und für bestimmte Zwecke ausgegeben werden soll; *das Sparvolumen,-* (Z. 20) = Gesamtmenge des Geldes, das innerhalb eines bestimmten Zeitraums angespart wird; *die Rückzahlungsquote,-n* (Z. 21) = Prozentsatz der pünktlich und vollständig zurückgezahlten Darlehen; *die Spareinlage,-n* (Z. 27) = Geldsumme, die auf das Sparkonto bei einer Bank eingezahlt wird; *der Nestor,-en* (Z. 50) = ältester führender Vertreter eines wissenschaftlichen oder künstlerischen Faches; *Oswald von Nell-Breuning:* geb. 1890, kath. Theologe und Soziologe, Prof. für Ethik und christliche Soziallehre

49 Versorgung ihrer Familien und zur Deckung der Gemeinbedürfnisse etwas beizutragen",
wie es der Nestor der Sozialpolitik, Oswald von Nell-Breuning, formuliert. Dieses gewal-
51 tige Problem können Selbsthilfebewegungen zwar nicht lösen. Es ist deshalb notwendig,
daß sich die staatliche Entwicklungshilfe dem Gedanken der Selbsthilfe stärker öffnet. Sie
53 kann von Regierungen organisierte und finanzierte Entwicklungsarbeit, Eigeninitiative und
Eigenbeiträge unterstützen, wo Geld oder auch Know-how fehlen.
55 Schon 1978 hat die Weltbank gefordert, die Produktivität der Armen umfassend zu steigern. Die dazu erforderliche „ungeheure Arbeitsanstrengung" (Nell-Breuning) wird aller-
57 dings nur erbracht werden können, wenn es gelingt, die Armen zu motivieren, sich selbst
zu helfen.

(Karl Osner, in: Die Zeit, Nr. 50/1987)

III. Notieren Sie jetzt möglichst kurz die Informationen des Texts zur Grameen-Bank und zu den Spar- und Darlehensgruppen.

Grameen Bank	*Sparer(innen) und Darlehensnehmer(innen)*
1. Land, in dem die Bank arbeitet	1. Zahl der Gruppen
2. Rückzahlungsquote	2. Rechte der Gruppenmitglieder
3. Motto des Gründers	3. Zahl der Mitglieder pro Gruppe
4. Gründer der Bank	4. Verpflichtungen der Gruppe
5. Zahl der Kunden/Kundinnen	a) tilgen
6. Sparvolumen der Bank	b) sparen
7. Wirtschaftliche Lage der Bank	c) Zinsen
8. Bedingung für die Vergabe eines Darlehens	d) Gruppenhaftung
9. Wofür ist die Grameen-Bank ein Beispiel?	5. Beispiele für die Verwendung der Darlehen

IV. Halten Sie ein Kurz-Referat über die Grameen-Bank und ihre Sparer und Darlehensnehmer. (Alle Punkte der obigen Liste sollen berücksichtigt werden. Prüfen Sie aber, ob die Reihenfolge der Punkte übernommen werden kann.)

Einige Grundsätze für ein Kurz-Referat:
- Alle Informationen sind in einer sinnvollen Reihenfolge vorzutragen. Inhaltlich Zu-
sammengehörendes muß zusammen an *einer* Stelle dargestellt werden. Allgemei-
nere Gesichtspunkte kommen zuerst, Einzelheiten, speziellere/komplexere Gesichtspunkte folgen.
- Abschnitte (nicht: Einzelinformationen) sollten sprachlich verdeutlicht werden, z. B.:
Im ersten Teil des Referats werde ich . . . darstellen / ich mich mit . . . beschäftigen /
ich auf . . . eingehen.
Soviel zu . . . . Ich komme jetzt zu . . . / Nun ein Blick auf . . .
Ein weiterer wichtiger Gesichtspunkt ist . . . / Natürlich gibt es nicht nur die erwähnten . . . , wichtig sind auch . . .

V. Wortschatz

Lesen Sie den ganzen Text, und suchen Sie die Stellen, an denen die folgenden Wendungen eingesetzt werden können:

---

1. den ersten Schritt (zu einer Handlung) tun/als erste aktiv werden
2. behält die Familie für Kleidung übrig
3. durch den Erfolg erweist sich der Wahlspruch/Leitspruch als richtig
4. garantieren, daß jede Woche eine Geldsumme für etwas gespart wird
5. füreinander bürgen / miteinander für die Rückzahlung der Darlehen aller Mitglieder verantwortlich sein
6. die Haftung durch die ganze Gruppe, die keine rechtlich bindende Form hat
7. alle Umstände mitberücksichtigen
8. Machtlosigkeit im politischen Bereich

---

9. auf die Anstrengungen der einzelnen vertrauen
10. Elemente, die voneinander abhängen und sich gegenseitig voraussetzen, wenn Selbsthilfe erfolgreich sein soll
11. die Mitglieder der Gruppe sind also aneinander gebunden, was auch geschehen mag
12. etwas zur Schaffung von Einrichtungen/Sachen tun, die für alle/die Allgemeinheit notwendig sind

---

VI. Berichtigen bzw. ergänzen Sie die folgenden Aussagen zum Text.

Suchen Sie zunächst die Textstellen, auf die sich die Aussagen beziehen. Verwenden Sie bei der anschließenden Korrektur oder Ergänzung die folgenden Wendungen:

---

nicht   . . . , sondern . . .
nicht nur   . . . , sondern auch . . .
zwar   . . . , aber . . .
zwar   . . . , das heißt aber nicht, daß . . .
es ist zwar richtig, daß   . . . , aber außerdem . . .

---

1. Jorimon gründete die erste Spar- und Darlehensnehmerinnen-Gruppe in Bangladesch.
2. Jorimon hat fünf Kinder.
3. Fünf Mark von 57 Mark ihrer Einkünfte brauchte die Familie für die wöchentlichen Tilgungsraten.
4. In den Selbsthilfegruppen müssen die Beiträge der einzelnen anfangs klein sein. (Es reicht zwar, wenn . . . , aber . . .)
5. Die Selbsthilfegruppen brauchen eigentlich nur die gegenseitige Hilfe in den Gruppen.
6. Die staatliche Entwicklungshilfe darf den Gedanken der Selbsthilfe nicht länger verbieten.

7. Die Selbsthilfe soll die von Regierungen organisierte Entwicklungsarbeit unterstützen.

VII. Strukturverständnis

1. Wie heißt das Subjekt in dem Satz von Z. 7–9?

2. Worauf bezieht sich „sie" in Zeile 11?

3. Formen Sie den schräg gedruckten Teil des Satzes in einen Nebensatz um.
Nach pünktlicher Rückzahlung des ersten Kredits nimmt Jorimon ein Jahr später einen zweiten auf und kauft eine Kuh. (Z. 12/13)

4. Wie heißt das schräg gedruckte Verb im Infinitiv?

Nach pünktlicher Rückzahlung des ersten Kredits *nimmt* Jorimon ein Jahr später einen zweiten auf und kauft eine Kuh. (Z. 12/13)

5. Worauf bezieht sich „das" in Z. 16?

6. Wie heißt das Verb im Infinitiv in dem Satz von Z. 17?

7. Welche Substantive gehören zusammen? Entscheiden Sie, welcher Satz die Zusammengehörigkeit richtig verdeutlicht.
a) Sie gewährleisten (eine wöchentliche Spareinlage in den Gruppenfonds) (und die Tilgungen). (Z. 27/28) b) Sie gewährleisten (eine wöchentliche Spareinlage) (in den Gruppenfonds und die Tilgungen).

8. Wandeln Sie die partizipiale Wendung in einen Relativsatz um.
Die Grameen-Bank ist nur ein Beispiel für ein von innen und von unten aufgebautes Selbsthilfesystem. (Z. 31/32) Die Grameen-Bank ist nur ein Beispiel . . .

9. Worauf bezieht sich „sie" in Zeile 34?

10. Welche Substantive gehören zusammen? Entscheiden Sie, welcher Satz die Zusammengehörigkeit richtig verdeutlicht.
a) Sie setzen auf (gegenseitige Hilfe in Gruppen) (und Unterstützung durch die von ihnen getragenen Förderinstitutionen). (Z. 37–39)
b) Sie setzen auf (gegenseitige Hilfe in Gruppen und Unterstützung) (durch die von ihnen getragenen Förderinstitutionen).

11. Wandeln Sie die partizipiale Wendung in einen Relativsatz um.
Gemeinsam ist ihnen auch ihre Verwurzelung in der eigenen Gesellschaft und Kultur sowie eine auf Beteiligung beruhende, lebendige Organisationsstruktur. (Z. 39–41)
Gemeinsam ist ihnen auch ihre Verwurzelung in der eigenen Gesellschaft und Kultur sowie . . .

12. Formen Sie den schräg gedruckten Teil des Satzes in einen Nebensatz um.
Sie haben nicht die Möglichkeit, *zur Deckung der Gemeinbedürfnisse etwas beizutragen.* (Z. 47–49) Sie haben nicht die Möglichkeit, etwas dazu beizutragen, . . .

VIII. Übergreifendes Verständnis

Bearbeiten Sie die folgende Frage: Wie steht der Verfasser zu Selbsthilfesystemen in der Dritten Welt? (Prüfen Sie dabei u. a. den Inhalt von Z. 1–18, 19–23, 28–29, 34–41 und den Inhalt von Z. 50–52, 56–58. – Beginnen Sie so: Am Beispiel von Jorimon zeigt der Verfasser sehr ausführlich . . .)

● **Grundinformationen zum Aufgabentyp „Verfassermeinung"**

In einer Sammlung von Gesetzestexten, in technischen, naturwissenschaftlichen Lehrbüchern u. ä. ist von der Meinung des Verfassers (fast) nichts zu erkennen. In argumentativen Texten, z. B. dem Text eines Politikers über seine Politik und die der anderen Parteien, ist dagegen die Meinung durchgehend greifbar. Sachtexte wie „Auf Gedeih und Verderb" stehen zwischen den beiden Texttypen. Man muß hier also prüfen:

1. Bezieht der Verfasser persönlich Stellung? (Ich meine, daß . . . / Wir sind der Meinung/Ansicht, daß . . . / Unsere Überlegungen [= meine Überlegungen] haben gezeigt . . .)
2. Bezieht der Verfasser indirekt Stellung?
   – Werden Behauptungen über Vor- und Nachteile, Möglichkeiten und Grenzen von etwas aufgestellt, und was kann man daraus entnehmen?

- Welche Informationen werden wie ausführlich dargestellt, und was kann man daraus entnehmen?
- Werden Begriffe verwendet, die beim Leser Zustimmung oder Ablehnung wecken sollen?

Besonders schwierig ist der letzte Punkt: Selbsthilfe, Eigeninitiative, Beteiligung an Entscheidungen, lebendige Organisationsstrukturen u. ä. dürften heute in der Bundesrepublik für die Mehrheit der Bevölkerung positiv klingen. Zu anderen Zeiten, in anderen Kulturen könnten sie auf Ablehnung stoßen.

IX. Bericht, Diskussion, Stellungnahme

1. Sprechen Sie zunächst mit Ihrem Nachbarn und dann in der Klasse über:

a) Vor- und Nachteile der „informellen" Gruppenhaftung für die Bank und für die Kunden. b) Vor- und Nachteile der Tatsache, daß Selbsthilfegruppen nicht einzelne Ursachen der Armut, sondern alle Faktoren der Unterentwicklung einbeziehen. c) Vor- und Nachteile der Selbsthilfegruppen für die Regierungen in der Dritten Welt.

2. Nehmen Sie Stellung: Projekte nach dem Muster der Selbsthilfegruppen in Bangladesch sind für die Entwicklung meines Heimatlandes (für die Lösung der Probleme meiner Heimat) nicht / nur zum Teil / hervorragend geeignet.

Sie können sich bei Ihrer Stellungnahme z. B. auf die folgenden Gesichtspunkte beziehen: die Beispiele für die Verwendung der Darlehen, das Zinssystem der Bank, den hohen Anteil weiblicher Gruppenmitglieder, die Gruppenhaftung, das Verhältnis von Regierung und Selbsthilfe.

Halten Sie sich beim Aufbau Ihrer Stellungnahme an das Schema auf S. 112.

Entwicklungshilfe in Mark und Pfennig

I. Vorbemerkung

Auswahl von Zahlen bei umfangreichen Statistiken

Wenn umfangreichere Statistiken sprachlich umgesetzt werden sollen, sind Auswahl, Akzentuierung und Reihenfolge ein besonderes Problem (s. S. 61).

Bei der Frage der Auswahl gibt es keine Grundsätze, die für jeden Einzelfall gelten. Es wäre z. B. möglich, daß in einem bestimmten Zusammenhang die Entwicklungshilfeleistungen von Neuseeland und Australien ganz besonders interessieren. Dann müßten alle Zahlenangaben, die eine Statistik für diese beiden Länder enthält, berücksichtigt werden und dazu noch Vergleichswerte, z. B. die durchschnittlichen Leistungen anderer Länder, denn nur so hätten die Angaben zu Australien und Neuseeland einen wirklichen Aussagewert.

Wenn jedoch ein gezieltes, umgrenztes Interesse an bestimmten Zahlen fehlt, wird sich die Aufmerksamkeit in der Regel auf

- die neuesten Zahlen und dabei vor allem
- die extremen Zahlenwerte,
- auf Zahlenwerte im Mittelfeld bzw. auf die Durchschnittswerte und
- auf die Gesamtsumme

richten; hier also auf die zwei bis drei großzügigsten und entsprechend die sparsamsten Geberländer, auf zwei bis drei Staaten im Mittelfeld und auf die Gesamtleistungen der angeführten Länder.

Bei allen Statistiken, die sowohl prozentuale Angaben als auch absolute Zahlen enthalten, sind stets

- prozentuale und absolute Angaben zu berücksichtigen, denn die Rangfolge (viel, durchschnittlich, wenig) kann sich hier erheblich unterscheiden.

Bei Statistiken, die nicht nur einen bestimmten Zeitpunkt, sondern einen Zeitraum erfassen, ist außerdem immer die Entwicklung innerhalb des Zeitraums von Interesse, d. h. die Frage, ob sich

- eine kontinuierliche Zunahme oder Abnahme,
- ein Auf und Ab oder
- ein unverändertes, gleichbleibendes Zahlenbild

beobachten läßt.

Besteht eine Verbindung der statistischen Angaben zu bestimmten Grenzwerten, z. B. Daten, die (nicht) überschritten werden sollten, muß die sprachliche Auswertung der Statistik auch

- die Beziehung der Statistik zu Grenzwerten verdeutlichen.

II. Lesen Sie zunächst die einleitende Bemerkung und die Erläuterungen, und beantworten Sie dann die Fragen.

Die UN-Vollversammlung hat 1970 beschlossen, daß jedes wirtschaftlich fortgeschrittene Land jährlich eine öffentliche Entwicklungshilfe in Höhe von 0,7% seines Bruttosozialproduktes geben soll. Dieser „Grenzwert" hätte 1990 erreicht werden sollen, was aber bei den meisten Industrieländern nicht der Fall war.

Erläuterungen:

öffentlich = staatlich, nicht privat. (Zu „privat" rechnen hier z. B. Kirchen, Gewerkschaften, humanitäre Organisationen)
Entwicklungshilfe-Leistungen = 1. finanzielle Zusammenarbeit, d. h. Kapitalhilfe, und 2. technische Zusammenarbeit, d. h. Ausgaben vor allem für die Aus- und Weiterbildung von Studenten und Experten und für Entwicklungshelfer.
DAC (Development Assistance Committee) = Ausschuß der Organisation für wirtschaftliche Zusammenarbeit und Entwicklung (OECD). Aufgabe: Prüfung und Berechnung der Entwicklungshilfe seiner Mitgliedsländer.
BSP (Bruttosozialprodukt) = Alles, was die erwerbstätigen Bürger eines Staates in einem Jahr an wirtschaftlichen Werten produziert und geschaffen haben.

1. Die absoluten Zahlen von 1987
a) Welche zwei Länder haben am meisten gezahlt?
b) Welche zwei Länder haben am wenigsten gezahlt?
c) Welche zwei Länder liegen etwa im Durchschnittsbereich von 2290 Millionen Dollar?

d) Wieviel betrugen die Gesamtleistungen aller DAC-Länder?

2. Die Prozentzahlen von 1987
a) Welche zwei Länder liegen nach Prozent des Bruttosozialprodukts an der Spitze?
b) Welche zwei Länder leisteten den geringsten Beitrag?
c) Welche zwei Länder nehmen Durchschnittsplätze ein?

d) Wo liegt der Durchschnitt?

3. Die Entwicklung von 1977 bis 1987 in absoluten Zahlen
a) Wie viele Länder haben ihre Leistungen kontinuierlich gesteigert, wie viele haben sie gesenkt?
b) Welche Länder zeigen eine uneinheitliche Entwicklung?
c) Wie verlief die Gesamtentwicklung?

Öffentliche Entwicklungshilfe-Leistungen der DAC-Länder 1977–1987
– Nettoauszahlungen, absolut und in % vom Bruttosozialprodukt –

Länder	1977		1982		1987**	
	Mio.$	BSP-%	Mio.$	BSP-%	Mio.$	BSP-%
Australien	426,6	0.45	882	0.56	618	0.33
Belgien	371	0.46	499	0.58	692	0.49
Dänemark	258	0.60	415	0.77	859	0.88
Deutschland	1716,6	0.33	3125	0.48	4433	0.39
Finnland	48,7	0.17	144	0.29	432	0.50
Frankreich	2267,0	0.60	4034	0.74	6600	0.75
Großbritannien	914,1	0.37	1800	0.37	1887	0.28
Irland	*	*	47	0.27	51	0.20
Italien	186,0	0.10	811	0.23	2427	0.32
Japan	1424,0	0.21	3023	0.28	7453	0.31
Kanada	991,8	0.50	1197	0.41	1880	0.46
Neuseeland	52,0	0.39	65	0.28	59	0.21
Niederlande	899,6	0.85	1472	1.07	2094	0.98
Norwegen	294,9	0.83	559	1.03	891	1.10
Österreich	117,8	0.24	236	0.36	196	0.17
Schweden	779,4	0.99	987	1.02	1337	0.85
Schweiz	119,0	0.19	252	0.25	532	0.30
Vereinigte Staaten	4159,0	0.22	8202	0.27	8776	0.20
DAC-Länder insgesamt	15026,5	0.32	27777	0.38	41219	0.34

* 1977 noch nicht DAC-Mitglied ** Stand der Angaben vom 17. 6. 1988. Quelle: OECD/DAC

4. Die Entwicklung von 1977 bis 1987 in Prozent des Bruttosozialprodukts
a) Nennen Sie drei Länder, die eine kontinuierliche Aufwärtsentwicklung ihrer Leistungen zeigen.

b) Bei welchen Ländern verläuft die Entwicklung rückläufig?
c) Welche Entwicklung ist für fast 50% der Länder typisch?
d) Wie war die Gesamtentwicklung?

„Hilfe für Pakistan, Hilfe für Äthiopien, Hilfe für Dingsda, – und wer bezahlt alles? – Du und ich!"

5. Der Eckwert von 0,7% des Bruttosozial-produkts

a) Wie viele Länder übertrafen in den Jahren 1977, 1982, 1987 die von der UN-Versammlung geforderten 0,7%, wie viele Länder lagen darunter?

b) Läßt der Durchschnittswert eine Annäherung an die 0,7%-Forderung erkennen?

III. Stellungnahme zu den Zahlen

1. Länder wie Österreich, die USA, Irland, Neuseeland, die Schweiz und Japan lagen 1987 bei maximal 0,31 Prozent. Das ist bei keinem der Länder zu entschuldigen.

2. Eigentlich kann man nur mit den Leistungen der skandinavischen Länder (Schweden, Norwegen, Dänemark, Finnland) zufrieden sein.

3. Die Leistungsbereitschaft eines DAC-Landes zeigen nur die Prozentangaben, die absoluten Zahlen sind überflüssig. – Allein

Titel	Bei der vorliegenden Statistik geht es um . . .
Untertitel	Berücksichtigt wurden dabei die Nettoauszahlungen . . .
Quelle	Quelle des Zahlenmaterials ist . . .
Einzelergeb-nisse	(1) Betrachtet man zunächst die absoluten Zahlen von 1987, so stellt man fest . . .
	(2) Legt man dagegen die Prozentzahlen von 1987 zugrunde, und das sind die eigentlich wichtigen Angaben, dann . . .
	(3/4) Da über die tatsächliche Leistungsbereitschaft ohnehin nur die Prozentzahlen etwas aussagen, werden bei der Betrachtung der Entwicklung von 1977 bis 1987 nur sie berücksichtigt. Dabei zeigt sich . . .
	(5) Am meisten interessiert natürlich, wie viele Länder . . .
Kommentar	Wie oben bereits erwähnt wurde, liegen die meisten Länder noch immer . . .
	Der durchschnittliche Prozentsatz lag 1982 sogar höher als . . . . Das zeigt, daß die Reden und Versprechungen der Politiker aus DAC-Ländern . . .
	Besonders überraschend ist, daß Länder wie die USA . . .
	Bemerkenswert großzügig sind dagegen . . .
	Insgesamt überwiegt der Eindruck . . .

die absoluten Zahlen sind (für die Empfängerländer) interessant, die Prozentangaben sind überflüssig.

4. Die Entwicklung in Prozent des Bruttosozialprodukts ist zwar uneinheitlich, aber immerhin war der 1987 erreichte Stand höher als der 10 Jahre vorher. Das ist ganz ordentlich.

IV. Werten Sie die Statistik schriftlich in einem zusammenhängenden Text aus.

(Sie können die Gliederungs- und Formulierungshilfen auf S. 135 benutzen. Die Zahlen beziehen sich auf die Fragen in Übung II.)

Landtechnische Entwicklungshilfe am Beispiel der Türkei 📼

I. Lesen Sie den Titel, und besprechen Sie, welche Informationen Sie von dem Text erwarten.

II. Hören Sie den Text, und versuchen Sie anschließend, die fünf großen Informationseinheiten zu benennen.

Anmerkung: Es handelt sich um einen Vortrag, der schon eine gewisse Zeit im Gange ist; es beginnt also mitten in einem Satz.

1. Über die Notwendigkeit, die Landwirtschaft . . .
2. Daten und Fakten über . . .
3. Die zwei bzw. vier . . . und der Erfolg der . . .
4. Genauere Illustration der Arbeit . . .
5. Generelle Bemerkungen zum . . .

III. Der Referent erklärt zum Schluß, daß er jetzt für Fragen zur Verfügung steht. Welche Fragen würden Sie ihm stellen?

IV. Lesen Sie die folgenden unvollständigen Sätze, hören Sie dann den Text noch einmal (bis: „Die Deutschen haben diese Ausbildung zunächst in zwei Ausbildungszentren unterstützt"), und vervollständigen Sie anschließend die Sätze sinngemäß:

1. Das wichtigste Ziel bei der Verbesserung der Landwirtschaft ist es, . . .
2. Zweitens soll die Landwirtschaft so weit gefördert werden, daß . . .
3. Das dabei verdiente Geld wird benötigt, um . . .
4. Außerdem erhält das Land auf diese Weise . . .
5. Die Türkei ist ein Schwellenland, d. h. . . .
6. Das Bruttosozialprodukt ist . . .
7. Das Land hat jedoch Schwierigkeiten, . . .
8. Die Haupteinnahmequelle des Landes ist . . .
9. Der Export nimmt ab, weil . . .
10. Es ist daher klar, daß die Verbesserung . . .
11. Große Bedeutung hat dabei die Mechanisierung. Es ist jedoch wichtig, daß die Maschinen . . .
12. Deshalb bemüht sich die Türkei, . . .

Bestehende und geplante landtechnische Ausbildungsstätten in der Türkei

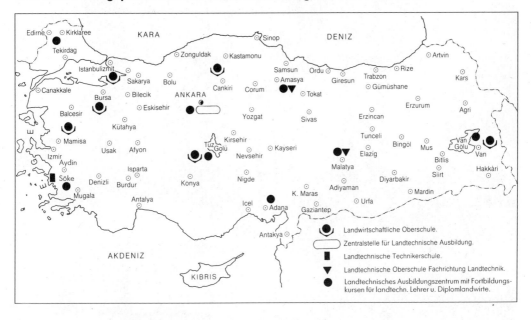

Fachunterricht an der Technischen Oberschule Söke (Stunden pro Woche)

Fach	1. Klasse	2. Klasse	3. Klasse	4. Klasse	insges.
Landmaschinenkunde	2	2	2	4	10
Motorenkunde	–	4	2	2	8
Traktorenkunde	–	3	2	–	5
Handwerkliche Grundausbildung	–	2	2	–	4
Ackerbau	3	2	–	–	5
Elektr. Grundlagen und Anwendung in der Landwirtschaft	–	–	–	2	2
Techn. Zeichnen	–	–	–	2	2
Vermessungskunde	–	–	–	2	2
Ländliches Bauwesen	–	–	–	2	2
Genossenschaftswesen	–	1	–	–	1
Nahrungsmitteltechnologie	2	–	–	–	2
Obstbau	2	–	–	–	2
Tierzucht	2	–	–	–	2
Praktische Übungen in Gruppen bis zu 8 Schülern	4	8	12	12	36

Theorie im Klassenzimmer

Fahrstunde mit dem Schlepper

Lernziel: Wartung eines Mähdreschers

Reihensaat auf einem Feld des Zentrums Söke

V. Hören Sie den nächsten Abschnitt (bis: „Ich komme jetzt zum ersten Bild"), und beantworten Sie dann die folgenden Fragen. (Es ist nicht erforderlich, daß Sie alle Einzelheiten erwähnen.)

1. Was wird im Text über das Ausbildungszentrum in Amasya gesagt?
2. Was wird über das Zentrum in Söke gesagt?
3. Welche Aussagen werden über den Erfolg der Zentren gemacht?
4. Welche Informationen werden über die beiden neuen türkisch-deutschen Zentren gegeben?

VI. Hören Sie denselben Abschnitt noch einmal schrittweise, und notieren Sie, wie die folgenden Aussagen im Text lauten.

1. Auf der Landkarte sieht man im Norden Amasya.
2. In Söke gab es bereits eine Mittelschule.
3. Zusätzlich zur Mittelschule wurde eine Oberschule eingerichtet.
4. Das Zentrum in Söke sollte außerdem auch Fortbildungskurse veranstalten.
5. Wie man in dem kurzen erklärenden Text zur Karte lesen kann, ...
6. Den Unterricht in Söke stelle ich gleich noch ein bißchen genauer dar.
7. Zunächst ein Wort zum Erfolg der Ausbildungszentren.
8. ..., daß nach dem Muster von Söke in der ganzen Türkei neue Ausbildungszentren für Landtechnik gegründet wurden.
9. Auch zwei von den neuen Zentren wurden von Türken und Deutschen gemeinsam errichtet.

VII. Hören Sie zweimal die Informationen des Redners zu den vier Fotos. Geben Sie dann diese Informationen wieder.

Hier sind Gedächtnisstützen:

der Universitätsstudent,-en; der Teil der Ausbildung; einen Kurs absolvieren; die Landtechnik; das Modell,-e; der Motor,-en; etwas lernen an etwas; funktionieren
sich handeln um; der Schlepper,-; das Fabrikat,-e (der Ford, der Fendt, der Deutz)
der Fahrschüler,-; der Fahrlehrer,-; Traktorfahren; einfach; das synchronisierte Getriebe
der Kursteilnehmer,-; jmdm. etwas erklären; das Schneidwerk,-e; das Getreide; schneiden; etwas abnehmen; der Blick auf etwas wird frei; die Dreschtrommel,-n; der Führerstand; das Lenkrad,-̈er; der Bedienungshebel,-; sachgemäß; die Behandlung; die Pflege; das Fahrzeug,-e; die Maschine,-n; das Gerät,-e; wesentlich; das Teilziel,-e; die Ausbildung; der Import,-e; das Ersatzteil,-e; etwas drosseln
etwas demonstrieren; der Lehrer,-; der Vorteil,-e; die Pflanze,-n; die Reihe,-n; der Abstand,-̈e; die maschinelle Bearbeitung; das Hacken; gezielt; die Unkrautbekämpfung

VIII. Schreiben Sie ein Transkript vom Rest des Texts.

IX. Diskutieren Sie zuerst in Gruppen und dann in der Klasse.

1. Was sind die Gründe und Ursachen dafür, daß die Landwirtschaft der Entwicklungsländer oft noch nicht einmal die eigene Bevölkerung satt machen kann?
2. Am Ende des Texts werden positive und negative Seiten der Mechanisierung der Landwirtschaft erwähnt. Wie würden Sie vor-

gehen, wenn Sie die landwirtschaftliche Entwicklung eines armen Landes beeinflussen könnten?

3. Ist die Hilfe bei der landtechnischen Entwicklung eine gute Form der Entwicklungshilfe? (Begründen Sie Ihre Meinung.)

4. Für Erdöl und Maschinen brauchen die Entwicklungsländer Devisen. Um Devisen zu bekommen, müssen sie landwirtschaftliche Produkte exportieren. Um landwirtschaftliche Produkte exportieren zu können, brauchen sie Erdöl und Maschinen.

Für Erdöl und Maschinen brauchen sie ...

a) Trifft diese Beschreibung für alle Entwicklungsländer zu, für einige, für keins? (Begründen Sie Ihre Meinung. Geben Sie Beispiele.)

b) Wenn diese Beschreibung für alle oder einige Entwicklungsländer richtig ist, kann es dann trotzdem gelingen, die Lage dieser Länder zu verbessern? Wie?

X. Diskussionsforum (2)*

Nach Beendigung des Forums können die Zuhörer ihre Meinung zum diskutierten Problem äußern. Sie sollen dann, wie bei jeder Diskussion, ausdrücklich sagen, welches Argument sie ablehnen, welchem sie (teilweise) zustimmen oder ob sie einen neuen Gesichtspunkt ins Spiel bringen wollen.

Situation	Redemittel zum Forum und zur Diskussion
	Einleitung
● A1/B1 legen ihre Positionen dar	Bei der Frage ... (Wenn man zu ... Stellung nimmt) muß man sich zunächst folgendes vor Augen halten (ist für mich der allerwichtigste Gesichtspunkt)
● A2/B2 haben das Wort	
● Alle Forumsteilnehmer haben das Wort	
● Die Zuhörer diskutieren nach dem Forum weiter	*Aufzählung*
	Außerdem/Darüber hinaus/Schließlich
	Anknüpfung
	Frau/Herr X hat unter anderem gesagt/ Der 1., 2., 3. Punkt, den Frau/Herr X erwähnte, war
	Nach dem, was Frau/Herr X gesagt hat, glaubt sie/er, daß
	Zurückweisung
	Das trifft natürlich nicht zu/Das müßte erst mal bewiesen werden/Das ist höchstens teilweise richtig/Das ist zwar wahr, aber in diesem Zusammenhang ziemlich unwichtig
	Begründung
	Richtig ist viel vielmehr/Nach meinen Informationen ist im Gegenteil völlig klar/ Denn

---

* Vgl. Diskussionsforum (1), S. 99f.

Legen Sie die Teilnehmer und den Moderator des Forums fest. Bereiten Sie sich vor, und diskutieren Sie dann „Das Pro und Contra der Entwicklungshilfe aus der Sicht der Dritten Welt" (Alternative: „. . . aus der Sicht der Industriestaaten").

Ein Bissen Brot

Lesen Sie die folgende Geschichte, und erfinden Sie eine Fortsetzung.

Es waren einmal zwei Schwestern, die eine hatte keine Kinder und war reich, die andere hatte fünf Kinder und war eine Witwe und war so arm, daß sie nicht mehr Brot genug hatte, sich und ihre Kinder zu sättigen. Da ging sie in der Not zu ihrer Schwester und sprach: „Meine Kinder leiden mit mir den größten Hunger, du bist reich, gib mir einen Bissen Brot!" . . .

> (Aus: *Kinder- und Hausmärchen,* gesammelt durch die Brüder Grimm)

Ein Stück Geschichte

Vorinformationen

Herrmann von Wissmann (1853–1905)
Bismarck (1815–1898), Kanzler des Deutschen Reiches von 1871–1900
Henry Morton Stanley (1841–1904)
Helmut Diwald, dt. Historiker
Karl Kautsky (1854–1938)

das Deutsche Reich, 1871–1918
(= das Wilhelminische Kaiserreich)
der Erste Weltkrieg, 1914–1918
die Weimarer Republik, 1918–1933
die Hitlerdiktatur, 1933–1945

Der Text dauert etwa 9 Minuten und beginnt mit einem Zitat.
Für die Arbeit an den ersten Aufgaben ist das Verständnis folgender Wörter/Wendungen wichtig: militärisch, etwas erkunden, etwas ausspähen, etwas rechtfertigen, ein weißer Fleck auf der Landkarte.
In den Aufgaben I–V geht es um die recht unmittelbare Erfassung und Darstellung der wesentlichen Textinformationen unter dem Gesichtspunkt der Geschichte rassistischen Überlegenheitsgefühls. Sie können diesen Teil zunächst überspringen und den Text schrittweise über die Aufgaben VI–IX erschließen.

I. Hören Sie den Text bis „ein Bild durch die Brille des Europäers" zweimal. Konzentrieren Sie sich darauf, wie das Überlegenheitsgefühl der Weißen verdeutlicht wird.

1. Notieren Sie bei und nach dem ersten Hören Antworten zu folgenden Fragen:
a) Wie sahen v. Wissmann und Stanley die Afrikaner, und mit welchen Augen sahen sie Afrika?
b) Wie hatten frühere Forschungsreisende fremde Kulturen und fremde Völker gesehen?
c) Was verrät die Wortwahl z. B. in manchen deutschen Schulbüchern der Gegenwart?

2. Ergänzen Sie bei und nach dem zweiten Hören die obigen Antworten, und notieren Sie die Antworten zu den ergänzenden Fragen:

a) Warum sprach man nicht mehr von „edlen", sondern von „barbarischen" Wilden?

b) Wie klingt das Wort „Eingeborene"?

c) Warum ist es rassistisch, wenn beim Wettlauf um Kolonien von „weißen Flecken der Landkarte" gesprochen wird?

II. Erstellen Sie aus Ihren Notizen einen zusammenhängenden Text. (Sie können die folgenden Anregungen verwenden.)

> Die Afrikaforscher v. Wissmann und Stanley . . . (Afrikaner)
> Afrika sahen sie nicht nur als Forscher . . .
> Forschungsreisende früherer Epochen . . .
> Jetzt beschrieb man die Einheimischen . . .
> Heute verrät die Wortwahl . . .
> So wird z. B. von . . . („Eingeborene")
> Außerdem . . . („weiße Flecken der Landkarte")

III. Hören Sie das nächste Stück des Texts bis „scheint der Weg geradewegs in die Hitlerdiktatur zu führen" zweimal. Konzentrieren Sie sich wieder auf die Idee rassistischer Überlegenheit.

1. Für die Arbeit an Übung III/IV ist das Verständnis folgender Wörter/Wendungen wichtig:

> der Heide,-n; jmdm. den Segen spenden, hier: jmdm. ein menschenwürdiges Leben bringen; in tiefer Geistesnacht

leben = in völliger Unwissenheit dahinvegetieren; sich einem Vorurteil entziehen; etwas anprangern; die Zivilisationspolitik = Politik, deren Ziel es ist, jmdm. die Zivilisation zu bringen; eine Propagandawelle überflutet jmdn.; Gedanken fallen auf fruchtbaren Boden

2. Notieren Sie bei und nach dem Hören Antworten zu folgenden Fragen:

a) Wie interessant waren Leute wie Stanley für die Öffentlichkeit?

b) Was bezeichnete z. B. die Deutsche Kolonialzeitung als Recht und Pflicht der Europäer?

c) Wie stand die Sozialdemokratie zur Kolonialpolitik, wie stand sie zu fremden Völkern?

d) Was befürwortete Kautsky auf dem Internationalen Sozialistenkongreß, was lehnte er ab?

e) Was wird über den Gedanken des Kolonialismus in der Weimarer Zeit gesagt?

f) Wie zeigte sich das rassistische Überlegenheitsgefühl bei den Nazis?

IV. Erstellen Sie aus Ihren Notizen einen zusammenhängenden Text. Sie können die folgenden Anregungen verwenden:

> Leute wie Stanley lockten bei Vorträgen . . .
> Und die Deutsche Kolonialzeitung bezeichnete es . . .
> Auch die Sozialdemokratie hatte . . .
> Sie verurteilte zwar . . . ,
> aber auch sie . . .
> Auf einem Internationalen Sozialistenkongreß lehnte Karl Kautsky zwar . . . ,
> aber auch er . . .
> In der Zeit der Weimarer Republik . . .
> Die Nazis forderten dann für das deutsche Volk . . . und . . .

V. Hören Sie den Schluß des Texts zweimal. Notieren Sie in maximal drei Sätzen, wie es heute mit der europäischen Überlegenheit aussieht.

die Identität, hier: das Wissen darum, wer man ist und für welche Werte man steht

VI. Wortschatz

1. Setzen Sie das richtige Wort ein.

> jmdm. etwas zuweisen, sich einer Sache entziehen, etwas rechtfertigen, fallen, etwas sehen, etwas vermitteln, jmdn. zu etwas heranziehen

a) Die Europäer ... die Sitten und Kulturen der Afrikaner durch die abendländische Brille.

b) Die Deutschen sahen die fremden Völker als barbarische Wilde an und ... so ihre Herrschaft in den Kolonien.

c) Man fand es ganz normal, die Afrikaner zu Arbeiten für die Europäer ... .

d) Der Text ... eine Vorstellung davon, was Rassismus ist.

e) Kaum jemand konnte sich damals den Vorurteilen gegenüber den Afrikanern ... .

f) Die Weißen sahen in den fremden Völkern Menschen zweiter Klasse und ... ihnen einen untergeordneten Platz ... .

g) Die Gedanken der Nazis ... auf fruchtbaren Boden.

Sie hatten einen Negervater und eine Negermutter.

SO SIND DEINE URGROSSELTERN AUCH MAL RUMGELAUFEN!

2. Was gehört zusammen?

1. jmdm. sticht etwas in die Augen	a) festzustellen suchen/auskundschaften
2. sich einen Namen machen als	b) ein achtbares/ordentliches Ergebnis erreichen
3. der Kannibalismus	c) jmd., der nicht einen einzigen Gott verehrt
4. etwas erkunden	d) erstaunlich
5. der Beigeschmack	e) jmdm. fällt etwas auf (und er will es besitzen)
6. respektabel abschneiden	f) die Menschenfresserei
7. eine geläufige Redewendung	g) etwas öffentlich verurteilen/kritisieren
8. der Heide,-n	h) bekannt/berühmt werden als
9. etwas anprangern	i) hier: negative Nebenbedeutung
10. verwunderlich	j) jedem bekannte, häufige sprachliche Wendung

VII. Der erste Abschnitt (bis: „ein Bild durch die Brille des Europäers")

1. Hören Sie den Abschnitt zweimal, und notieren Sie, was Sie verstanden haben.

a) Was wird über die Menschen am Anfang des Texts gesagt?

b) Was wird über die Person Hermanns von Wissmann gesagt?

c) Was wird über Henry Morton Stanley berichtet?

d) Wie hatten frühere Forschungsreisende fremde Menschen und Kulturen beschrieben?

e) Mit welchen Zielen bereisten Stanley und v. Wissmann Afrika?

f) Welche zwei Beispiele werden für versteckten Rassismus in der Sprache gegeben?

2. Hören Sie denselben Abschnitt, und ersetzen Sie die schräg gedruckten Wörter/ Wendungen durch die Formulierungen des Texts.

a) Es war geradezu unheimlich zu beobachten, *wie diese Wilden miteinander umgingen.*

h) Alles erinnerte an das *Verhalten von wilden Tieren.*

c) . . . denn als etwas anderes *kann man diesen mächtigen Urwald nicht bezeichnen.*

d) Für Stanley war Afrika das Land, wo Tausende von Menschenfressern und Sklavenjägern *mit böser Absicht im Versteck auf einen warten konnten.*

e) Sie reisten auch mit dem Blick eines militärischen Beobachters, der *nach Möglichkeiten zur Unterwerfung* der fremden Völker *Ausschau hielt.*

f) Die afrikanischen Menschen wurden als „barbarische" Wilde auf *einer Stufe mit Tieren gesehen.*

g) Denn *wenn man sie als Wilde ansah, konnte man eher* die Herrschaft der Weißen *rechtfertigen.*

h) Oft genug, *sogar in Schulbüchern, erscheint jedoch* der Begriff „Eingeborene".

i) Als hätte Afrika vor dem *Erscheinen* der Europäer keine Geschichte gehabt.

j) Geläufige Redewendungen *zeigen an, wie wir* die Welt und ihre Geschichte *sehen, eine Sicht* durch die Brille des Europäers.

3. Erläutern Sie die Kritik, die in diesem Abschnitt deutlich wird.

a) Was wird Stanley und von Wissmann vorgeworfen?

b) Welchen Vorwurf gegenüber den damaligen Großmächten und dem Deutschen Reich kann man erschließen?

c) Was wird am deutschen Sprachgebrauch der Gegenwart kritisiert?

VIII. Der zweite Abschnitt (bis: „scheint der Weg geradewegs in die Hitlerdiktatur zu führen")

1. Hören Sie den Abschnitt zweimal, und notieren Sie, was Sie verstanden haben.

a) Welche Aussagen werden zu dem Vortrag in Frankfurt gemacht?

b) Was behauptete die Deutsche Kolonialzeitung?

c) Wie stand die Sozialdemokratie zur Kolonialpolitik und zu fremden Völkern?

d) Welche Meinung vertrat Karl Kautsky?

e) Was geschah mit den deutschen Kolonien nach dem Ersten Weltkrieg?

f) Was geschah in der Weimarer Republik?

g) Was behaupteten die Nazis über neuen Lebensraum und die Menschen, die dort lebten?

2. Hören Sie denselben Abschnitt, und ergänzen Sie die fehlenden Wörter.

a) Sie ... sich auch ... Publikum persönlich.

b) 1885 ... Henry Morton Stanley mit seinem Vortrag in Frankfurt nicht ... als 1500 Zuhörer ... .

c) Abenteuer und Heldentum ... im Wilhelminischen Kaiserreich.

d) Ein europäisches Kulturvolk hat die Pflicht, die Länder der Wilden ... Besitz zu nehmen, um den an ... und Ordnung, an Recht und Sitte ... Segen den armen, in tiefer Geistesnacht lebenden Heiden zu ... .

e) Selbst die Sozialdemokratie konnte sich den ... Vorurteilen nicht entziehen.

f) Sie prangerte die Kolonialpolitik und deren ... an.

g) ... hat gesagt, wir hätten Zivilisationspolitik zu ... .

h) Wie ... dem Krieg ... eine koloniale Propagandawelle die Nation.

i) So war ... nicht verwunderlich, daß nationalsozialistisches ... in den zahlreichen Ortsgruppen auf fruchtbaren Boden fiel.

j) Angeblich brauchte das ... Kolonien ... deutsche Volk neuen Lebensraum.

3. Erläutern Sie die Kritik, die in diesem Abschnitt deutlich wird.

a) Welche Kritik wird im Zusammenhang mit dem Vortrag in Frankfurt deutlich?

b) Was ist an der Deutschen Kolonialzeitung zu kritisieren?

c) Welcher Vorwurf wird der Sozialdemokratie und Karl Kautsky gemacht?

d) Was wird an der Zeit der jungen Weimarer Republik kritisiert?

e) Was wird den Nazis vorgeworfen?

IX. Der Rest des Texts

1. Hören Sie den Abschnitt zweimal, und notieren Sie, was Sie verstanden haben.

a) Wie ist das heute mit der Partnerschaft zwischen Nord und Süd?

b) Wie beschreibt Miriam Makeba das Verhalten der heutigen Europäer?

c) Was brauchen die Afrikaner von den Europäern nach der Meinung von Frau Makeba?

d) Was brauchen die Afrikaner nach der Meinung von Frau Makeba nicht?

e) Was müssen die Europäer nach Meinung von Frau Makeba lernen?

2. Welche Satzstücke gehören zusammen?

a) Heute redet man gern ...

b) Von wirklicher Partnerschaft ...

c) Miriam Makeba kommentiert ...

d) Die Europäer brauchen den Afrikanern nicht zu helfen, ...

e) Die Europäer müssen ...

f) Nach der Meinung von Frau Makeba ist es erwünscht, ...

g) Die Europäer müssen die Afrikaner so akzeptieren, ...

h) Nur wenn die Europäer die Afrikaner als Menschen, als Schwarze, als Afrikaner anerkennen, ...

a) das Ungleichgewicht der Macht zwischen reichen und armen Ländern.

b) ihre Indentität zu finden.

c) wie sie sind.

d) über die Partnerschaft von Nord und Süd.

e) können sie mit ihnen als gleichberechtigte Partner zusammenleben.

f) kann keine Rede sein.

g) eine neue weiße Identität finden.

h) daß die Europäer auf technischem und wissenschaftlichem Gebiet helfen.

3. Erläutern Sie die Kritik, die in diesem Abschnitt deutlich wird.

X. Diskussion und Stellungnahme

Wählen Sie zwei der folgenden Themen aus. Bereiten Sie die Diskussion in Gruppen vor. Diskutieren Sie dann in der Klasse.

1. Forschungsreisen (die bekannteste in jüngster Vergangenheit ging zum Mond) sind unnütz oder sogar schädlich. Man sollte sie verbieten.

2. Versuche zur Erweiterung des Lebensraums oder zur Ausdehnung des Machtbereichs gibt es seit Jahrtausenden. Nach einer Übergangszeit ist ein solcher Versuch für alle Betroffenen gut.

3. „Wir müssen die Naturvölker als Lehrer und Berater bilden." – Das ist eine Diskriminierung, und deshalb ist ein solches Vorhaben abzulehnen.

4. Auf keinem Gebiet ist eine wirkliche Partnerschaft zwischen Nord und Süd denkbar. Man sollte den Gedanken einer Partnerschaft endlich aufgeben.

5. „Die Eingeborenen" in Afrika / Die Deutschen verschafften sich Kolonien auf den „weißen Flecken der Landkarte" (sich auf französisch verabschieden = heimlich weggehen, ohne sich zu verabschieden; etwas kommt jmdm. spanisch/böhmisch vor = jmd. findet etwas seltsam; Mongolismus = eine Form geistiger Behinderung). Solche Formulierungen gibt es in jeder Sprache. Dabei denkt sich keiner etwas. Mit Rassismus haben solche Wendungen überhaupt nichts zu tun.

6. Ein kritischer Blick auf ein Stück Geschichte hilft niemandem, sondern kann höchstens schaden. Man sollte sich mit der Gegenwart beschäftigen.

Ägyptisches Tagebuch

Wir sind in Bulak oder wie es heißt, die jungen Leute in ihrem Drang, ein reines Englisch zu sprechen, formen gelegentlich auch die Laute ägyptischer Wörter um. Endlich eine richtige Oase! Was wir in El Charga erwartet und nicht gefunden haben, sehen wir nun.

Aber ehe wir in den Palmenhain eintreten, machen wir unsere Reverenz[1] vor dem Bohrturm, der auf dem Deck einer Diesellokomobile[2] aufgebaut ist. Die Maschine, die das Bohrgestänge[3] bewegt, lärmt und stinkt, die Spülpumpe wirft schmutziges Wasser heraus. Auf einem Brett liegen nebeneinander krümelige Häufchen, Gesteinsproben, die von den Studenten genau betrachtet werden. Der Ingenieur der Bohrstation hält mich für einen Sachverständigen. Ich bringe es nicht übers Herz, ihm mitzuteilen, daß ich von seinem Werk nur den Gestank und den Lärm wahrnehme. Ich habe mir seine Züge eingeprägt, ein Gesicht wie aus Sandstein, die Wüste saß ihm in den Augen, es waren Mönchsaugen, ich sah es: durch Konzentration verengt und vom Ziel, das sie nie aus dem Blick ließen, leuchtend gemacht. Einmal im Monat drei Tage bei Frau und Kindern, in Kairo. Die übrige Zeit Barackendasein, Konserven, Karbidlicht[4]! Keine Ablenkung, keine Ausweichmöglichkeit, nur die Wüste rundherum.

Er erzählt mir, nennt einen Ort in der Wüste: wochenlang kam nichts herauf als Sand und Gestein. Dann fehlte der richtige Bohrer. Telefonieren, bürokratisches Hin und Her. Den Ort aufgeben? Endlich der richtige Bohrer – er zeigte ihn mir – aus Deutschland! Er blickte mich an, als wäre ich es gewesen, der ihm den Rotary-Bohrer, so verstand ich, geliefert hätte. Und dann – nach weiteren Tagen, Wochen: aus einer Tiefe von 1336 Metern kommt Wasser, 40 Grad warmes Wasser! Es stand auf einer Granitschicht. „Ein großer Tag für mich, für uns alle!" Er lächelt und senkt das Gesicht.

Ich bin überzeugt, daß dieser Mann keiner Ideologie dient oder doch nur dieser: Wasser für das Volk! Die Wüste grün machen! Oase mit Oase verbinden und ein zweites Ägypten schaffen. Nicht um ein Volk groß zu machen, sondern um es am Leben zu erhalten. Nein, diese Ingenieure und Techniker, deren Leben von einer militärischen Disziplin geprägt ist, sind keine Ideologen, auch keine Nationalisten, es sind Dienstleute einer großen, menschenfreundlichen Idee.

Stefan Andres*

Anregungen

1. Welche Tatsachen teilt der Verfasser über den Ingenieur mit (sein Äußeres, seine Lebensweise, seine Tätigkeit, usw.)?
2. Welche Vermutungen stellt der Verfasser über diesen Ingenieur und ähnliche Ingenieure und Techniker an?
3. Welche Wertung läßt der Verfasser erkennen?
4. Teilen Sie die Wertungen des Verfassers, oder was erwarten Sie von Ingenieuren und Technikern mit ähnlichen Aufgaben?

---

1 *seine Reverenz machen* = (hier:) Respekt, Anerkennung zeigen
2 *s Deck einer Lokomobile* = (Metall-)Platte, die eine fahrbare Dampfmaschine teilweise überdeckt
3 *s Bohrgestänge* = Stahlrohre für den Bohrer und die Spülflüssigkeit, die u. a. den Bohrer kühlt
4 *s Karbidlicht* = Lampe oder Licht von einer Lampe, die mit einem bestimmten Gas (Azetylengas) gespeist wird.

* *Meyers Großes Taschenlexikon* schreibt über Stefan Andres (1906–1970) u. a.: „Sein erstes Buch, ‚Bruder Luzifer' (Roman, 1932), zeichnet seine Jahre der Vorbereitung auf den Ordensstand nach. Fragen von Freiheit (im Widerspruch zu Diktatur und Kollektivismus), Schuld und Erlösung bestimmen sein Werk." Das „Ägyptische Tagebuch", aus dem der Auszug stammt, wurde 1967 veröffentlicht.

Krieg und Frieden

Weibliche Soldaten

I. Bitte hören Sie den Text, und geben Sie ihn zuerst mündlich und dann schriftlich wieder.

Hier sind ein paar Hilfen:

Brigitte M.; die Freie Universität; Medizin; sich verlieben in; der Hauptmann; mit jemandem gehen (jemanden begleiten); die Ehe,-n; der Leutnant,-s; das Gefühl haben (glauben); den Frieden sichern; etwas gefällt jemandem (jemand findet etwas gut); gleichberechtigt sein (die gleichen Rechte und Pflichten haben); die Waffe,-n; akzeptieren; die Bedenken.

etwas wandelt sich (verändert sich); Dienst tun; die Bundeswehr; der Sanitätsoffizier, -e; das Grundgesetz; der Dienst mit der Waffe; die Einstellung; der Soldatenberuf; die Berufslaufbahn; der Abbau; die Reduzierung

es ist anzunehmen (man nimmt allgemein an); verlaufen (geschehen)

II. Diskussionsforum (3)

Das Forum gewinnt an Spannung, wenn vorher durch Abstimmung festgestellt wird, welche Meinung die Zuhörer vertreten. Nach dem Forum wird die Abstimmung wiederholt, um festzustellen, ob und wie viele Zuhörer ihre Meinung geändert haben.

Situation	Redemittel zum Forum und zur Diskussion
● A2/B2 haben das Wort und ● Alle Teilnehmer haben das Wort und ● Die Zuhörer diskutieren nach dem Forum weiter	*Zustimmung* Meiner Meinung nach hat Frau/Herr X (völlig) recht mit dem Hinweis auf . . . / Dem Argument . . . muß, glaube ich, jeder zustimmen / Ich finde den Gedanken, daß . . . (in jeder Hinsicht) überzeugend *Zweifel* Warum sollte . . . der einzige Grund (die einzige Lösung, die einzige Erklärung) sein? / Ich bezweifle, daß . . . wirklich wahr ist (passieren wird) / Ich bin nicht sicher, ob . . . *Hypothesen* Nehmen wir mal an / Für den Fall, daß tatsächlich . . . / Wenn (Falls, Sollte) . . . wirklich . . .

Legen Sie die Teilnehmer und den Moderator des Forums fest. Bereiten Sie sich vor, und diskutieren Sie dann „Weibliche Soldaten – Pro und Contra". Stellen Sie vor und nach dem Forum die Meinung der Zuhörer zu dieser Frage fest.

Anregungen

Warum sollen nur Männer bei der Bundeswehr eine gute Ausbildung bekommen, die Frauen dagegen im wesentlichen in der Küche, an der Schreibmaschine und mit dem Putzlappen tätig sein?
(Hans Apel, ehemaliger Verteidigungsminister)

Mit dem Verlust des gewohnten Feindbildes wird das Interesse an diesem Beruf abnehmen. Vielleicht entfällt eines Tages sogar die

allgemeine Wehrpflicht, und das Problem erledigt sich von selber. Ich bin da Optimistin.
(Beate Wenzel, Studentin)

Uniformierte Frauen kann ich mir sehr wohl vorstellen, wenn auch nicht als Jabo-Pilotin* oder Geschützführerin. Da habe ich eine gefühlsmäßige Sperre. (*Jabo = Jagdbomber)
(Generalinspekteur Jürgen Brandt)

Das Völkerrecht läßt den Dienst von Frauen in jeder Verwendung zu. Auch das Grundgesetz der Bundesrepublik Deutschland steht einem freiwilligen Dienst von Frauen als Soldaten nicht entgegen.
(Kommission für die Langzeitplanung der Bundeswehr)

Von der Möglichkeit, den eigenen Frieden auch selbst verteidigen und notfalls sogar er-

kämpfen zu können – davon können und dürfen Frauen sich nicht länger ausschließen lassen!
(Alice Schwarzer, Feministin)

Statt daß wir uns den Kopf zerbrechen, was daran fortschrittlich sei, den Beruf einer Soldatin auszuüben, sollten wir alles tun, damit Frauen bei den Abrüstungsverhandlungen vertreten sind. Denn dort brauchen wir Macht und Einfluß.
(Sibylle Plogstedt, Feministin)

Ich glaube nicht an die angeborene Friedfertigkeit von Frauen! Ich glaube nicht, daß es in einer Gesellschaft, in der Frauen die (oder mehr) Macht hätten, automatisch auch friedfertiger zugehen würde.
(Alice Schwarzer)

„Frauen, die bestimmt sind, Leben zu geben, dürfen nicht zum Töten gezwungen werden." Ja, um Gottes willen, mit welchem Recht dürfen denn die Männer dazu gezwungen werden? Frauen (und Männer), wehrt euch!
(Leserbrief an *Die Zeit*)

Wehrdienstverweigerung

I. Lesen Sie die folgende Aufstellung, und schreiben Sie dann einen zusammenhängenden Text mit dem Thema: „Was fünf Deutsche über Wehrdienstverweigerung denken."

Soldat, 31 Jahre
Jeder sollte Soldat werden. Gut, um Disziplin zu lernen.

Krankenpflegerin, 39 Jahre
Verständnis für Wehrdienstverweigerer. Bei alten und kranken Leuten werden Wehrdienstverweigerer dringend gebraucht.

Rentner, 66 Jahre

Keine schöne Erinnerung an die Soldatenzeit. In der Armee werden aus Menschen Nummern. Würde nie wieder Soldat werden. Ersatzdienst oft härter und anstrengender. Er dauert länger als der Wehrdienst.

Schülerin, 18 Jahre

Mit der Reduzierung des Wehrdienstes wird auch die Dauer des Ersatzdienstes verkürzt. Wir werden große Probleme im sozialen Bereich bekommen.

Student, 23 Jahre

Ersatzdienst hinter sich. Die Arbeit mit Alten, Behinderten usw. war sinnvoll. Soldaten sitzen ihre Zeit nur ab.

Und so können Sie anfangen:

Fünf Deutsche wurden nach ihrer Meinung über die Wehrdienstverweigerung befragt. Ihre Antworten sagen natürlich nichts darüber aus, wie die Mehrheit der Bevölkerung denkt. Aber viele der Argumente dürfte man auch bei anderen Leuten hören. Da ist zunächst ein 31jähriger Soldat. Er meint . . .

II. Berichten und diskutieren Sie.

1. Muß in Ihrer Heimat jeder Wehrdienst leisten? (Wer nicht?) Was geschieht, wenn der Wehrdienst verweigert wird? (Gibt es einen Ersatzdienst?)

2. Sollte es Ihrer Meinung nach in jedem Land die Möglichkeit geben, anstelle des Wehrdienstes einen Ersatzdienst zu leisten? Warum, warum nicht? (Wie sollte der Ersatzdienst aussehen?)

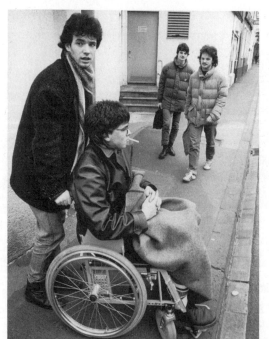

Deutsche Waffen für die Welt

I. Texterschließung

Auf S. 55, II wurde darauf hingewiesen, daß man sich vor der Lektüre eines Texts über das Leseziel klar werden sollte. Auch wenn Sie sich über Ihr Leseziel im klaren sind, sollten Sie nicht sofort mit dem eigentlichen Lesen beginnen, sondern sich zunächst einen Überblick verschaffen und damit gleichzeitig Ihre Vorkenntnisse aktivieren:

1. Was weiß ich über den Verfasser, den Verlag bzw. über die Zeitung, aus der der Text stammt?
2. Aus welchem Jahr stammt der Text / das Buch?
3. Ist das Buch bereits in mehreren Auflagen erschienen?
4. Welche Informationen enthalten der Titel ggf. der Untertitel?
5. (Bei Büchern:) Welche Informationen enthalten das Inhaltsverzeichnis und das Vorwort?
6. Was steht in der Einleitung, der Zusammenfassung des Buches, bzw. was steht im ersten und letzten Abschnitt des Texts?
7. Gibt es Unterabschnitte mit einer eigenen Überschrift, und was sagen sie über den Inhalt?
8. Gibt es Passagen, die optisch hervorgehoben sind, und was steht dort?
9. Gibt es Abbildungen, und was ist ihnen zu entnehmen?

Sie gewinnen so ein gewisses Vorverständnis, wecken Ihre Vorkenntnisse zu dem Stoff, können besser entscheiden, was Sie intensiv lesen müssen und was Sie „überfliegen" können, und können sich auf diese Weise die eigentliche Lektürearbeit erheblich erleichtern.

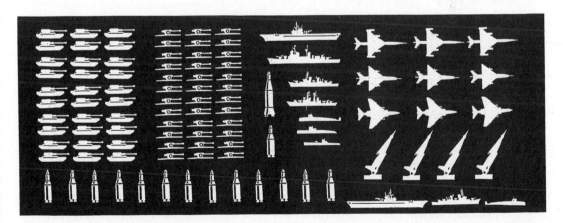

Einfach wie mit dem Bestellkatalog können viele deutsche Kriegsgüter eingekauft werden, sie müssen nur über ein anderes Nato-Land ausgeliefert werden.

1. Überlegen Sie, aus welchen Gründen die einzelnen Gesichtspunkte, die oben aufgelistet sind, für das Vorverständnis eines Buches/Texts wichtig sind.

2. Verschaffen Sie sich einen Überblick, und aktivieren Sie Ihre Vorkenntnisse vor der Lektüre des Texts „Deutsche Waffen für die Welt".

Sie können sich dazu in Gruppen mit den Punkten 1, 2, 4, 6, 7, 9 beschäftigen oder gemeinsam in der Klasse auf eine Auswahl beschränken, z. B.:

a) Titel/Untertitel: Welche Informationen enthalten Titel und Untertitel, und was kann man danach an Informationen im Text erwarten? Welche Vorkenntnisse haben Sie zu diesem Stoff?

b) Erster/letzter Abschnitt: Was steht in diesen beiden Abschnitten? Welche Informationen, auf die nicht schon im Titel/Untertitel hingewiesen wird, kann man danach vom Text erwarten? Welche Vorkenntnisse haben Sie in bezug auf die Informationen im ersten/letzten Abschnitt?

c) Abbildung: Was ist der Abbildung auf S. 153 und dem Hinweis unter der Abbildung zu entnehmen? Welche Beziehung haben Sie zu den Informationen von Titel, Untertitel oder der Überschrift eines Abschnitts? (Gegensatz? Bestätigung? Zusatzinformation?)

3. Sie haben jetzt einen Eindruck von der Thematik des Texts gewonnen und – teilweise bewußt, teilweise unbewußt – Ihre Vorkenntnisse aktiviert und können nun nach Ihrem Lernziel entscheiden, ob Sie den ganzen Text intensiv oder ob Sie ihn nur unter bestimmten Fragestellungen erarbeiten wollen. Anregungen zu bestimmten, gezielten Fragestellungen finden Sie in Übung III. Wenn Sie sich dagegen für die intensive Erarbeitung des ganzen Texts entscheiden, finden Sie dazu Aufgaben in Übung II.

Deutsche Waffen für die Welt

Mit vielen einfachen Tricks können deutsche Rüstungs-Exporteure die ohnehin schwammigen Kontrollbestimmungen umgehen

1 Zur Zeit der Gründung der Bundesrepublik wurden unter der moralischen Last des Zweiten Weltkrieges und der Nazi-Verbrechen viele heilige Schwüre abgelegt: Nie wieder dürften
3 die Deutschen Waffen tragen, verkündeten Bonner Politiker; nie wieder würden deutsche Fabriken Waffen herstellen, gelobten Industrielle vom Gewicht eines Alfried Krupp von
5 Bohlen und Halbach. Doch wenig später bot die Einbindung der Bundesrepublik in das westliche Verteidigungsbündnis die Gelegenheit, mit Kriegsgütern wieder Geld zu verdie-
7 nen – und die moralischen Grundsätze gerieten rasch in Vergessenheit.
Obwohl von den Alliierten strengstens untersagt, lieferte die kleine bayerische Werft Theo-
9 dor Hitzler 1953 fünf Flußkampfschiffe an die belgische Marine, baute die Schnellbootwerft Gebrüder Lürssen in Bremen wieder Torpedo-Boote (was ihr damals eine Rüge der interna-
11 tionalen Kontrollkommission eintrug). Als im folgenden Jahr die Bremer Werft Havighorst die ersten zwei von sechs bestellten Schnellbooten nach Ecuador lieferte, drückten die alli-

13 ierten Kontrolleure die Augen zu: Die Bundesrepublik war 1954 im Begriff, der Nato und
dem Brüsseler Bündnis der westeuropäischen Staaten (WEU) beizutreten. Nun durfte eine
15 bundesdeutsche Rüstungsindustrie zwecks Ausrüstung der neu geborenen Bundeswehr aufgebaut werden. Gleichwohl bestanden unter den Westeuropäern Vorbehalte gegen die deut-
17 schen Bewaffner: Wenn die Rüstungsindustrie zu mächtig würde, könnte sie die Politiker erneut zur Kriegstreiberei verleiten, war ihre Sorge. Feierlich gelobte darum die Adenauer-
19 Regierung, „daß sich die Bundesrepublik verpflichtet, Atomwaffen, chemische und biologi-
sche Waffen in ihrem Gebiet nicht herzustellen". Außerdem versprach die Bundesrepublik
21 laut WEU-Abkommen, auf die Produktion von Raketen, Minen, größeren Kriegsschiffen
(mehr als 3000 Tonnen Wasserverdrängung) und U-Booten (mehr als 350 Tonnen), atomge-
23 triebenen Kriegsschiffen sowie Bombenflugzeugen zu verzichten.
In London wurde ein Rüstungskontrollamt eingerichtet, dessen Mitglieder ohne Voranmel-
25 dung jederzeit „Stichproben, Besichtigungen und Inspektionen" bundesdeutscher Waffenfabriken durchführen durften. Nur: Die Bonner CDU-Regierung verschleppte während sie-
27 ben Jahren die Ratifizierung der Ausfuhrbestimmungen, die WEU-Überwachung konnte
faktisch nicht durchgeführt werden.

29 **Deutsche Kontrollen und Beschränkungen**

An die Stelle des WEU-Regimes trat 1961 das Kriegswaffenkontrollgesetz (KWKG), dazu
31 da, die im Grundgesetz festgeschriebene Bestimmung einzulösen, daß Kriegswaffenproduktion und -handel genehmigungspflichtig sind – und auch, daß Handlungen bestraft wer-
33 den, „die geeignet sind und in der Absicht vorgenommen werden, das friedliche Zusammenleben der Völker zu stören, insbesondere die Führung eines Angriffskrieges vorzubereiten".
35 Gemäß dem bundesdeutschen Export-Prinzip, daß alles gestattet ist, was nicht ausdrücklich
untersagt ist, mußte einzeln aufgelistet werden, was nach Meinung der Regierung unter den
37 Begriff „Kriegswaffen" fällt. So kam es, daß die Adenauer-, später die Erhard-Regierung,
nur den Handel mit traditionellen Kriegswaffen im engsten Sinne für genehmigungspflichtig
39 hielt, nicht aber den Verkauf von Anlagen, die auch zivil eingesetzt werden können, wie
etwa eine Fabrik für Pestizide und/oder Giftgas.
41 Weiterreichende Kontrollmöglichkeiten beschaffte sich die Bonner Regierung mit dem im
gleichen Jahr beschlossenen Außenwirtschaftsgesetz, das vor allem zum Schutz der auswär-
43 tigen Beziehungen der Bundesrepublik Ausfuhrbeschränkungen gestattet, insbesondere für
„Waffen, Munition und Kriegsgerät", aber auch für „Gegenstände, die bei der Entwicklung,
45 Erzeugung oder dem Einsatz von Waffen, Munition und Kriegsgerät nützlich sind", sowie
„Konstruktionszeichnungen oder sonstige Fertigungsanlagen" für solches Kriegsgerät.
47 1966 erreichte es der SPD-Abgeordnete Hans-Jürgen Wischnewski, daß in kriegsbedrohte
„Spannungsgebiete" nicht mehr exportiert werden sollte – Vorzeichen der politischen Um-
49 kehr, die Willy Brandt 1969 als Regierungschef der sozialliberalen Koalition bekräftigte.
Der neue Verteidigungsminister Helmut Schmidt forderte 1970, „künftige Waffenexporte
51 grundsätzlich auf die Mitgliedsstaaten der Nato zu beschränken". Dies aber mißfiel dem auf
Exportförderung bedachten Koalitionspartner FDP.
53 Am 16. Juni 1971 schließlich brachte das Kabinett ein Papier mit dem gewichtigen Titel „Politische Grundsätze der Bundesregierung bei dem Export von Kriegswaffen und sonstigen
55 Rüstungsgütern" zustande, das zwischen Nato-Staaten und anderen Ländern trennt. Zwar

sei der Export im Nato-Bereich frei, doch dürften Kriegswaffen „grundsätzlich nicht" an
57 Drittländer außerhalb der Nato exportiert werden. Ausnahmen sollten nur gestattet werden, sofern das fragliche Nicht-Nato-Land weder zum Ostblock noch zu einem Spannungs-
59 gebiet gehöre. Was nun aber ein Spannungsgebiet sei, sollte künftig der Außenminister entscheiden dürfen.

61 Anfangs wurden diese Prinzipien auch angewendet; die Ausfuhr vor allem in die Dritte Welt
ging nach Schätzung der US-amerikanischen Rüstungskommission ACDA bis 1974 um mehr
63 als 50 Prozent zurück. Die mit der Ölkrise 1973 einsetzende Wirtschaftsflaute und die in der
Folge steigende Zahl an Arbeitslosen gab den exporthungrigen Rüstungsfirmen indessen
65 neue Argumente; die Regierung Schmidt wurde nach 1975 nachgiebiger. Nach Schätzungen
der ACDA gingen Ende der siebziger Jahre Kriegswaffen und Rüstungsgüter zu fast zwei
67 Dritteln in die spannungsreiche Region des Nahen und Mittleren Ostens sowie nach Afrika;
nur knapp ein Drittel erreichte Nato-Staaten und der Nato gleichgestellte Länder wie Öster-
69 reich, die Schweiz oder Australien.

Wege zur Waffenkundschaft

71 Längst hatten auch viele Rüstungsverkäufer entdeckt, daß die sehr engen Definitionen im
Kriegswaffenkontrollgesetz nur dann im Wege stehen, wenn es sich ganz unstrittig um eine
73 Kriegswaffe handelt, die komplett in der Bundesrepublik hergestellt wird. In solchen – zunehmend seltenen – Fällen kommt es zu Betrug und Fälschung – wie im Falle des Düsseldor-
75 fer Rüstungskonzerns Rheinmetall: Vier seiner tüchtigsten Manager wurden nach sieben
Jahren Ermittlungen am 27. Mai 1986 von der Wirtschaftsstrafkammer am Düsseldorfer
77 Landgericht wegen Vergehen und Verbrechen gegen das Kriegswaffenkontrollgesetz und
das Außenwirtschaftsgesetz verurteilt.

79 1977 verkaufte das Düsseldorfer Rüstungsunternehmen 1500 Maschinengewehre des Typs
MG 3 nach Saudi-Arabien. Die Ausfuhrgenehmigung der Bundesbehörden erschlichen sich
81 die vier Manager des Konzerns durch die Vorlage falscher Endverbleibserklärungen von
Scheinfirmen in Italien und Spanien, die als Auftraggeber auftraten.

83 Eine weitere Lieferung von 13 500 Maschinengewehren ging zwischen 1979 und 1981 nach
Saudi-Arabien. Für diesen heiklen Auftrag gründete Rheinmetall eigens eine Firma in der
85 Schweiz und schaltete von dort den spanischen Waffenkonzern Santa Barbara ein, der die
Maschinengewehre montierte und nach Riad verschiffte. Die Art, wie Rheinmetall seine
87 Feuerwaffen durch ausländische Firmen zusammenschrauben und als Fremdprodukt im
Ausland vermarkten ließ und läßt, hat Tradition. Bereits in den 50er Jahren lieferten deut-
89 sche Werften Kriegsschiffe portionenweise an ihre südamerikanischen Kunden und schweiß-
ten die Boote erst vor Ort zusammen, um so die Ausfuhrkontrolle der WEU zu umgehen.

91 Der für deutsche Waffenbauer bislang einfachste, wenn auch nicht kürzeste Weg zur Dritt-
Welt-Kundschaft führt über die westdeutschen Partner, Engländer und Franzosen zumal,
93 die noch 1954 die Deutschen vom Waffenbau möglichst fernhalten wollten. Sie ermuntern
heute ihre Partner am Rhein, am Rüstungsexportgeschäft möglichst schrankenlos mitzuma-
95 chen. Tatsächlich schrauben, nieten und kleben Westeuropas Waffenbauer schon seit den
60er Jahren die Kriegsgeräte aus den in verschiedenen Ländern produzierten Teilen zusam-
97 men: Weil die modernen Waffensysteme zusehends teurer und in der Herstellung immer

komplexer werden, schlossen sich verschiedene Rüstungskonzerne zu multinationalen Kon-
99   sortien zusammen. Zudem konnten damit auch die einheimischen Industrien am Rüstungs-
auftrag ihrer Regierungen mitverdienen. Vor allem Frankreich, hinter den USA und der
101 UdSSR seit langem drittgrößter Waffenexporteur, ist von seiner aufgeblähten Rüstungsindustrie weit abhängiger als die Bundesrepublik, deren Waffenproduzenten nur in wenigen
103 Regionen – etwa im Raum München – wirtschaftliche Macht besitzen.

Verzicht auf Vetorechte

105 Auch die Bonner Regierung fand Gefallen an der kostensenkenden Kooperation und verzichtete bereits 1971 gegenüber Frankreich auf das ihr bei der Ausfuhr in Nicht-Nato-Staa-
107 ten zustehende Vetorecht: Keiner solle den Export des anderen behindern, ihn eher fördern, lautet das französische Credo.
109 So kam es, daß die Iraker die deutschen Tiefffliegerabwehrraketen Roland und die mit deutscher Elektronik gesteuerten Panzerabwehrraketen Milan und HOT im Krieg gegen den
111 Iran einsetzen konnten – geliefert über Frankreich. Afrikanische Despoten, die von MBB in
München die begehrte Milan-Rakete kaufen möchten, werden stets von Frankreichs *Aéro-*
113 *spatiale* bedient. Ägypten, das den von Dornier und Dassault-Bregnet konstruierten Alpha-
Jet haben wollte, bekam die Waffe über die Franzosen.
115 Zu den großen Exportschlagern westeuropäischer Waffenkunst entwickelte sich das Mehrzweckkampfflugzeug Tornado, für dessen Bau Italien, Großbritannien und die Bundesrepu-
117 blik Ende der 60er Jahre einen Kooperationsvertrag unterzeichneten. Damals hatte sich die
sozial-liberale Regierung ein Export-Vetorecht für Staaten außerhalb der Nato in den Ver-
119 trag schreiben lassen, aber 1981 unter Kanzler Schmidt auf dieses Recht verzichtet. Nach
der Bonner Wende beschloß dann der CDU-geführte Bundessicherheitsrat im Mai 1983, auf
121 Vetorechte in Zukunft generell zu verzichten. Seither können die Briten das Flugzeug selbst
in der Jagdbomberversion verkaufen, wohin sie wollen.
123 Nicht die britische Exportlust, sondern allein der zunehmend schlechte Ruf der Bundesrepublik als skrupelloser Aufrüster dubioser Dritte-Welt-Staaten macht den Bonner Ministern
125 Sorge. Tatsächlich kann sich Bonn beim Export von Gemeinschaftsprodukten so wenig aus
der moralischen Verantwortung stehlen wie beim Export sogenannter dualer Systeme: zivile
127 Produktionsanlagen, die mit wenigen Umbauten für die Waffenproduktion umgerüstet werden können – zum Beispiel von der Herstellung von Pestiziden auf Giftgas wie vermutlich
129 im libyschen Rabta.
Erst in diesen Tagen hat sich die Bundesregierung unter dem massiven Druck der öffentli-
131 chen Meinung zu einer Änderung des Außenwirtschaftsgesetzes entschlossen: Künftig können Exportverbote auch aus „nationalem Interesse" erlassen werden, außerdem wird die
133 Strafverfolgung nicht mehr davon abhängig gemacht, daß die deutschen Beziehungen „erheblich gestört" sind, eine einfache Gefährdung der Beziehungen soll bereits genügen.

(Aus einem Bericht von Frauke Hartmann, Wolfgang Hoffmann und Kuno Kruse,
in: Die Zeit vom 3. 2. 1989)

DIE ZEIT

Erscheinungsweise: wöchentlich; Gründungsjahr und Auflage: 1946 / 450 000 (größte Wochenzeitung der Bundesrepublik); Eigentümer: Gruner + Jahr AG & Co.; Grundtendenz: liberal

---

(Z. 1) Gründung der Bundesrepublik: 1949; (Z. 2) *das Nazi-Verbrechen,-* = Verbrechen der Nationalsozialisten (1933–45); (Z. 4/5) Alfried Krupp v. Bohlen u. Halbach: 1907–1967, Inhaber des Krupp-Konzerns (in beiden Weltkriegen vorrangig Rüstungsproduktion); (Z. 5) *die Einbindung* = das Einbeziehen/Einfügen durch eine feste (Ver)Bindung; (Z. 6) *westl. Verteidigungsbündnis* = NATO, gegr. 1949; (Z. 8) *die Alliierten*: nach 1945 Bezeichnung für die Großmächte Frankreich, Großbritannien, UdSSR, USA; (Z. 10) *das Torpedo-Boot,-e* = kleines Kriegsschiff, das mit Torpedos (Unterwassergeschossen mit eigenem Antrieb) bewaffnet ist; (Z. 10/11) *etw. trägt jmdm. eine Rüge ein* = einen Verweis, eine Zurechtweisung zur Folge haben; (Z. 12) *das Schnellboot,-e* = kleines, schnelles Kriegsschiff, das früher mit Torpedos bewaffnet war, heute mit Kanonen oder Raketen; (Z. 12/13) *ein Auge zudrücken* = etwas (aus Nachsicht/Wohlwollen) nicht sehen wollen; (Z. 18) *die Kriegstreiberei* = Kriegshetze (aufwiegeln, anstacheln, antreiben, Krieg zu führen; (Z. 26/27) *die Ratifizierung verschleppen* = die völkerrechtlich bindende Bestätigung durch das Parlament verzögern; (Z. 30) *das WEU-Regime* = Kontrollrechte (Herrschaft, Macht) der Westeuropäischen Union; (Z. 31) *die Bestimmung einlösen* = eine Bestimmung (Gesetz, Vorschrift) erfüllen/einhalten; (Z. 31) *das Grundgesetz* = die Verfassung der Bundesrepublik; (Z. 37) Adenauer: Bundeskanzler 1949–1963; Erhard: Bundeskanzler 1963–1966; (Z. 39/40): Eine zivil genutzte (Fabrik)Anlage kann z. B. Pestizide (= Schädlingsbekämpfungsmittel) herstellen, und dieselbe Anlage kann für militärische Zwecke Giftgas produzieren; (Z. 48/52) Von 1949 bis 1969 stellte die CDU den Kanzler (Regierungschef). 1969 wird Willy Brandt (SPD) Kanzler. Er bildete eine Koalition mit der FDP; (Z. 77) Ein *Landgericht* (zwischen Amtsgericht und Oberlandesgericht) besteht aus mehreren Kammern (Abteilungen), z. B. Zivilkammern, Strafkammern; (Z. 81) *die Endverbleibserklärung* = Erklärung, die den Endabnehmer (endgültigen Kunden) einer Ware bezeichnet; (Z. 82) *die Scheinfirma,-firmen* = Firma, die zwar von den Behörden registriert ist, die aber nicht wirklich existiert; (Z. 85) *jmdn. einschalten* = jmdn. an einer Sache beteiligen; (Z. 87) *das Fremdprodukt,-e* = hier: ausländisches (nichtdeutsches) Produkt; (Z. 98/99) *das Konsortium,-ien* = vorübergehender Zusammenschluß von Unternehmen zur Durchführung bestimmter großer Geschäfte; (Z. 101) *aufblähen* = in übertriebener/unangemessener Weise vergrößern; (Z. 108) *das Credo* = Glaubensbekenntnis, hier: Geschäftsgrundsatz bei Waffenexporten; (Z. 111-113) dt. Flugzeug- u. Rüstungsfirmen: MBB (Messerschmitt-Bölkow-Blohm), Dornier; frz. Flugzeug- u. Rüstungsfirmen: Aérospatiale, Dassault-Breguet; (Z. 113/114) *der Alpha-Jet,-s:* Mehrzweckkampfflugzeug; (Z. 119) Schmidt (SPD): Bundeskanzler 1974–82; (Z. 120) *die Bonner Wende:* Ablösung der Regierung Schmidt durch die Regierung Kohl (CDU), 1982; (Z. 122) *in der Jagdbomberversion* = als (gefährlicherer) Jagdbomber, der u. a. Städte angreifen kann; (Z. 124) *dubios* = zweifelhaft, fragwürdig (hier: Staaten, in denen die Bevölkerung unterdrückt wird); (Z. 125/126) *sich aus der Verantwortung stehlen* = sich (von anderen/von der Öffentlichkeit unbemerkt) der Verantwortung entziehen

II. Detailverständnis

1. Welche Satzstücke gehören nach dem Text sinngemäß zusammen? (Z. 1–28)

1. Nach dem Zweiten Weltkrieg versprachen deutsche Politiker und Industrielle, daß ...

2. Bald darauf vergaß man die moralischen Grundsätze und stellte wieder Waffen her, weil ...

a) wurde sie von der internationalen Kontrollkommission scharf getadelt.

b) die Bremer Werft Havighorst zwei Schnellboote an Ecuador lieferte.

3. Zwar hatten die vier Großmächte den Deutschen den Bau von Kriegsschiffen streng verboten, doch . . .

4. Als die Schiffsbaufirma Lürssen in Bremen wieder Torpedo-Boote baute, . . .

5. Ecuador hatte bei der Bremer Schiffsbaufirma Havighorst . . .

6. Die Kontrolleure der Großmächte sahen nachsichtig darüber hinweg, als . . .

7. 1954 war die Bundesrepublik gerade dabei, Mitglied . . .

8. Um die neu geschaffene Bundeswehr mit Waffen auszurüsten, durfte die Bundesrepublik . . .

9. Obwohl die Westeuropäer den Wiederaufbau der deutschen Rüstungsindustrie erlaubt hatten, hatten . . .

10. Die Westeuropäer fürchteten, daß die neue deutsche Rüstungsindustrie, . . .

11. Die Regierung Adenauer versicherte feierlich, daß die Bundesrepublik . . .

12. Im WEU-Vertrag verzichtete die Bundesrepublik . . .

13. Mitglieder des Rüstungskontrollamts in London durften deutsche Waffenfabriken besichtigen und dort Stichproben machen, ohne sich . . .

14. Weil die CDU-Regierung die völkerrechtlich bindende Bestätigung der Ausfuhrbestimmungen hinauszögerte, . . .

c) sechs Schnellboote bestellt.

d) die Bundesrepublik in das westliche Verteidigungsbündnis einbezogen wurde.

e) der NATO und der WEU zu werden.

f) die Deutschen nie wieder Waffen tragen und nie wieder Waffen herstellen würden.

g) baute die bayerische Werft Hitzler schon 1953 fünf Flußkampfschiffe für Belgien.

h) die deutschen Politiker zur Kriegshetze verführen könnte.

i) auf den Bau von Raketen, Minen, größeren Kriegsschiffen und U-Booten.

j) vorher anzumelden.

k) wieder eine eigene Rüstungsindustrie aufbauen.

l) fand in Wirklichkeit eine Kontrolle deutscher Waffenfabriken durch die WEU nie statt.

m) sie einige Bedenken gegen die Wiederbewaffnung.

n) keine Atomwaffen, keine chemischen und biologischen Waffen herstellen würde.

2. Setzen Sie die passenden Wörter in der richtigen Form ein. (Z. 29–69)

a) Dokument b) erlassen c) Konstruktionsplan d) führen e) festlegen f) Spannungsgebiet g) zählen h) Argument i) schützen j) Frage k) interessieren l) Öl

a) Das Grundgesetz . . ., daß Kriegswaffenproduktion und -handel genehmigt werden müssen.
b) Was alles zu „Kriegswaffen" . . ., muß einzeln aufgelistet werden.

c) Das Außenwirtschaftsgesetz wurde ! .., um die Waffenexporte noch besser kontrollieren zu können.

d) Die Ausfuhrbeschränkung für Waffen soll die Beziehungen der Bundesrepublik zu anderen Staaten . . . .

e) Die Ausfuhrbeschränkungen betreffen nicht nur Kriegswaffen, sondern z. B. auch . . . und Fabrikationsanlagen für Kriegswaffen.

f) In . . . , in denen ein Krieg droht, darf seit 1966 kein Kriegsgerät mehr exportiert werden.

g) Die FDP war sehr an der Förderung des Exports . . . .

h) 1971 gelang es den Ministern, ein . . . abzufassen, das beim Waffenexport einen klaren Unterschied zwischen Nato-Staaten und anderen Staaten macht.

i) Als das . . . knapp und teuer wurde, begann eine wirtschaftliche Abwärtsentwicklung.

j) Die Wirtschaftsflaute . . . zum Anstieg der Arbeitslosigkeit.

k) Für die Rüstungsfirmen, die ihren Export unbedingt steigern wollten, waren Wirtschaftsflaute und zunehmende Arbeitslosigkeit gute . . . .

l) Nach 1975 entschied die Regierung Schmidt in . . . des Waffenexports häufiger im Interesse der Rüstungsfirmen.

3. Welche Sätze stimmen sinngemäß mit dem Text überein (Z. 70–103)? Geben Sie bei den übereinstimmenden Aussagen die Zeilenangaben des Textes an.

a) Die Bestimmungen des Kriegswaffenkontrollgesetzes verhindern Waffenexporte nur unter bestimmten Bedingungen.

b) Waffen, die vollständig in der Bundesrepublik produziert werden, können nur dann exportiert werden, wenn es sich ohne jeden Zweifel um Kriegswaffen handelt.

c) Die vier Manager von Rheinmetall hatten gegen das Kriegswaffenkontrollgesetz und das Außenwirtschaftsgesetz verstoßen.

d) Die Manager durften mit Erlaubnis der Bundesbehörden 1500 Maschinengewehre über Firmen in Italien und Spanien nach Saudi-Arabien exportieren.

e) Die Ausfuhrgenehmigung der Behörden hatten die Manager durch einen Betrug bekommen.

f) Für den schwierigen Auftrag, 13 500 Maschinengewehre nach Saudi-Arabien zu liefern, gründete Rheinmetall eine Firma in der Schweiz.

g) Die Schweizer Firma von Rheinmetall ließ eine spanische Firma die Maschinengewehre zusammensetzen und mit dem Schiff nach Saudi-Arabien transportieren.

h) Für die Firma Rheinmetall sind Feuerwaffen fremde Produkte.

i) Deutsche Werften entzogen sich den Ausfuhrkontrollen der WEU, indem sie die Kriegsschiffe in Einzelteilen exportierten und sie erst im Ausland zusammenmontierten.

j) Besonders über englische und französische Partner können deutsche Rüstungsfirmen bisher am einfachsten an Staaten der Dritten Welt liefern.

k) Über Partner in Westdeutschland können die Waffenbauer ihre Kunden in der Dritten Welt beliefern.

l) Engländer und Franzosen ermutigen die Deutschen, sich am Export von Rüstungsgütern möglichst unbeschränkt zu beteiligen.

m) Die Rüstungskonzerne verschiedener Länder schlossen sich zu Konsortien zusammen, damit sie höhere Preise für ihre modernen Waffensysteme bekommen.

n) Wenn ein nationaler Rüstungskonzern sich mit ausländischen Rüstungskonzernen zusammenschließt, kann er von Waffenbestellungen seiner Regierung profitieren.

o) Frankreich wird von seiner Rüstungsindustrie viel stärker beherrscht als die Bundesrepublik.

4. Vervollständigen Sie die Sätze sinngemäß nach dem Text (Z. 104–134).

a) Auch der Regierung in Bonn gefiel das Vorgehen der Rüstungsfirmen, durch Kooperation . . . , und sie verzichtete gegenüber Frankreich auf das Vetorecht, das ihr . . .

b) Der Irak benutzte im Krieg gegen den Iran die Panzerabwehrraketen Milan und HOT, die mit deutscher . . .

c) Im selben Krieg setzte Irak auch die deutsche Rakete Roland ein, die in der Lage ist, . . .

d) Milan, HOT und Roland wurden nicht von Deutschland, sondern . . .

e) Wenn ein Gewaltherrscher in Afrika die Rakete Milan . . .

f) Ägypten wollte den Alpha-Jet haben, der . . . , und bekam dieses Flugzeug über die Franzosen.

g) . . . wurde ein ganz großer Verkaufserfolg der Westeuropäer.

h) Um den Tornado zu bauen, . . .

i) Ende der 60er Jahre hatte die sozial-liberale Regierung veranlaßt, daß ihr . . . ; doch 1981 verzichtete sie auf das Vetorecht.

j) Sogar in der Jagdbomberversion . . .

k) Die Bonner Minister sind darüber besorgt, daß das Ansehen der Bundesrepublik . . .

l) Die Bonner Regierung kann sich der Verantwortung nicht entziehen, ob es sich nun um den Export von Gemeinschaftsprodukten oder . . .

m) Weil die Öffentlichkeit es nachdrücklich verlangte, hat sich die Bundesregierung dazu entschlossen, das . . .

n) Nach der Gesetzesänderung ist die strafrechtliche Verfolgung von Rüstungsexporten nicht mehr abhängig von . . .

5. Wortschatz

a) Stellen Sie die im Text genannten Rüstungsgüter zusammen.
Rüstungsgüter (keine Namen, wie z. B.: Milan): *s. Flußkampfschiff,-e* . . .

b) Ordnen Sie die folgenden Wendungen in die Liste ein.

etwas geloben	
etwas untersagen	
etwas fördern	

einen Schwur ablegen, die Ausfuhr beschränken, zur Kooperation ermuntern, etwas feierlich versprechen, von der Waffenproduktion fernhalten, die Aufrüstung verbieten, das Waffengeschäft behindern, etwas schwören, zur Herstellung komplexer Waffensysteme ermutigen, den Verkauf zivil genutzter Anlagen unterstützen, nachdrücklich und feierlich versichern, den Bau von Atomwaffen vorantreiben, dem Waffenhandel im Weg stehen

III. Anregungen zu gezielten Fragen an den Text

1. Welche deutschen Gesetze verbieten oder beschränken den Kriegswaffenexport, und was legen diese Gesetze im einzelnen fest?

2. Gibt oder gab es ausländische Beschränkungen des deutschen Waffenexports? Wenn ja, welche?

3. Werden illegale deutsche Waffenexporte auch tatsächlich bestraft? Wenn ja, welchen Beleg dafür enthält der Text?

4. Welche Möglichkeiten haben deutsche Waffenhersteller, legal Waffen oder sonstige in einem Krieg verwendbare Güter zu exportieren?

5. Enthält der Text Informationen über die mengenmäßige Entwicklung deutscher Rüstungsexporte von 1945 bis heute, und gibt es Vergleiche mit den Waffenexporten anderer Staaten? Wenn ja, wie sieht diese Entwicklung, bzw. wie sieht dieser Vergleich aus?

6. Enthält der Text Angaben über deutsche Waffenexporte in Ihre Heimat? Wenn ja, welche?

IV. Diskussion und Stellungnahme

Bereiten Sie die Aussprache in der Klasse durch Gespräche mit Ihren Nachbarn vor.

1. Sollte die Bundesrepublik ihren Rüstungsexport so weit wie möglich begrenzen oder grundsätzlich ganz einstellen? (Begründen Sie Ihre Meinung. Berücksichtigen Sie u. a. auch die deutsche Geschichte, die Folgen sowohl in der Bundesrepublik wie im Ausland, und begründen Sie gegebenenfalls, in welche Staaten der Export erlaubt sein sollte.)

2. Sollte/Könnte Ihre Heimat auf den Waffenexport/Waffenimport verzichten? (Begründen Sie Ihre Antwort. Berücksichtigen Sie u. a. außenpolitische und wirtschaftliche Folgen, welche Gruppen Ihrer Gesellschaft für bzw. gegen einen Verzicht sind und welche Bedingungen gegebenenfalls geschaffen werden müssen, damit ein Verzicht durchgesetzt werden kann.)

3. Die Rüstungsindustrien in den westeuropäischen Ländern mußten in der letzten Zeit ihr Personal abbauen; die Ausgaben für die Rüstung müssen in Ost und West gekürzt werden. In welche Richtung wird die Entwicklung Ihrer Meinung nach gehen, a) allgemein, b) in bezug auf Ihr Land?

V. Texterschließung

Mit der Lektüre eines Texts/Buches, gleichgültig, ob detailliert oder unter gezielter Fragestellung, ist die Arbeit nur scheinbar erledigt. Wirklich erschlossen ist der Text erst dann, wenn Sie bei einer Nachkontrolle feststellen, daß Sie den ganzen Text oder die für Sie wichtigen Teile auch tatsächlich verstanden haben. Das wirksamste Kontrollverfahren besteht in einer kurzen, mündlichen oder schriftlichen Wiedergabe der Informationen, die für Sie wichtig sind. Die schriftliche Wiedergabe hat den Vorteil, daß man bei Bedarf immer wieder auf sie zurückgreifen kann. Sie kostet aber viel Zeit und ist deshalb nur bei wirklich wichtigen Stoffen zu empfehlen.

Kontrollieren Sie Ihr Verständnis, indem Sie drei Fragen aus der Übung III noch einmal kurz beantworten.

Konflikte in der Dritten Welt

Vorinformation

Dr. Schlotter: Wissenschaftlicher Mitarbeiter am Hessischen Institut für Friedens- und Konfliktforschung

Herr Münch: Reporter, der ein Interview mit Dr. Schlotter durchführt

Holden Roberto (geb. 1928): Prowestlicher Führer der angolanischen Befreiungsbewegung

Antonio Agostinho Neto (1922–1979): Prosowjetischer Führer der angolanischen Befreiungsbewegung

I. Formen Sie nach dem Beispiel um.

Die willkürliche Festlegung der Grenzen durch die Kolonialherren – Die Grenzen wurden durch die Kolonialherren willkürlich festgelegt.

1. Die teilweise Berechtigung von Ausgaben für Militär und Rüstung – Ausgaben für . . . sind . . .

2. Das Interesse der Großmächte an einem Staat in Afrika – Die Großmächte sind an . . .

3. Die Förderung von Kriegen durch die Kolonialpolitik der Großmächte – Kriege werden durch . . .

4. Die Unterstützung der Guerilla durch die Industriestaaten – Die Guerilla wird . . .

5. Die Sicherung von Einflußzonen, Energie und Rohstoffen – Einflußzonen, Energie und . . .

6. Die Verschärfung der Konflikte durch Waffenlieferungen – Die Konflikte . . .

7. Die Ausgabe finanzieller Mittel für Entwicklungsprojekte und die Energieversorgung – Finanzielle Mittel für . . .

8. Der Zwang der Industriestaaten zum Waffenverkauf – Die Industriestaaten sind . . .

9. Die Verführung der Dritten Welt zum Waffenkauf – Die Dritte Welt wird . . .

10. Die Nicht-Anwendung von Gewalt – Gewalt soll . . .

11. Die Verankerung des Widerstandsrechts in der christlichen Tradition – Das Widerstandsrecht ist in . . .

II. Die folgenden Gesichtspunkte spielen im Interview eine Rolle. Hören Sie das Interview, und notieren Sie kurz die wichtigsten Informationen zu den einzelnen Gesichtspunkten. (Arbeiten Sie bei der Lösung der Aufgabe mit Ihren Nachbarn zusammen.)

Beispiel

1. Gesichtspunkt: Die Staatsgrenzen in Afrika und die Ausgaben der jungen Staaten für die Rüstung. – Wichtigste Information: Willkürliche Festlegung der Grenzen in Afrika durch die Kolonialherren. Daher sind Ausgaben der jungen Staaten zum Schutz ihrer Grenzen teilweise berechtigt.

2. Der Konflikt in Angola und die Großmächte – (Innenpolitischer Konflikt um die politische Entwicklung wird . . .)

3. Geld sollte für wichtigere Dinge als für Waffen ausgegeben werden. – (Gilt für reiche und arme Länder. Aber . . .)

4. Die Bedeutung von Angebot und Nachfrage bei Waffen – (Es gibt ein großes Waffenangebot . . .)

5. Die beiden Positionen der Friedensforschung bei der Unterdrückung eines Volkes durch die eigene Regierung – (1. Die Position . . . . 2. Die Position, daß . . .)

6. Dr. Schlotters persönliche Meinung zum Widerstandsrecht

III. Lesen Sie die folgenden unvollständigen Sätze, hören Sie dann den ersten Teil des Interviews noch einmal (bis: „noch gefährlicheren und teureren Waffen").

Vervollständigen Sie danach die Sätze so, daß sie mit den Informationen des Texts übereinstimmen.

1. Als die Kolonialherren die Grenzen der jungen Staaten Afrikas festgelegt haben, ...
2. Man kann deshalb fragen, ob diese Staaten nicht Waffen und Soldaten haben müssen, um ...
3. Es ist berechtigt, daß die jungen Staaten einen Teil ihres Geldes ...
4. Andererseits entstehen den jungen Staaten oft nur deshalb militärische Ausgaben, weil die Großmächte ...
5. Zunächst klingt das überraschend, daß ein kleiner Staat in Afrika ...
6. Am Beispiel von Angola kann man sehen, wie die eine Hälfte der Guerillas von ... , während die andere Hälfte ...
7. Die Großmächte haben den Konflikt in Angola durch Waffenlieferungen verschärft, weil sie ...
8. Wenn die sogenannten Entwicklungsländer daran denken würden, was für sie selbst wirklich gut ist, dann würden sie ...
9. Auch die Industrieländer könnten ihr Geld sinnvoller ausgeben als ...
10. Wenn die Dritte Welt ihr Geld nicht für Entwicklungsprojekte und die Energieversorgung ausgibt, handelt sie ...
11. Für die entwickelten Länder besteht ein gewisser Zwang, ...
12. Der Prozeß von Angebot und Nachfrage treibt ...

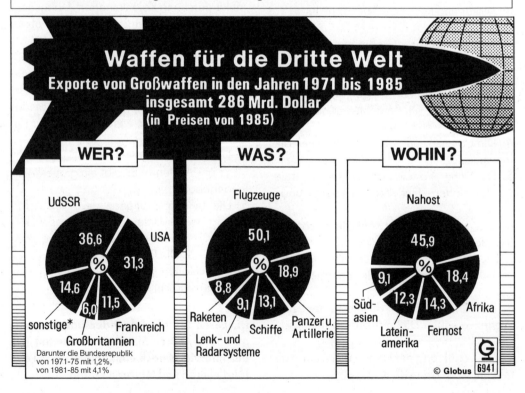

164

IV. Bericht und Stellungnahme

1. Angola ist ein Beispiel. Welche anderen Beispiele zeigen, wie die Großmächte eingreifen und aus innenpolitischen Konflikten ernste militärische Auseinandersetzungen machen?

2. Glauben Sie, daß Ihr Heimatland auf die Aufrüstung ganz oder teilweise verzichten könnte? Was spricht dafür, was spricht dagegen?

3. Ganz besonders in armen Ländern ist es gefährlich und unverantwortlich, viel Geld für die Rüstung auszugeben. – Stimmen Sie dieser Behauptung zu? Bearbeiten Sie diese Aufgabe auch schriftlich nach dem Schema auf Seite 112. Sie könnten dabei zunächst darstellen, warum die Ausgaben der armen Länder unverantwortlich sind, und dann darauf eingehen, warum die Ausgaben für Rüstung in den reichen Ländern weniger gefährlich/noch gefährlicher sind.

V. Hören Sie den Rest des Interviews (ab: „Bisher haben wir uns fast nur mit Auf- und Abrüstungsfragen") zweimal, und kreuzen Sie dann die Aussagen an, die mit den Informationen des Texts übereinstimmen.

1. Im zweiten Teil des Interviews geht es um Konflikte zwischen Entwicklungsländern. ○
2. Alle Länder, die keinen Krieg gegen andere Länder führen, sind friedliche Länder. ○
3. Der Reporter will wissen, ob die Friedensforschung über die Unterdrückung und die Folterungen in Uganda und Persien informiert war. ○
4. In der Friedensforschung gibt es zwei verschiedene Meinungen darüber, ob in Uganda und Persien unterdrückt, gefoltert und getötet wurde. ○
5. Manche Friedensforscher lehnen jede Gewalt ab. ○
6. Manche Friedensforscher sagen, daß es unter bestimmten Umständen ein Recht auf bewaffneten Widerstand gibt. ○
7. Das Widerstandsrecht ist keine Erfindung der Friedensforschung. ○
8. Das Recht auf Gegengewalt gibt es nur in den Ländern der Dritten Welt. ○
9. Dr. Schlotter ist für das Recht auf bewaffneten Widerstand, wenn alle Umstände genau geprüft werden. ○
10. Dr. Schlotter ist zwar für das Widerstandsrecht, aber die Herrscher darf man nach seiner Meinung nicht töten. ○

VI. Schreiben Sie ein Transkript

> Das ist . . . Thema . . . der Friedensforschung, . . . schon lange . . . wird und . . . innerhalb der . . . keine . . . Meinung gibt. Ein . . . . . . Friedensforscher steht . . . . eines . . . Pazifismus, also . . . Position der . . . Nicht-Anwendung . . . Gewalt. Eine andere . . . in der Friedensforschung . . . auf . . . Standpunkt, ... ein Widerstandsrecht gegen . . . und . . . Gewalt gibt. Dieses Widerstandsrecht ist . . . in der . . . Tradition . . . und . . . auch . . . Beispiel . . . Grundgesetz . . . .

VII. Redemittel

1. Wie heißt das fehlende Wort? (Wenn Sie sich nicht erinnern, hören Sie bitte noch einmal den Text.)

a) Man hat auf die Völker und Kulturen, die da zusammengehören, . . . keine Rücksicht genommen.

b) Wie kann denn irgend so ein Staat in Afrika die Großmächte . . . interessieren?

c) Das gilt . . . für jeden Staat, auch für die Industrieländer.

d) . . . noch nicht gesprochen haben wir über solche Konflikte, wo die Bevölkerung eines Landes von der eigenen Regierung unterdrückt wird.

2. Beschreibung des Wortes

a) Setzen Sie den richtigen Buchstaben der Beispielsätze von Übung 1 ein. „Überhaupt" kann im Aussagesatz (. . ./. . ./. . .), in W-Fragen (. . .) und in Ja/Nein-Fragen („Hast du überhaupt eine Fahrkarte?") vorkommen.

b) Kreuzen Sie die richtige Lösung an: In den Sätzen a und d zeigt „überhaupt":
☐ Ungeduld ☐ Besorgnis ☐ Beruhigung ☐ Erwartung ☐ Verstärkung
Im Satz c zeigt „überhaupt":
☐ Beruhigung ☐ Verallgemeinerung ☐ Kritik ☐ Begründung

c) In Fragesätzen enthält „überhaupt" den Hinweis, daß eine wesentliche Frage angeschnitten wird. Die Fragen können mißtrauisch/skeptisch, aber auch vorwurfsvoll, aggressiv oder beleidigend klingen.

3. Entscheiden Sie nach dem Zusammenhang, in welcher Frage ein aggressiver/vorwurfsvoller/skeptischer Ton steckt. Ergänzen Sie in diesen Fragen „überhaupt".

a) Können Sie . . . Chinesisch? (Dann könnten Sie dem Herrn beim Ausfüllen des Formulars helfen.)
Kannst du . . . Chinesisch? (Soviel ich weiß, kannst du es nicht, und deshalb finde ich deine Bewerbung bei der chinesischen Botschaft sinnlos.)

b) Sind Sie . . . der Vater von Christian? (Sie sehen ihm nämlich sehr ähnlich.)
Sind Sie . . . der Vater von Christian? (Wenn nicht, haben Sie nämlich gar keinen Anspruch auf Kindergeld.)

c) Hat er . . . Ski? (Dann braucht er nämlich Skihalter auf dem Autodach.)
Hat er . . . Ski? (Das wäre mir jedenfalls neu. Und ohne Ski kann ich ihn beim Winterurlaub in den Alpen wirklich nicht gebrauchen.)

d) Woher weißt du . . . , daß er intelligent ist? (Ich nehme an, daß du ihn vom Unterricht her kennst.)
Woher weißt du . . . , daß er intelligent ist? (Ich glaube nämlich, du täuschst dich. Mir jedenfalls kommt er etwas umständlich vor.)

e) Wo hat er . . . bisher gearbeitet? (Ich bezweifle, daß er für die Stelle in unserer Firma geeignet ist.)
Wo hat er . . . bisher gearbeitet? (Unser Büro braucht diese Angaben für die Personalakte.)

f) Was versprichst du dir . . . von diesem Versuch? (In meinen Augen ist er reine Geldverschwendung.)
Was versprichst du dir . . . von diesem Versuch? (Ich vermute, daß es dir um mehr und genauere Zahlen geht.)

Kinder sind fasziniert von Video-Kriegsspielen

I. Wortschatz

1. Wortschatz und Video-Spiele: Finden Sie die Erklärungen zu den Begriffen.

1. das Szenarium,-ien	a) Bilder, die man auf dem Bildschirm sieht, z. B. Flugzeuge, die eine Stadt angreifen, und Töne, die man hört, z. B. die Schmerzensschreie von Menschen
2. die Spielhandlung	b) die „Welt", die der Spieler auf dem Bildschirm seines Videogerätes sieht
3. die Spielsequenz,-en	c) das eigentliche Spielgeschehen, z. B. Flugzeuge zerstören eine Stadt
4. die Graphik	d) der Gesamtplan eines Spiels, z. B. zwischen zwei Ländern kommt es zum Krieg auf dem Land, im Wasser und in der Luft
5. Bild- und Tonsignal,-e	e) die zeichnerische (graphische) Darstellung, z. B. ein Kreis (primitiv), ein Panzer (anspruchsvoll), auf den der Spieler „schießt"
6. die Bildschirmwelt,-en	f) die Aufeinanderfolge von einzelnen Abschnitten des Spielgeschehens, z. B. zuerst greift ein Flugzeug eine Stadt an, und dann schießt der Spieler das Flugzeug ab (oder das Flugzeug trifft ihn)

2. Seltene und häufige Formen des Gegensatzes: Drücken Sie das Gegenteil aus.

a) Sie hatten *altertümliche* Vorstellungen von der Realität eines Krieges.
b) Die Qualität der Spiele ist *umstritten*.
c) Nach wenigen *orientierenden* Hinweisen ging er wieder.
d) Sie war *älter* als 18, also *volljährig*.
e) Man wartete *angespannt* auf das Ergebnis.
f) Das Material, das er vorschlägt, ist *tauglich*.

3. Mit welchen Wörtern kann man das gleiche ausdrücken?

a) Das Buch wurde *auf eine Verbotsliste gesetzt, die seinen Verkauf an Minderjährige verbietet.*	a) *beweisen*

b) *Geht* man richtig *mit* einem Problem *um*, wenn man die Augen davor verschließt?

c) Man muß *cool* bleiben, wenn man gewinnen will.

d) Können Kriegsspiele Aggressionen abbauen? Es ist wenig wahrscheinlich, daß sie das *leisten*.

e) Wahrscheinlicher ist, daß diese Spiele *latent* gefährlich sind.

f) Filme werden *geprüft und beurteilt*, bevor Kinder und Jugendliche sie sehen dürfen.

g) Es gibt keine Untersuchungen, die die Harmlosigkeit von Kriegsspielzeug überzeugend *belegen*.

h) Man sieht eine gefährliche Entwicklung und möchte sie gern in ihren Auswirkungen *beschneiden*.

b) begutachten

c) schaffen

d) reagieren auf

e) begrenzen, einschränken

f) indizieren

g) kühl, ruhig

h) potentiell; nicht offen, aber indirekt

II. Lesen Sie den ganzen Text, und finden Sie heraus, a) was die Kinder an Video-Spielen fasziniert, b) was die neuen von den alten Video-Kriegsspielen unterscheidet.

Trotz Abrüstungsabkommen kommt es zum atomaren Konflikt zwischen UdSSR und USA. Von einer amerikanischen Weltraumstation aus starten atomar bewaffnete Bomber, die sowjetische Städte zerstören sollen. „Play it like there is no Tomorrow" – steht auf dem Umschlag des Computerspiels „Raid over Moscow" – Überfall auf Moskau. Über verschiedene Spielsequenzen arbeitet man sich vor bis in den Kreml, wo man den zentralen Computer ausschalten muß. Das Spiel fordert große Geschicklichkeit, es ist vielfältig und hat eine ausgezeichnete Graphik – also alles, was ein gutes Spiel ausmacht.

Bis vor ein, zwei Jahren hatten die Kriegsspiele am Computer kaum etwas mit der Realität der Kriegsführung zu tun. Im Gegenteil. Die Graphik war primitiv, die Spielhandlung einfach, die Szenarien gingen oft von einem „altertümlichen" Kriegsbild aus; dem Kampf Mann gegen Mann, dem Luftkrieg im Ersten Weltkrieg. Das war sicher geeignet, einen kriegverherrlichenden Heldenmythos zu fördern, hatte aber mit der Realität eines hochtechnisierten Schlachtfeldes kaum etwas zu tun.

Die Auswirkungen, die Computerspiele – vor allem die mit kriegerischem Inhalt – auf Kinder haben, sind umstritten, und das nicht erst, seit die Bundesprüfstelle Computerspiele indiziert, weil sie als „kriegverherrlichend" oder „sozialethisch desorientierend" gelten. Ist die Indizierung durch die Bundesprüfstelle, also das Verbot, diese Spiele an Minderjährige zu verkaufen und für sie öffentlich zu werben, der richtige Weg, mit diesem Problem umzugehen? Diese und andere Fragen diskutierten kürzlich Medienexperten, Psychologen und Pädagogen aus Schulen und aus der Jugendarbeit bei einem Treffen, zu dem die Bundeszentrale für politische Bildung eingeladen hatte.

Was fasziniert die Kinder und Jugendlichen eigentlich an den Computerspielen mit kriegerischem Inhalt? Der Kölner Spielpädagoge Jürgen Fritz hat seit mehreren Jahren Kinder und Jugendliche bei Videospielen beobachtet:

„Da ist zunächst die Möglichkeit, das Geschehen jederzeit ungeschehen zu machen. Sie können immer wieder von neuem anfangen, sie kriegen immer wieder eine neue Chance. Sie haben ein Männchen, das sie dirigieren können, eine Art elektronischen Sklaven, der für sie die Dreckarbeit macht. Weiter fasziniert der Neuigkeitswert, daß sie immer wieder neue Bildschirmwelten erleben, mit anderen Gefahren, mit anderen Bild- und Tonsignalen.

Spielen also kriegerische, aggressive Inhalte überhaupt keine Rolle? „Kinder und Jugendliche erwarten von einem solchen Videospiel, daß sie ihre Aggressionen abreagieren können. Es ist allerdings ein Irrtum anzunehmen, daß ein Videospiel das leistet. Man muß cool bleiben, weil man sonst die Leistungsvoraussetzungen bei diesem Spiel nicht erreicht. All diese Komponenten führen dann dazu, daß die Kinder und Jugendlichen nach dem Spiel nicht entspannt sind, sondern angespannt, latent aggressiv. Aggressiv nicht durch die kriegerischen Inhalte, sondern durch die Eigenart des Mediums Videospiel."

Der Jugendschützer Thilo Geisler aus Berlin widerspricht Jürgen Fritz' Ansicht, daß die Spielinhalte gleichgültig seien: „Die Untersuchungen, die das belegen sollen, beziehen sich nur auf Spiele bis zum Jahre 1983. Bis dahin gab es die komplizierten Spiele mit einer möglichst realitätsnahen Graphik noch gar nicht. Ich vertrete die Auffassung, daß man durch diese Spiele immer näher an tatsächliche Situationen herankommt – wie bei der Simulation eines Angriffs auf Libyen oder Moskau. Man gewöhnt sich gedanklich an Kriegshandlungen und sagt: Na ja, das kenne ich ja schon aus meinem Computer."

45 Bis heute hat die Bundesprüfstelle erst 13 Spiele indiziert. Die Beobachtung des recht umfangreichen Marktes ist sehr zufällig. Der zuständige Ausschuß hat noch nicht einmal ei-
47 gene Geräte: Die muß er sich ausleihen, wenn ein Computerspiel begutachtet werden soll.
49 Thilo Geisler: „Diese Indizierungen haben ökonomische und psychologische Wirkungen. Die ökonomische Wirkung halte ich im Augenblick für die wertvollste. Mit der Indizierung
51 darf ja für dieses Spiel nicht mehr geworben werden. Und wenn man es juristisch ganz hart betrachtet, müßte eigentlich die Fachzeitschrift, die eine solche Werbung enthält, neu ge-
53 druckt werden, oder man müßte die Seite mit der Anzeige herausnehmen."
Jürgen Fritz hält die Indizierungspraxis für pädagogisch untauglich: „Die Indizierungspra-
55 xis ist der hilflose Versuch, eine Medienentwicklung, die man noch gar nicht ganz begriffen hat, in ihren Folgen zu beschneiden. Sie ist der Versuch, deutlich zu machen, daß man et-
57 was dagegen tut, daß man die Kinder schützt. Aber der nähere Hintergrund wird nicht durchleuchtet. Es wird einfach gesagt: Da ist ein Kriegsspiel, und das ist schädlich.
59 Warum, wieso und was, das wird gar nicht untersucht."

(Karl-Heinz Heinemann, in: Die Zeit, Nr. 30/1986, gekürzt)

---

der Heldenmythos (Z. 12) = die Heldenverehrung; *die Bundesprüfstelle* (Z. 15): gehört zum Bereich des Ministeriums für Jugend, Familie und Gesundheit und entscheidet – politisch unabhängig –, ob Bücher, Filme usw. jugendgefährdend sind. Wenn ja, sind sie damit nicht verboten, es darf aber nicht für sie geworben werden, und sie dürfen nicht an Jugendliche verkauft werden; *sozialethisch* (Z. 16): bezeichnet das, was zu den Pflichten (zum sittlich richtigen Verhalten) des Menschen gegenüber anderen Menschen gehört; *die Bundeszentrale für politische Bildung* (Z. 21): gehört zum Bereich des Innenministeriums und hat u. a. die Aufgabe, das Verständnis für politische Sachverhalte zu fördern; *die Komponente,-n* (Z. 35) = (hier:) Merkmal, Kennzeichen (der Spiele und des Spielens)

III. Welche der folgenden Aussagen sind nach dem Text sinngemäß richtig? Nennen Sie bei den richtigen Aussagen die Zeilenangaben des Texts.

1. Der Abrüstungsvertrag hat einen atomaren Konflikt zwischen der UdSSR und den USA zur Folge.

2. Das Computerspiel „Raid over Moscow" heißt übersetzt: Überfall auf Moskau.

3. Im Computerspiel „Raid over Moscow" gibt es eine Abfolge verschiedener Spielabschnitte, durch die der Spieler schließlich bis in den Kreml kommt.

4. Der Computer für das Kriegsspiel hat alles, was zum Löschen eines guten Spiels gebraucht wird.

5. Bis vor ein, zwei Jahren hatten die Computerspiele kaum eine Ähnlichkeit mit realer Kriegsführung.

6. Es ist nicht sicher, ob die Computerspiele mit kriegerischem Inhalt Kinder wirklich beeinflussen können.

7. Kinder mit kriegverherrlichenden Computerspielen gelten als „sozialethisch desorientierend".

8. Indizierte Computerspiele dürfen nicht an Kinder verkauft werden.

9. Die Medienexperten, Psychologen und Pädagogen diskutierten auch darüber, auf welchem Weg man für diese Spiele öffentlich werben kann.

10. Bei manchen Computerspielen kann

man mit einem Männchen einen Chor oder ein Orchester leiten.

11. Kinder und Jugendliche sind davon gefesselt, daß bei Computerspielen ständig etwas Neues geschieht.

12. Bei Computerspielen kann ein Irrtum vorkommen. Das muß man akzeptieren.

13. Wenn man nicht „cool" bleibt, kann man die Leistungsvoraussetzungen beim Videospiel nicht erfüllen.

14. Es ist ein charakteristisches Kennzeichen des Videospiels, daß es Kinder und Jugendliche aggressiv machen kann.

15. Thilo Geisler glaubt, anders als Jürgen Fritz, daß die Spielinhalte nicht gleichgültig sind.

16. Die Bundesprüfstelle hat einen Ausschuß, der für die Begutachtung von Computerspielen zuständig ist.

17. Für Thilo Geisler ist zur Zeit der wirtschaftliche Effekt am wertvollsten.

18. Für Jürgen Fritz ist die Indizierungspraxis eine Entwicklung, die noch nicht ganz begriffen worden ist.

19. In der Indizierungspraxis sieht Jürgen Fritz den hilflosen Versuch, die Folgen der Medienentwicklung einzuschränken.

IV. Strukturverständnis

1. Wandeln Sie den präpositionalen Ausdruck in den entsprechenden Nebensatz um. „Trotz Abrüstungsabkommen . . ." (Z. 1) (es gibt)

2. Wie heißt das Verb im Infinitiv?
Über verschiedene Sequenzen arbeitet man sich vor bis in den Kreml . . . (Z. 4/5)

3. Formen Sie den folgenden Ausdruck in einen grammatisch vollständigen Satz um, der inhaltlich in den Textzusammenhang paßt:
„ . . . ; dem Kampf Mann gegen Mann . . ." (Z. 10/11) Die Szenarien gingen vom . . .

4. Was ist mit dem Wort „das" in Zeile 11 gemeint?

5. Wandeln Sie die partizipiale Wendung in dem Satz von Zeile 112 in einen Relativsatz um.

6. Welches Wort ist nach „die" (Z. 14) ausgespart („die mit kriegerischem Inhalt")?

7. Wie heißt das Subjekt in dem Satz von Zeile 22/23?

8. Was ist mit dem Wort „das" in Zeile 33 gemeint?

9. Warum steht in Zeile 39 der Konjunktiv „seien"?

10. Was ist mit dem Wort „das" in Zeile 39 gemeint?

11. Welche Bedeutung hat die Wendung „eine Auffassung vertreten"? (Z. 41)
a) auffassen b) sich gegen eine Auffassung sperren c) meinen d) eine Auffassung begreifen

12. Wie heißt der Nebensatz, der die gleiche Bedeutung hat wie der präpositionale Ausdruck? Setzen Sie das fehlende Wort ein.
„bei der Simulation eines Angriffs auf Libyen oder Moskau." (Z. 42/43)
. . . man einen Angriff auf Libyen oder Moskau simuliert.

13. Wandeln Sie die schräg gedruckte Wendung in einen Relativsatz um.
Die Beobachtung *des recht umfangreichen Marktes* ist sehr zufällig. (Z. 45/46)

14. Wie heißt der Nebensatz, der die gleiche Bedeutung hat wie der präpositionale Ausdruck? Setzen Sie das fehlende Wort ein.
„Mit der Indizierung darf ja für dieses Spiel nicht mehr geworben werden." (Z. 50/51)
. . . die Indizierung erfolgt ist, darf ja für dieses Spiel nicht mehr geworben werden.

15. Warum steht in den Zeilen 52/53 der Konjunktiv „müßte"?

V. Übergreifendes Verständnis

1. Welche inhaltliche Beziehung besteht zwischen dem ersten (Z. 1–7) und dem zweiten Abschnitt (Z. 8–13)? (Antworten Sie in maximal drei Sätzen.)

2. Worum geht es im vierten und fünften Abschnitt (Z. 22–30)? (Antworten Sie in nicht mehr als einem Satz.)

3. Welche inhaltliche Beziehung besteht zwischen dem sechsten (Z. 31–37) und dem siebten Abschnitt (Z. 38–44)? (Antworten Sie in maximal drei Sätzen.)

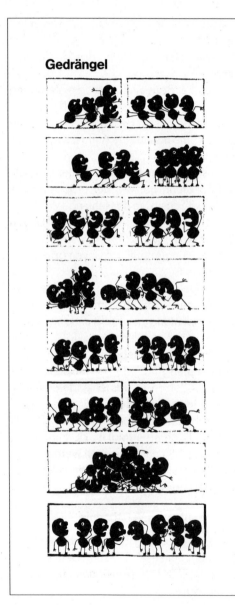

Gedrängel

4. Welche inhaltliche Beziehung besteht zwischen dem neunten (Z. 49–53) und dem zehnten Abschnitt (Z. 54–59)? (Antworten Sie in maximal drei Sätzen.)

5. Wie lautet das entscheidende Argument dafür, daß die Inhalte der Videospiele gleichgültig sind? (Antworten Sie in nicht mehr als einem Satz.)

6. Wie lauten die zwei Argumente dafür, daß Spielinhalte doch von Bedeutung sind? (Antworten Sie in maximal zwei Sätzen.)

7. Erscheint der Verfasser neutral? Begründen Sie Ihre Antwort mit Hinweisen auf den Text.

VI. Bericht, Diskussion und Stellungnahme

1. Die Indizierung von Büchern, Filmen, Bildern usw.

a) Gibt es in Ihrer Heimat eine Indizierungspraxis? (Wer entscheidet über das Verbot? Was ist z. B. verboten und aus welchen Gründen? Gilt das Verbot nur für Jugendliche?) b) Was halten Sie von einer Indizierung? (Welche Folgen sind auf jeden Fall sicher? Auf welche positiven Folgen kann man hoffen, welche negativen Folgen sind zu befürchten? Ist jede Indizierung (z. B. aus politischen, religiösen, moralischen Gründen) gleich zu bewerten?

2. In dem Text werden an drei Stellen (16, 34–36, 43/44) die negativen Auswirkungen von Video-(Kriegs)Spielen angedeutet. a) Welche Auswirkungen werden an diesen Stellen genannt? b) Versuchen Sie, die Auswirkungen näher zu erläutern. c) Könnten Ihrer Meinung nach diese Folgen auch positiv gewertet werden, z. B. Aggressivität in unserer Zeit notwendig sein?

3. Schreiben Sie nach dem Schema von S. 112 eine Stellungnahme: a) Video-Kriegsspiele sind (nicht) schädlich, oder b) Eine Indizierung von Büchern, Filmen usw. ist uneingeschränkt (nur teilweise/in keinem Fall) zu begrüßen.

Der Vater der Wasserstoffbombe und die Abrüstung 📼

Vorinformationen

Hiroshima: japanische Stadt, die 1945 durch eine amerikanische Atombombe völlig zerstört wurde

Mike: Name, den die Amerikaner ihrer ersten Wasserstoffbombe gaben

Edward Teller: (geb. 1908), amerikanischer Physiker ungarischer Herkunft, der „Vater" der Wasserstoffbombe; als Jude gezwungen, nach dem Abitur Ungarn und 1933 Deutschland zu verlassen

Weitere im Text vorkommende Personen: Senator Symington; Freeman Dyson (amerikanischer Physiker); der ehemalige Präsident Reagan

Begriffe: *thermonukleare Vorrichtung:* (hier) Wasserstoffbombe; *Senat:* (USA) bildet zusammen mit dem Repräsentantenhaus den Kongreß und hat je zwei gewählte Vertreter für jeden Staat der USA; *der Nuklearsprengkopf, -̈e* = der Teil einer Atomwaffe, der die Sprengladung enthält; *SDI (Strategische Verteidigungsinitiative):* Militärprogramm, das die Vernichtung aller feindlichen Raketen im Weltraum möglich machen will

Die Aufgaben I und II verlangen Globalverständnis in unmittelbarem Zugriff. Sie können diesen Teil zunächst überspringen und mit den Aufgaben III–VII Schritt für Schritt zuerst das detaillierte Verständnis sichern.

I. Hören Sie den Text einmal, und notieren Sie dann in möglichst knapper Form E. Tellers Position zu Rüstungsfragen.

1. Teller gegen: . . . Begründung: . . .
2. Teller für: . . . Begründung: . . .

II. Lesen Sie zunächst die folgende Übersicht über den Text. Hören Sie dann den Text zweimal, und notieren Sie während und nach dem Hören die wichtigsten Informationen entsprechend der Übersicht. Geben Sie dann die Informationen in einem zusammenhängenden Text in möglichst knapper Form wieder.

Übersicht:

1. Die Detonation der ersten Wasserstoffbombe: (Jahr, Stärke)

2. Die Kommission des amerikanischen Senats

a) Öffentliche Meinung in den Jahren nach der Detonation: (Wettrüsten, warnen)

b) 1. Frage an Teller: (Einhaltung, Stop, überwachen); Tellers Antwort

c) 2. Frage an Teller: (Geräte zur Kontrolle); Tellers Antwort

d) 3. Frage an Teller: (Alternative); Tellers Antwort

e) Die Frage von Senator Symington: (Urteil in Abrüstungsfragen); Tellers Antwort

3. Freeman Dyson über Teller und a) die Sicherheit der USA und b) die Illusion grenzenloser Macht: (die Fähigkeit, durch Denken und Wollen, riesige Energiemengen)

4. Teller von 1960 bis zu SDI

Beispiel für den Anfang der Wiedergabe:

... detonierte die erste Wasserstoffbombe. Sie war ... stärker als die Hiroshima-Bombe. In den Jahren danach ... . Deshalb wurde E. Teller von einer Kommission ... , ob ... . Teller verneinte diese Möglichkeit. Auch Geräte könnten, so Teller, die Russen nicht ...

III. Wortschatz

1. Finden Sie die Alternative.

ein Abkommen	schließen	verletzen
	einhalten	kontrollieren
	brechen	treffen
	umgehen	befolgen
die Einhaltung des Abkommens überwachen		unterlaufen

2. Setzen Sie die Alternative ein.

1. Es entstand ein *riesiges Loch*.	a) hervorrufen
2. Die warnenden Stimmen *nahmen zu*.	b) der Kniff,-e
3. Er *erreichte die Stellung* eines Beraters der Regierung.	c) aufsteigen zu
4. Man unterlief das Abkommen mit einem *Trick*.	d) der Krater,-
5. Sein Urteil in Abrüstungsfragen ist *verzerrt*.	e) sich mehren
6. Er *hatte* die Sicherheit des Landes *im Auge*.	f) schleudern
7. Das Gestein wurde in die Luft *gewirbelt*.	g) voreingenommen
8. Die Nuklearsprengköpfe *ließen* die Illusion grenzenloser Macht *entstehen*.	h) im Sinn haben
9. Man hat das Projekt *in Gang gesetzt*.	i) in Gang bringen

IV. Hören Sie zunächst den ganzen Text. Lesen Sie dann die folgenden Fragen. Hören Sie danach den Text noch einmal (bis: „in dem kleinen Raum totenstill"), und beantworten Sie anschließend die Fragen.

1. Wann detonierte die erste Wasserstoffbombe, und wie stark war sie im Vergleich zur Hiroshima-Bombe?
2. Wovor wurde in den Jahren nach dem Test gewarnt?
3. Was wurde Teller deshalb von einer Kommission des amerikanischen Senats gefragt?
4. Warum hält Teller nichts von Teststop-Abkommen? (100 Tricks und Kniffe, heimlich)
5. Warum hält Teller nichts von Geräten, die die Einhaltung eines Teststop-Abkommens kontrollieren könnten? (einen Weg finden)
6. Wie heißt Tellers Alternative?
7. Was können große Bomben nach Teller bewirken?
8. Warum hält Senator Symington es für

möglich, daß Tellers Urteil in Abrüstungsfragen „verzerrt" ist?

V. Hören Sie das nächste Stück (bis: „für die Wasserstoffbombe eintrat"), und vervollständigen Sie dann die Sätze sinngemäß.

1. Teller hält nichts . . .
2. Aus Liebe zur Wissenschaft wurde Teller . . .
3. Teller wünscht sich . . .
4. Nach Teller benötigt man Waffen, um . . .
5. Teller glaubt nicht, daß seine Ansichten . . .
6. Teller glaubt im Gegenteil, einen Beitrag . . .
7. Der ehemalige Mitarbeiter von Teller ist heute nicht mehr . . .
8. Teller hat sich mit Leidenschaft für die . . .

VI. Schreiben Sie ein Transkript (von: „Von Nuklearsprengköpfen" bis „grenzenloser Macht hervorrufen").

VII. Hören Sie den Rest des Texts einmal, und geben Sie ihn dann wieder, indem Sie im folgenden Lückentext die fehlenden Wörter wörtlich oder sinngemäß einsetzen.

In den . . . und siebziger . . . , der Ära . . . Entspannung und . . . Abrüstungsversuche, galt . . . als vergessener . . . . Anfang der . . . Jahre aber, . . . Präsident Reagan, . . . Teller wieder. . . . wieder mit . . . Waffen für . . . Frieden, wie . . . selbst sagte. . . . wissenschaftliches Urteil . . . erheblich dazu . . . , das bisher . . . und teuerste . . . der amerikanischen . . . in Gang . . . setzen: die . . . Verteidigungsinitiative: SDI.

VIII. Diskussion und Stellungnahme

1. Atom- und Wasserstoffbomben a) erschrecken die Menschen und führen b) dazu, daß sie politisch Vernunft annehmen. – Stimmt a), stimmt b), stimmen beide (nicht)? Welche Gefahr besteht?

2. a) Abrüstung ist gut, läßt sich aber leider nicht überwachen. b) Jede Abrüstung ist ohne Einschränkung gut. c) Abrüstung ist schlecht, weil sie beim Militär und in der Industrie zu Arbeitslosigkeit führt.

Rüstungskonversion

Zivile Nutzfahrzeuge auf Panzerfahrgestell

I. Lesen Sie den folgenden Einführungstext, und sprechen Sie darüber, was Sie über das Thema „Rüstungskonversion" schon wissen.

In München haben jüngst bei einer Art Weltpremiere 300 sowjetische Rüstungsfabriken ihre „Friedensproduktion" ausgestellt. Die Abrüstung und die darum knapper werdenden Aufträge für Waffen haben sie gezwungen, sich umzustellen. In der Fachwelt heißt dieser Vorgang Konversion. Auch bei uns werden der Begriff und sein Inhalt im Zeichen der Entspannung immer wichtiger. Professor Köllner, der im folgenden Text interviewt wird, ist wissenschaftlicher Direktor am Sozialwissenschaftlichen Institut der Bundeswehr in München. Er koordiniert ein Forschungspilotprojekt über Rüstungskonversion, an dem 21 Forscher verschiedener Fachrichtungen mitarbeiten.

II. Ergänzen Sie die fehlenden Wörter in dem folgenden Interview. (Es gibt nicht nur eine richtige Lösung. Im Anschluß an den Text finden Sie eine Wörterliste als Hilfe.)

Reporter: Herr Professor Köllner, wie lange . . . eigentlich die Konversionsforschung schon?

Professor Köllner: International gibt es schon . . . rund fünfzehn Jahren eine Konversionsforschung. Allerdings . . . sie auch heute noch . . . vielen Staaten in ihren Anfängen.

Reporter: Und warum wird das . . . gerade jetzt überall aufgegriffen und intensiver . . . früher diskutiert?

Professor K.: Ich möchte da nur . . . der wichtigsten Gründe nennen, u.z.: Der Westen schätzt die Bedrohung aus dem Osten spätestens seit . . . Zusammenbruch der kommunistischen . . . in den früheren Satellitenstaaten der Sowjetunion nicht mehr als hoch ein.

Reporter: Das erklärt das Interesse des . . . an der Konversion. Und der Osten?

Professor K.: Auch hier müßte . . . eigentlich auf mehrere Gründe eingehen. Ich . . . mich aber erneut auf einen zentralen . . . beschränken: Die Finanzbasis der Sowjetunion . . . einfach nicht dazu aus, die Wirtschaft . . . reformieren und gleichzeitig eine große . . . zu unterhalten und modern zu bewaffnen.

Reporter: Gibt es denn schon praktische Erfahrungen mit . . . ?

Professor K.: Die gibt es allerdings. Die umfassendsten . . . auf diesem Gebiet haben wohl . . . USA. Sie waren im Zweiten . . . zur stärksten Militärmacht aufgestiegen und mußten dann von 1945 . . . 1947 eine Konversion größten Stils . . . . Vielen pessimistischen . . . zum Trotz gelang sie übrigens überraschend gut.

Reporter: Mit welchen Folgen . . . denn bei Rüstungskonversion im einzelnen zu rechnen?

Professor K.: Wir stehen da noch am . . . unserer Forschung, aber daß die . . . der Konversion sehr unterschiedlich sind, das . . . fest.

Reporter: Könnten Sie nicht etwas konkreter . . . ?

Professor K.: Nun, . . . sind u.a. die Größe und Bedeutung der Rüstungsindustrie . . . Staates. In der Bundesrepublik z.B. sind einschließlich der . . . der Bundeswehr nur etwa 870 000 Menschen im . . . Sektor tätig. Das . . . 3,7 Prozent aller Beschäftigten. Die Bedeutung einer Konversion für den Arbeitsmarkt in . . . Bundesrepublik wird daher meist . . . .

Reporter: Und wie ist das mit den . . . der Konversion für den Staatshaushalt?

Professor K.: Es tut mir leid, wenn ich . . . wiederholen muß. Auch hier sind die Folgen sehr . . . und hängen von vielen verschiedenen Faktoren . . . .

Reporter: Können Sie ein Beispiel nennen?

Professor K.: Nun, wenn wir in . . . weniger Panzer brauchen, dann kann die Regierung das eingesparte . . . z. B. für Kindergärten oder Universitäten . . . . Sie kann aber auch die verbleibenden . . . moderner ausrüsten. Und das kann bedeuten, daß . . . unter dem Strich mehr statt weniger Geld für . . . ausgeben muß.

Reporter: Vielen Dank, Herr Köllner.

(Nach: Lutz Köllner, *Die Wende der Feldzeichen*, in: DAS, 4. 5. 1990)

Hilfen:

existiert, Thema, Herrschaft, reicht, die, ist, entscheidend, der, ab, Rüstung, in, dem, Gesichtspunkt, Erfahrungen, Prognosen, werden, entspricht, unterschiedlich, Panzer, steckt, will, Rüstungskonversion, durchführen, steht, militärischen, mich, ausgeben, seit, als, Westens, zu, Weltkrieg, eines, überschätzt, Zukunft, einen, man, Armee, bis, Anfang, Soldaten, Wirkungen (2 ×), Geld, sie

---

III. Fragen zum Text

1. Warum hat das Thema „Rüstungskonversion" nach Meinung des Professors an Bedeutung gewonnen? (2 Gründe)
2. Was steht fest, wenn es um die Wirkungen von Rüstungskonversion geht?
3. Aus welchem Grund wird die Bedeutung einer Konversion für den deutschen Arbeitsmarkt nicht besonders groß sein?

IV. Schreiben Sie einen Bericht über Rüstungskonversion.

Schreiben Sie auf der Grundlage der Informationen des Interviews einen Bericht über Rüstungskonversion. Folgen Sie im Aufbau der Abfolge der Gedanken im Interview.

V. Bericht, Diskussion und Stellungnahme

1. Warum war Ihrer Meinung nach Rüstungskonversion viele Jahre lang kein Thema? Wodurch (durch wen) hat sich das geändert?
2. Spielt Rüstungskonversion in Ihrer Heimat eine Rolle? (Wenn ja, Beispiele. Wenn nein, warum nicht?)

Die Kegelbahn

Wir sind die Kegler.
Und wir selbst sind die Kugel.
Aber wir sind auch die Kegel,
die stürzen.
Die Kegelbahn, auf der es donnert,
ist unser Herz.

Zwei Männer hatten ein Loch in die Erde gemacht. Es war ganz geräumig und beinahe gemütlich. Wie ein Grab. Man hielt es aus.

Vor sich hatten sie ein Gewehr. Das hatte einer erfunden, damit man damit auf Menschen schießen konnte. Meistens kannte man die Menschen gar nicht. Man verstand nicht mal ihre Sprache. Und sie hatten einem nichts getan. Aber man mußte mit dem Gewehr auf sie schießen. Das hatte einer befohlen. Und damit man recht viele von ihnen erschießen konnte, hatte einer erfunden, daß das Gewehr mehr als sechzigmal in der Minute schoß. Dafür war er belohnt worden.

Etwas weiter ab von den beiden Männern war ein anderes Loch. Da kuckte ein Kopf raus, der einem Menschen gehörte. Er hatte eine Nase, die Parfum riechen konnte. Augen, die eine

Stadt oder eine Blume sehen konnten. Er hatte einen Mund, mit dem konnte er Brot essen und Inge sagen oder Mutter. Diesen Kopf sahen die beiden Männer, denen man das Gewehr gegeben hatte.

Schieß, sagte der eine.

Der schoß.

Da war der Kopf kaputt. Er konnte nicht mehr Parfum riechen, keine Stadt mehr sehen und nicht mehr Inge sagen. Nie mehr.

Die beiden Männer waren viele Monate in dem Loch. Sie machten viele Köpfe kaputt. Und die gehörten immer Menschen, die sie gar nicht kannten. Die ihnen nichts getan hatten und die sie nicht mal verstanden. Aber einer hatte das Gewehr erfunden, das mehr als sechzigmal schoß in der Minute. Und einer hatte es befohlen.

Allmählich hatten die beiden Männer so viele Köpfe kaputt gemacht, daß man einen großen Berg daraus machen konnte. Und wenn die beiden Männer schliefen, fingen die Köpfe an zu rollen. Wie auf einer Kegelbahn. Mit leisem Donner. Davon wachten die beiden Männer auf.

Aber man hat es doch befohlen, flüsterte der eine.

Aber wir haben es getan, schrie der andere.

Aber es war furchtbar, stöhnte der eine.

Aber manchmal hat es auch Spaß gemacht, lachte der andere.

Nein, schrie der Flüsternde.

Doch, flüsterte der andere, manchmal hat es Spaß gemacht. Das ist es ja. Richtig Spaß.

Stunden saßen sie in der Nacht. Sie schliefen nicht. Dann sagte der eine:

Aber Gott hat uns so gemacht.

Aber Gott hat eine Entschuldigung, sagte der andere, es gibt ihn nicht.

Es gibt ihn nicht? fragte der erste.

Das ist seine einzige Entschuldigung, antwortete der zweite.

Aber uns – uns gibt es, flüsterte der erste.

Ja, uns gibt es, flüsterte der andere.

Die beiden Männer, denen man befohlen hatte, recht viele Köpfe kaputt zu machen, schliefen nicht in der Nacht. Denn die Köpfe machten leisen Donner.

Dann sagte der eine: Und wir sitzen nun damit an.

Ja, sagte der andere, wir sitzen nun damit an.

Da rief einer: Fertigmachen. Es geht wieder los.

Die beiden Männer standen auf und nahmen das Gewehr.

Und immer, wenn sie einen Menschen sahen, schossen sie auf ihn.

Und immer war das ein Mensch, den sie gar nicht kannten. Und der ihnen nichts getan hatte. Aber sie schossen auf ihn. Dazu hatte einer das Gewehr erfunden. Er war dafür belohnt worden.

Und einer – einer hatte es befohlen.

Wolfgang Borchert (1921–1947)

Anregungen

1. Welche inhaltliche Beziehung besteht zwischen der Kurzgeschichte und dem Gedicht?
2. „Gott hat eine Entschuldigung" – welche? Wofür braucht Gott eine Entschuldigung?
3. Haben die zwei Männer eine Entschuldigung?

Falsche Fische

Onkel Herberts Vase ist wunderschön – aber sie paßt nicht in unser Wohnzimmer.

Ein falsches Zahnrad in einer Maschine – und sie funktioniert nicht mehr.

Ein schickes Hochhaus. Doch hier stört es die Landschaft, den Verkehr, die Aussicht und das Wohlbefinden.

So geht es mit vielen „falschen Fischen" in dieser Welt. Sie stören den Zusammenklang, den Ablauf wichtiger Funktionen oder die Selbstregulation in lebenden Systemen, obgleich sie – für sich gesehen – durchaus akzeptabel und sogar schön sein mögen.

Steigt das Inlandseinkommen in einem Entwicklungsland, so erhöht sich meist rapide seine Einfuhr. Doch die Freude über die an-rollenden Güter schlägt leicht ins Gegenteil um: Denn hat man die nötige Infrastruktur (Häfen, Verlademöglichkeiten, Transportwege) vergessen, so bleiben die Schiffe – oft mit verderblichen Gütern – monatelang vor der Küste liegen. Millionenverluste, Nachschub und Weitertransport brechen zusammen. So geschehen im Iran, in Lagos oder in Caracas.

I. Welche „falschen Fische" werden hier dargestellt? Warum handelt es sich um „falsche Fische"?

II. Erfinden Sie „falsche Fische", die – für sich gesehen – nützlich und vielleicht sogar schön sind, z. B. für ein Dorf, eine Stadt, eine Oase, eine schöne Landschaft im Gebirge oder am Meer.

Onkel Herberts Vase ist wunderschön – aber sie paßt nicht in unser Wohnzimmer.

Ein falsches Zahnrad in einer Maschine – und sie funktioniert nicht mehr.

Ein schickes Hochhaus. Doch hier stört es die Landschaft, den Verkehr, die Aussicht und das Wohlbefinden.

An einem Bildmotiv von C. M. Escher, von dem durch eine darüberliegende Kreisblende zunächst nur ein kleiner Ausschnitt sichtbar ist, zeigt sich, daß man diesen Ausschnitt, sobald man ihn durch Aufziehen der Blende im Gesamtzusammenhang sieht, ganz anders beurteilt.

Erst wenn der Blick das Ganze faßt,
versteht man die Details.

Wer nur die Einzeldinge betrachtet und seinen Horizont nicht auf das Ganze erweitert, der wird den „falschen Fisch" nie erkennen und sich wundern, warum seine großartige Maschine, sein gut organisiertes Unternehmen, seine geniale Erfindung, seine zielgerichtete Wirtschaftspolitik nicht das bringen, nicht so funktionieren, wie man es erwartet.

Ja, warum sie irgendwann sogar zusammenbrechen.

III. Decken Sie mit Papier alle Teile des Bildes zu, die man zunächst nicht sieht. Was kann man bei dem so verbleibenden Bildausschnitt noch nicht erkennen?

181

IV. Nennen Sie Beispiele, an denen man erkennt, wie eine großartige Maschine, ein gut organisiertes Unternehmen, eine geniale Erfindung, eine zielgerichtete Wirtschaftspolitik zu „falschen Fischen" werden.

So führen strukturpolitische Eingriffe – auch in Industrieländern – sehr oft zu falschen Fischen:

Eine Fabrik wird – weil dort steuerlich begünstigt – in eine Landschaft gesetzt, ohne daß die Gesamtstruktur des Gebietes bedacht wurde. Die Folgen können unter anderem sein:

Kraftwerksneubau im Sauerland

Zerstörung einer Kultur- und Erholungslandschaft, Rückgang des Fremdenverkehrs, Wegfall der Naherholung für die Einheimischen, Anstieg der Lebenshaltungskosten, Auftreten hoher externer Kosten durch Umweltbelastung: Wasser- und Luftverschmutzung, Abfälle, Lärm und Streß, Anbauschäden und Insektenbefall, u. a. durch Wegzug von Vogelarten.

Weiterhin: hohe Folgekosten durch Straßenbau, Müllbeseitigung, Klärwerke, Lärmschutz usw. Alles neue finanzielle Belastungen, die die steuerlichen Mehreinnahmen weit übersteigen können und die Verschuldung vieler Gemeinden in schwindelnde Höhen treiben – ganz zu schweigen von der steigenden Außenabhängigkeit über Ölpreise, Rohstoffimporte, Pendler und Versorgung.

Baum, der vom Borkenkäfer befallen ist.

Abwasserkanal: Hier fließen in 25,8 Meter Tiefe 2500 Liter Wasser in der Sekunde.

So sind viele Dinge in unserer Welt für sich gesehen in Ordnung. Doch im Zusammenhang sind sie ein „falscher Fisch". Denn da auch sie mit vielem anderen vernetzt sind, blockieren sie oft das Ganze – und damit auch wieder sich selbst.

(Nach: Frederic Vester: *Unsere Welt. Ein vernetztes System,* Stuttgart 1978)

V. Wortschatz

1. Klären Sie durch Umwandlung.

a) strukturpolitische Eingriffe = man greift strukturpolitisch . . .

b) Zerstörung einer Kultur- und Erholungslandschaft = eine Kultur- und Erholungslandschaft wird . . .

c) eine Erholungslandschaft = eine . . . ., die der . . . dient

d) Rückgang des Fremdenverkehrs = der Fremdenverkehr . . .

e) Wegfall der Naherholung für die Einheimischen = die Naherholung für . . .

f) Anstieg der Lebenshaltungskosten = die Lebenshaltungskosten . . .

g) Auftreten hoher externer Kosten durch Umweltbelastung = hohe externe Kosten durch . . .

h) Wasser- und Luftverschmutzung = das Wasser und die Luft werden . . .

i) Anbauschäden und Insektenbefall durch Wegzug von Vogelarten = Anbauschäden und Insektenbefall dadurch, daß . . .

j) hohe Folgekosten durch Straßenbau und Müllbeseitigung = hohe Folgekosten dadurch, daß man . . . bauen und . . . muß

2. Klären Sie aufgrund Ihres Weltwissens.

a) die Naherholung = Erholung . . .
b) der Insektenbefall = Insekten befallen . . . c) der Anbauschaden = Schaden beim Anbau von . . . d) das Klärwerk = ein Werk (eine technische Anlage), das . . . klärt (reinigt) e) der Lärm

183

schutz = (Maßnahmen zum) Schutz . . .
d) Außenabhängigkeit über (durch) Ölpreise = Abhängigkeit von . . . durch . . . .

3. *Finden Sie andere Ausdrucksmöglichkeiten.*
a) eine Fabrik in eine Landschaft setzen (ugs.) = eine Fabrik . . .
b) die Verschuldung in schwindelnde Höhen treiben = zu einer . . . Verschuldung führen
c) der Pendler = ein Erwerbstätiger, der zwischen . . . und . . .
d) die Dinge sind mit vielen anderen vernetzt = . . . wie die Knoten in einem Netz . . .

VI. Fragen zum Text

1. Aus welchem Grund wurde die Fabrik an dieser Stelle errichtet?
2. Welche Fehler wurden dabei begangen?
3. Welche Folgen ergeben sich für a) die Menschen, b) die Landwirtschaft, c) die Gemeinde, d) das Land (den Staat)?
4. Die Fabrik blockiert (behindert) wie andere „falsche Fische" oft das Ganze. Was ist unter „das Ganze" zu verstehen?
5. Wieso blockiert die Fabrik auch sich selbst?

VII. Diskussion und Stellungnahme

Wohin mit diesem „falschen Fisch"?
1. Diskutieren Sie, welcher Standort für die Fabrik günstiger ist. 2. Was könnte getan werden, um Schäden und Nachteile, die der neue Standort mit sich bringt, gering zu halten? 3. Müßte man unter bestimmten Bedingungen auf die Fabrik ganz verzichten? (Unter welchen?)

Gleichgewichtsstörungen

I. Beschäftigen Sie sich vor der Lektüre noch einmal mit den Hinweisen zur Texterschließung auf S. 153.

II. Verschaffen Sie sich einen Überblick, und aktivieren Sie Ihre Vorkenntnisse, indem Sie die Punkte 4, 6, 8, 9 der Hinweise auf S. 153 auf den folgenden Text anwenden.

Hilfen:

der Treibhauseffekt: Ähnlich den Glasscheiben eines Treibhauses lassen auch Wasserdampf und CO_2 in der Atmosphäre zwar die kurzwellige Sonnenstrahlung zur Erdoberfläche gelangen, schicken jedoch die von der Erdoberfläche abgegebene langwellige Wärmestrahlung zu einem großen Teil wieder zur Erde zurück. (Je mehr CO_2 in die Atmosphäre gelangt, desto stärker wirkt sich der Effekt aus: es wird wärmer.); kybernetisch = geregelt und sich selbstregulierend; die Rückwirkung = Wirkung, die auf etwas vorher Bewirktes zurückwirkt (Beispiele: die Lohn-Preis-Spirale, die Bevölkerungsexplosion, ein Kurssturz an der Aktienbörse)

III. Fassen Sie Ihre Arbeitsergebnisse kurz zusammen.

1. Informationen des Titels: . . .
2. Informationen des ersten und letzten Abschnitts: a) Klimaveränderungen durch . . . und ihre . . . b) Unüberlegte . . .
3. An den optisch hervorgehobenen Stellen geht es u. a. um . . . mit . . . Auswirkungen, um eine veränderte Bodenfarbe und die dadurch veränderte . . . , um eine . . . mit einem Ansteigen . . . , um Gletscher, die . . . , um den . . . , der zu einer . . . führt, um ein kompliziertes . . . , um komplexe . . . und um unüberlegte . . . , die die . . . bedeuten.
4. Die Abbildungen verdeutlichen einerseits die Aufnahme von CO_2 in einer industrialisierten, aber noch intakten Umwelt und andererseits . . .

Gleichgewichtsstörungen

1 Die Pflanzendecke mit ihrem pulsierenden Leben versorgt die Luft ständig mit Feuchtigkeit und begünstigt somit Wolkenbildung und Regen. Wenn wir größere Teile von ihr entfernen,
3 wie es derzeit fast in allen Entwicklungsländern geschieht, zieht dies immer auch **Klimaveränderungen** nach sich und damit letzten Endes eine Gefahr für das Leben schlechthin.
5 Auch hier zeigen sich schon die ersten **irreversiblen**, also nicht mehr rückgängig zu machenden Auswirkungen. So haben sich z. B. die über Südamerika stehenden Wolken-
7 bänke um 5 Breitengrade nach Süden verlagert. Vermutlicher Grund: die Abholzung der Regenwälder im Amazonasgebiet. Dürreperioden in Mexiko und Überschwemmungen in
9 Peru von bislang unbekanntem Ausmaß scheinen die ersten Folgen zu sein.
Doch nicht nur die Abholzung eines Waldgebietes, schon die Überweidung eines Graslandes durch zu große Viehherden verändert die Bodenfarbe und damit die **Rückstrahlung** und Wolkenbildung. Auch die Trockenlegung eines Sumpfes und die Absenkung des
13 Grundwassers verändern Wärmeabstrahlung, Luftfeuchtigkeit und -zirkulation. Ein hochkompliziertes Geschehen, in das der Mensch immer mehr eingreift, ohne die Zusammen-
15 hänge voll zu verstehen. Wie stark der Wasserhaushalt der Erde durch eine Veränderung der Oberflächenrückstrahlung beeinflußt werden kann, zeigen auch Berechnungen, wo-
17 nach etwa eine **eisfreie Arktis** oder Antarktis schlagartig den gesamten Wärmetransport verändern würden. Abgesehen von den ungeheuren Mengen an süßem Schmelzwasser,
19 die den **Weltozeanspiegel** um 60 Meter ansteigen ließen, würden sich schon lange vorher die Hoch- und Tiefdruckgebiete, die Wind- und Meeresströmungen (z. B. der warme
21 Golfstrom) und damit das Klima verändern, so daß völlig andere geographische Verhältnisse auf der Erde entstünden. In der Tat haben einige arktische Gletscher bereits be-
23 schleunigt zu **rutschen** begonnen.
Wenn wir weiterhin Kohle und Erdöl so unbekümmert wie bisher verheizen oder durch den
25 Auspuff jagen und damit den Kohlendioxidgehalt (CO_2) der Atmosphäre hochtreiben, geschieht durch den dann entstehenden **Treibhauseffekt** genau, was in der Zeichnung auf
27 Seite 186 dargestellt ist. Eine globale Katastrophe wäre unaufhaltsam.
Wir sehen: das **kybernetische Gefüge** aus Luftdruck, Feuchtigkeit, Wind, Temperatur, Erd-
29 umdrehung, Sonneneinstrahlung, Luftchemie, elektrischer Aufladung und Magnetfeld ist

in der Tat so kompliziert, daß Änderungen an einem Faktor leicht völlig unerwartete Aus-
31 wirkungen an ganz anderen Enden haben.

Insbesondere sind die **Rückwirkungen** gestörter Kreisläufe so komplex, daß selbst ausge-
33 klügelte Computermodelle zu den widersprüchlichsten Aussagen kommen. Über die tatsächlichen Auswirkungen unserer Eingriffe in die globalen Kreisläufe können wir daher bis
35 heute keine sicheren Angaben machen.

Die vorhandenen Informationen sollten jedoch ausreichen, um eines klarzumachen: un-
37 überlegte Eingriffe bedeuten nicht nur eine **Vernichtung** der einen oder anderen menschlichen Existenzgrundlage, sondern der gesamten belebten Welt, mit deren funktionieren-
39 den Gleichgewichten auch wir stehen und fallen.

(Frederic Vester: *Wasser = Leben. Ein kybernetisches Umweltbuch
mit 5 Kreisläufen des Wassers,* Ravensburg 1987)

IV. Lesen Sie noch einmal die Hinweise zur Texterschließung auf S. 122

V. Beantworten Sie jetzt die Fragen. (Die Signalwörter stellen nur eine Auswahl dar, und nicht alle sind zur Erschließung unbedingt notwendig.)

1. *Auswirkungen* (Z. 6) a) Was für Auswirkungen? b) Auswirkungen wovon?
2. *z. B.* (Z. 6) a) Wie lautet das Beispiel? b) Wofür ist das ein Beispiel?
3. Grund (Z. 7) a) Was für ein Grund? b) Wie lautet der Grund?
4. *Folgen* (Z. 9) a) Welche Folgen werden genannt? b) Folgen wovon?
5. *verändert* (Z. 11) a) Was verändert sich? b) Wie kommt es zu den Veränderungen?
6. *verändern* (Z. 13) a) Was verändert sich? b) Wie kommt es zu den Veränderungen?
7. *Zusammenhänge* (Z. 14/15) a) Was wird von den Zusammenhängen gesagt? b) Welche Zusammenhänge sind gemeint?
8. *verändern* (Z. 18) a) Was verändert sich? b) Wie kommt es zu der Veränderung?
9. *verändern* (Z. 21) a) Was verändert sich? b) Wie kommt es zu den Veränderungen?
10. *Treibhauseffekt* (Z. 26) a) Wie kommt es zu dem Effekt? b) Was sind die Effekte?
11. *Gefüge* (Z. 28) a) Was für ein Gefüge? (2 Antworten) b) Woraus besteht das Gefüge?
12. *Auswirkungen* (Z. 30/31) a) Was für Auswirkungen? b) Auswirkungen wovon?
13. *Aussagen* (Z. 33) a) Was für Aussagen? b) Wer macht die Aussage? c) Aussagen worüber?
14. *Angaben* (Z. 35) a) Was für Angaben? b) Angaben worüber?
15. *um eins klarzumachen* (Z. 36) a) Wer oder was macht etwas klar? b) Was wird klargemacht?

VI. Vervollständigen Sie sinngemäß nach dem Text.

1. Pflanzen haben u. a. die Funktion, . . .
2. Durch die Zerstörung von größeren Teilen der Pflanzendecke . . .
3. Weil die Regenwälder im Amazonasgebiet abgeholzt werden, . . .
4. Wenn zu viele Tiere auf einem Grasgebiet weiden, . . .
5. Wird ein Sumpf trockengelegt oder das Grundwasser abgesenkt, . . .
6. Wenn sich die Rückstrahlung der Erdoberfläche verändert, . . . (Wasserhaushalt, in starkem Maß)
7. Würden die arktischen Gletscher schmelzen, stiege nicht nur der Meeresspiegel an, . . .
8. Erdöl wird ohne Bedenken verheizt oder als Treibstoff verwendet. Dadurch . . .
9. Wenn ein Faktor des kybernetischen Gefüges aus Luftdruck, Feuchtigkeit, Wind usw. geändert wird, kommt es . . .
10. Auch Computermodelle, die bis in Einzelheiten gut durchdacht sind, machen widersprüchliche Aussagen über . . .
11. Wenn wir unüberlegt in die globalen Kreisläufe eingreifen, wird . . .
12. Auch unser Überleben bzw. unsere Vernichtung hängt davon ab, daß . . .

VII. Erläuterung und Diskussion

1. Welche Beispiele für eine (teilweise) Entfernung der Pflanzendecke gibt der Text? Welche Gründe hat Ihrer Meinung nach diese Art der Zerstörung?
2. Für die Trockenlegung eines Sumpfes kann es gute Gründe geben. (Welche?) Worin könnten die Ursachen für die Absenkung des Grundwassers liegen?
3. Wieso entstehen durch das Abschmelzen der Gletscher völlig andere geographische Verhältnisse auf der Erde?

4. Einige Beispiele im Text kann man als „falsche Fische" deuten? Welche? Warum?

5. Der Verfasser des Texts verfolgt mindestens zwei Ziele. Welche beiden Ziele sind das?

Weniger wäre mehr – die Krise der Landwirtschaft

Vorinformation

Der Text dauert etwa 5 Minuten. Es kommen zu Wort ein Sprecher, eine Sprecherin und Professor Hermann Priebe, Direktor des Instituts für ländliche Strukturforschung in Frankfurt.

Geographische Namen: die Provinz Limburg (Holland); die Nordsee; Brasilien; Thailand; Vechta, Wiedenbrück (zwei Kreise, d. h. Verwaltungsbezirke, in Norddeutschland); der Dümmer (See im westlichen Niedersachsen); die Wetterau (Landschaft nördlich von Frankfurt)

Begriffe: die Fremdenergie = hier: die Energie, die ein landwirtschaftlicher Betrieb von außen braucht, z. B. Elektrizität für die Melkmaschinen, Dieselkraftstoff für Traktoren und Mähdrescher; *der Schweinemastplatz,-̈e* = Platz, den man für ein Schwein braucht, das gemästet werden soll (*mästen* = reichlich füttern, um schnell viel Fett und Fleisch zu bekommen); *das Exkrement,-e* = feste und flüssige Ausscheidungen von Mensch und Tier; *die Gülle* = flüssiger Dünger, der aus den Ausscheidungen entsteht (= die Jauche); *das Biotop,-e* = Lebensraum, der für bestimmte Tiere und Pflanzen typisch ist (z. B. ein natürlicher Teich)

Der Text beginnt mit einem kurzen Blick auf die gegenwärtige Situation der EG-Landwirtschaft und nennt den Hunger nach dem Zweiten Weltkrieg als Grund für die jetzige Situation.

Die Aufgabe I verlangt, daß ohne weitere Vorbereitung die wesentlichen Informationen des gesamten Texts kurz notiert werden. Sie können die Aufgaben I/II zunächst überspringen und für die schrittweise Sicherung des Verständnisses zuerst die Übungen III–VIII bearbeiten.

I. Lesen Sie zunächst die folgende Liste, hören Sie dann den Text und notieren Sie bei und nach dem Hören kurz die Informationen zu den Punkten der Liste.

1. Die beiden EG-Landwirtschaftsprobleme. (Zwei Begriffe genügen)
2. Die beiden Ursachen für die Probleme. (Zwei Begriffe genügen)
3. Massentierhaltung. Beispiel „Schweinemastbetriebe": a) Größe: . . . b) Beeinflussung der Preise: . . . c) Lage (Standort): . . . d) Grund: . . .
4. Schädliche Folgen der Massentierhaltung: Konzentration . . . und dadurch Schädigung . . .
5. a) Lösung des Problems: Beschränkung . . . b) Begründung: Exkremente in kleinen Betrieben . . .
6. a) Problem kleiner Bauernhöfe: . . . konkurrenzfähig b) Reaktion der kleinen Bauern: . . .
7. Gefahren von Großbetrieben mit Monokulturen: a) kein . . . b) . . .
8. Vergleich kleinerer Betriebe mit Großbetrieben. Kleinere Betriebe: a) . . . Wirtschaftskreislauf b) Andere . . . mit . . . . Großbetriebe: . . .

II. **Hören Sie den Text noch einmal, und schreiben Sie dann eine zusammenhängende Wiedergabe mit dem Titel „Die Krise der Landwirtschaft in der Europäischen Gemeinschaft".**

III. **Hören Sie den Text ganz. Notieren Sie dabei in Stichwörtern die Informationen, die Sie verstanden haben. Vervollständigen Sie nach dem Hören Ihre Notizen, und ordnen Sie sie nach wesentlichen und weniger wichtigen Informationen.**

IV. **Sprechen Sie im Kurs über Ihre Arbeitsergebnisse. Notieren Sie an der Tafel getrennt die wesentlichen und die weniger wichtigen Informationen in möglichst kurzer Form.**

V. **Hören Sie den Anfang des Texts noch einmal (bis: „nicht wieder rückgängig machen kann"), und vervollständigen Sie die folgenden Sätze (sinngemäß oder wörtlich).**

1. Die Landwirtschaft in der Europäischen Gemeinschaft . . .
2. Seit Ende des Zweiten Weltkriegs produzieren die Bauern . . .

3. Diese Entwicklung wurde . . .
4. Der Grund dafür ist: . . .
5. Professor Priebe erklärt, worin die Misere . . .
6. Das auffallendste Problem der EG-Agrarpolitik . . .
7. Sie hat sich in den letzten 20 Jahren unter dem Einfluß . . .
8. Zu den modernen agrartechnischen Methoden gehören . . .
9. Sie haben nicht nur diese große Produktionssteigerung hervorgerufen, sondern auch . . .
10. Professor Priebe ist der Meinung, daß die Umweltbelastungen heute ein . . .
11. Denn die Umweltbelastungen könnten eines Tages so groß werden, daß . . .

VI. **Hören Sie den nächsten Abschnitt des Texts (bis: „Nordfrankreich oder Norddeutschland"), und beantworten Sie dann die Fragen.**

1. Wo sind die Ursachen für Überschüsse und Umweltbelastungen nicht zu suchen?
2. Was sind die Ursachen für Überschüsse und Umweltbelastungen?

Einer der größten Mast- und Schlachtereibetriebe liegt in Cuxhaven.

3. Wie viele Schweinemastplätze hat ein mittlerer landwirtschaftlicher Betrieb?
4. Wo findet man zehnmal so viele Schweine?
5. Wie groß müssen Schweinemastanlagen in bestimmten Gebieten Hollands sein, um genehmigt zu werden?
6. Wer bestimmt die Preise für Schweinefleisch?

7. Wo stehen die Zuchthallen der großen Agrarbetriebe?
8. Aus welchen Ländern bekommen die Großbetriebe billige Futtermittel?
9. Warum liegen viele Tierzuchtfabriken in Holland, Nordfrankreich oder Norddeutschland?

VII. Hören Sie den nächsten Abschnitt (bis: „mit der unsere Gesellschaft nur schwer fertig werden kann"), und entscheiden Sie dann, welche Satzstücke zusammengehören.

1. Das größte Übel der landwirtschaftlichen Entwicklung . . .	a) des Tierschutzes und der artgerechten Haltung von Tieren.
2. Unter Massentierhaltung versteht man . . .	b) daß sich auch die Exkremente der Tiere auf wenige Stellen konzentrieren.
3. Die Massentierhaltung ist nicht nur eine Frage . . .	c) unsere gesamte Umwelt.

4. Die Massentierhaltung ist auch ein Problem für . . .

5. Wenn viele Tiere an einer Stelle sind, führt das dazu, . . .

6. Zu viele Exkremente auf einigen wenigen Stellen . . .

7. Es ist ein dringendes Gebot, daß man . . .

8. Eier, Geflügel und Schweine sollten wieder . . .

9. Für einen herkömmlichen landwirtschaftlichen Betrieb, der auch Felder hat, . . .

d) die Massentierhaltung beschränkt.

e) ist die Massentierhaltung.

f) in normalen bäuerlichen Betrieben produziert werden.

g) die Konzentration z. B. von Geflügel und Schweinen auf engstem Raum.

h) sind die Exkremente der Tiere ein wertvoller Dünger.

i) vergiften das Grundwasser und die Oberflächengewässer.

VIII. Hören Sie den Rest des Textes, und ersetzen Sie die schräg gedruckten Satzteile durch die Formulierungen im Text.

1. Viele kleine Bauernhöfe können mit den Großbetrieben *nicht konkurrieren*.

2. Die Bauern geben auf oder *werden Nebenerwerbslandwirte*.

3. *In Monokulturen ist für Tiere kein Platz*, und diese Kulturen *werden oft von Schädlingen befallen*.

4. Wenn man nur Großbetriebe schafft, dann *gibt es in der Landschaft z. B. keine Feldraine, Hecken und Biotope mehr*.

5. In der Wetterau kann man teilweise schon kahle, *gleichförmige Äcker und Felder* sehen.

6. Sehr schlimme Beispiele sind auch die ehemalige DDR und die Sowjetunion, wo *die Landwirtschaft* ohne Rücksicht auf die Natur *industrialisiert wurde*.

IX. Diskussion und Stellungnahme

1. Was bedeutet der Titel „Weniger wäre mehr"?

2. Für die Länder der Dritten Welt sind die europäischen Mastfabriken ein Vorteil, denn sie können diesen Betrieben Futtermittel verkaufen. – Stimmen Sie dieser Behauptung zu? (Begründen Sie Ihre Meinung.)

3. Eine interessante Landschaftsgestaltung, z. B. Wiesen und Felder mit verschiedenen Pflanzen, mit Hecken und Bäumen, kann nicht Aufgabe der Landwirtschaft sein. – Stimmen Sie dieser Behauptung zu? (Begründen Sie Ihre Meinung.)

4. Wenn die Bauern für die Umweltschäden, die sie verursachen, bezahlen müßten, wäre dieses Umweltproblem gelöst. – Nehmen Sie zu dieser Behauptung schriftlich Stellung. Sie können sich an dem Muster auf S. 112, VII orientieren.

Müll-Materialien

Abfall enthält Rohstoffe

Viele Bestandteile des Abfalls können wiederverwertet werden. Die Rückgewinnung von Stoffen aus dem Abfall und ihre Wiederverwertung wird „Recycling" genannt. Recycling vermindert die Abfallmenge und hilft gleichzeitig, Rohstoffe und Energie zu sparen.

Je knapper die Rohstoffe werden, desto notwendiger wird es, sie sparsam zu verwenden und wiederzuverwerten. Es muß heute stärker an die Bewirtschaftung des Abfalls, das heißt an die Wiederverwendung und -verwertung, gedacht werden. Die Recycling-Industrie wird eine immer wichtigere Rolle zu spielen haben. Schon heute werden auf sogenannten „Abfallbörsen" Nachrichten über das Angebot und die Nachfrage auf dem Abfallmarkt ausgetauscht. Man kann dort auch erfahren, welche Anlagen noch Abfall zur Aufbereitung übernehmen können.

„Na und? Irgendwo muß der Dreck doch hin!"

I. Ernennen Sie Müll-Experten, die dem Kurs einen oder mehrere der Müll-Informationstexte erläutern.

II. Formulieren Sie um. (1)

1. Die Rückgewinnung von Stoffen aus dem Abfall und ihre Wiederverwertung wird „Recycling" genannt. – Man spricht von „Recycling", wenn Stoffe . . . (zurückgewinnen, wiederverwerten).

2. Es muß heute stärker an die Bewirtschaftung des Abfalls gedacht werden. – Es muß heute stärker daran gedacht werden, den . . .

3. Die Anlagen nehmen noch Abfall zur Aufbereitung an. – Die Anlagen nehmen noch Abfall an, um . . . .

4. Bei der Herstellung von Kunststoffen entstehen giftige Substanzen. – Wenn man . . .

5. Die ideale Müllbeseitigung besteht im Verzicht auf die Herstellung von Müll durch Wiederverwertung und Weiterverwendung der Produkte. – Die ideale Müllbeseitigung besteht darin, auf die . . . , indem man die Produkte . . . .

6. Schon 1969 wurden 516 umweltgefährdende Abfallstoffe gezählt. – Schon 1969 wurden 516 Abfallstoffe gezählt, die die . . . .

7. Giftig ist auch die zurückbleibende Asche. – Giftig ist auch die Asche, ...

III. Formulieren Sie um. (2)

1. Viele Bestandteile des Abfalls können wiederverwendet werden. – Die . . . vieler Bestandteile des Abfalls ist möglich.

2. Müll kann zu neuem Material aufbereitet werden. – Die . . . des Mülls . . . ist möglich.

3. Es ist notwendig, die Rohstoffe sparsam zu verwenden. – Die . . . der . . . ist notwendig.

Müllproduktion ist Rohstoffverschwendung

Ein Auto enthält außer Eisen
32,5 kg Aluminium,
26,5 kg Blei,
10,2 kg Zink,
7,9 kg Kupfer,
0,6 kg Zinn.
Diese Rohstoffe werden bald erschöpft sein.
Und zwar: Aluminium in 31 Jahren
Blei in 21 Jahren
Zink in 18 Jahren
Kupfer in 21 Jahren
Zinn in 15 Jahren.

Batterien

Es werden ca. 430 Millionen Stück Rundzellen jährlich verkauft und 40 Millionen Knopfzellen.
Das ergibt folgende Mengen giftigen Schwermetalls:
45 Tonnen Quecksilber
20-40 Tonnen Cadmium
10 000 Tonnen Zink.

Müllexport

Sonderabfälle sind gefährliche Abfälle. Schon 1969 wurden 516 umweltgefährdende Abfallstoffe gezählt:
– Abfälle aus der Pflanzenschutzmittelherstellung
– Quecksilber, z.B. aus Farbenfabriken
– Arsen aus Hüttenwerken
– Cadmium aus der galvanischen Industrie
– Bleiverbindungen aus Ölraffinerien
– Chrom aus Metallverarbeitungsbetrieben
– Radioaktive Abfälle aus Atomkraftwerken
Es scheint so, daß die europäische Industrie dazu übergeht, den Giftmüll in Entwicklungsländer zu exportieren und dort zu lagern.

Müllbeseitigung

Es gibt nur eine ideale Müllbeseitigung: der Verzicht auf die Herstellung von Müll durch Wiederverwendung und Weiterverwendung der Produkte.
Die Mülldeponie gefährdet das Grund- und Oberflächenwasser, verpestet die Luft und zerstört die Landschaft.
Die Müllverbrennungsanlage verbraucht Sauerstoff und gibt giftige Abgase an die Luft ab. Wenn aller Müll verbrannt würde, müßte dies mit 25% zur Luftverschmutzung beitragen. Giftig ist auch die zurückbleibende Asche. Auch die Kompostierung hat Nachteile, wenn sie nicht durch den privaten Haushalt vorgenommen wird.
Es werden große Flächen benötigt, und eine Grundwassergefährdung ist nicht auszuschließen.

Müllsorten

Es gibt 5 verschiedene Müllsorten:
den harmlosen Müll,
den nützlichen Müll,
den lästigen Müll,
den schädlichen Müll,
den gefährlichen Müll.
Müll gilt als harmlos, wenn er sich wiederverwenden läßt. Müll gilt als schädlich, wenn er gegen Nutzungswünsche der Menschen verstößt. Müll gilt als gefährlich, wenn er potentiell schädlich werden kann. Das ist eine Frage des Wissens.

Müllmengen

Aller Müll, der in einem Jahr in der Bundesrepublik hergestellt wird, ergibt einen Berg so hoch wie die Zugspitze. 70 % davon werden deponiert; 27 % verbrannt und nur 3 % kompostiert.
Der Hausmüll besteht zu
22 % aus Papier,
15 % aus Glas,
7 % aus Plastik,
5 % aus Metall,
5 % aus Giftmüll,
11 % aus Feinmüll
und 30 % aus organischen Abfällen.

Kunststoff

Zehn Kilogramm Kunststoff verpraßt jeder Bundesbürger jährlich; das sind 600 000 bis 700 000 Tonnen.
Warum ist klar:
für 250 Milliliter Körperlotion werden ca. 60 g Kunststoffverpackung benötigt. Etwa eine halbe Million Tonnen Kunststoff wird deponiert oder verbrannt.
Bei der Herstellung von Kunststoffen entstehen giftige Substanzen.
Plastik verrottet nicht, und wenn man es in der Müllverbrennungsanlage verbrennt, entsteht Salzsäure (aus PVC).

Papierpreis

Um eine Tonne Papier herzustellen, wird fast eine halbe Tonne Öl benötigt. Es müssen ca. 14 mittelgroße Fichten ihr Leben lassen, und bis zu 280 000 Liter Wasser werden verschmutzt. Wir brauchen in der Bundesrepublik fast 9 Millionen Tonnen Papier pro Jahr. Papier läßt sich gut recyceln.

Dosenmüll

Zehn kleine Kondensmilchdosen enthalten etwa dreiviertel Liter Milch. Zur Rohherstellung der 10 Dosen waren nötig:
80 g Bauxit, 26 g Braunkohle,
11 g Kohleelektroden Natriumfluorid und
280 Watt Strom.
Als Abfall bzw. als Abgase entstanden:
60 g Rotschlamm,
240 Milligramm Schwefeldioxyd (giftig!),
360 Milligramm Staub,
6400 Milligramm Kohlenmonoxyd (giftig!)
und giftige Fluoride.
Etwa 7 Milliarden Konservendosen fallen jährlich in der Bundesrepublik an.

(Aus: Ökopäd. 3/4, Okt. 1983; *Materialien zum Unterricht*, Primarstufe Heft 14, *Umwelterziehung 1*, Hess. Institut für Bildungsplanung und Schulentwicklung, Wiesbaden 1985)

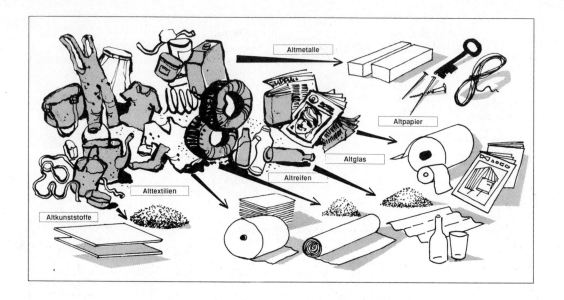

4. Die Müllmenge muß vermindert werden. – Die ... der ... ist notwendig.

5. Um eine Tonne Papier herzustellen, wird fast eine halbe Tonne Öl benötigt. – Zur ... einer ... wird fast ... .

6. Um Nachrichten über das Müllangebot und die Müllnachfrage auszutauschen, hat man „Abfallbörsen" eingerichtet. – Zum ... von ... über ... hat man ... .

7. Wenn man Plastikmüll verbrennt, entsteht Salzsäure. – Bei der ... von ... entsteht ... .

8. Nur wenn der Müll durch private Haushalte kompostiert wird, gibt es keine Nachteile. – Nur bei ... des ... gibt es ... .

IV. Vervollständigen Sie die Müllmaterialien.

1. Sammeln Sie weitere Zeitungstexte (-notizen) zu dem Thema, und berichten Sie dem Kurs über den Inhalt.

Beim Einkaufen soll Abfall gespart werden

Die Marburger Fleischerinnung will mithelfen, Abfälle zu vermeiden. Zusammen mit dem Bund für Umwelt- und Naturschutz startet sie eine Aktion, um das Verpackungsmaterial zu reduzieren. Die Kunden werden aufgefordert, wiederbenutzbare Behälter zum Einkaufen mitzubringen.

Universität entsorgt alte Druckgasflaschen

Rund 200 Druckgasflaschen mit zum Teil giftigem Inhalt lagerten in den naturwissenschaftlichen Fachbereichen der Marburger Universität. Eine Spezialfirma nimmt derzeit den Abtransport und die Entsorgung der Flaschen mit abgelaufenem TÜV-Datum vor.

Klaus Staeck prangert die Spraydosen an

Mit 5000 Plakaten protestiert der Grafiker Klaus Staeck gegen die Zerstörung der Umwelt aus der Spraydose. In Frankfurt ist das Plakat seit gestern in 42 U-Bahnhöfen und an 400 Litfaßsäulen zu sehen.

(Sämtlich aus: Oberhessische Presse, 3. 8. 1988)

2. Erstellen Sie ein Müll-Wörterbuch.

Müllabfuhr	atomarer Müll	Müll fällt an
Müllbeseitigung	billiger Müll	(anfallenden) Müll abnehmen
Müllcontainer	cadmiumhaltiger Müll	Müll abtransportieren
Mülldeponie	deutscher Müll	Müll aufbereiten
		Müll anbieten
		Müll bewirtschaften

3. Schreiben Sie ein Müllgedicht, oder verfassen Sie zusätzliche Strophen zu dem folgenden Gedicht.

»Wir sollten froh sein, daß die Fässer entdeckt wurden — das spricht doch für die Transparenz und für die Sicherheit der Atomwirtschaft!«

James Krüss (geb. 1926)

1. Was wird aus unserem Auto, ist es nicht mehr mobil?
Dann wird aus unsrem Autochen Müll! Müll! Müll!
2. Was wird aus einem Kleide, wenn's nicht mehr passen will?
Dann wird aus einem Sonntagskleid Müll! Müll! Müll!
3. Was wird aus einem Glase, zerbrach einmal sein Stiel?
Dann wird aus einem feinen Glas Müll! Müll! Müll!
4. Was wird aus alten Stiefeln, wenn's warm wird im April?
Dann wird aus einem Stiefelpaar Müll! Müll! Müll!
5. Und geht das stets so weiter, so ohne Sinn und Ziel,
dann wird vielleicht der Erdenball Müll! Müll! Müll!

(Aus: I. Becker, *Die Liederkutsche,* Frankfurt/Main 1982)

Bakterien sind besser als Bagger

I. Lesen Sie den Text (ohne Wörterbuch). Beschränken Sie sich bei der Lektüre lediglich auf das Ziel herauszufinden, warum Bakterien besser als Bagger sind.

1   Die Goldader liegt nicht in Klondyke und nicht am Sacramento. Sie liegt an einer gewöhn-
     lichen Tankstelle im Berliner Stadtbezirk Schmargendorf. Wenn Dieter Debus von dem
3   Zeug spricht, das dort zehn Meter tief im Boden steckt, dann wählt er manchmal Worte,
     die einen an sagenhafte Schätze, an Digger, Abenteuer und plötzlichen Reichtum denken
5   lassen: „Gold. Überall ist Gold vergraben."
     Nicht wirklich. In Wahrheit ist das Mineral, um das es geht, alles andere als begehrt. Im
7   Erdreich unter den Zapfsäulen sitzen zehn Tonnen schmieriges Dieselöl, die aus einem
     durchgerosteten Tank ausgelaufen sind. Ein übles Problem, denn das Öl droht, das
9   Grundwasser zu verseuchen. Dieter Debus will den Dreck beseitigen. Weil er zu wissen
     glaubt, wie die Umweltbedrohung problemlos abzuwenden ist, könnte der Ölklumpen
11   unter der Tankstelle für Debus zur Goldgrube werden.
     Der Biochemiker will das Öl von Bakterien wegfressen lassen, die er über acht Bohrungen
13   in den Boden unter der Tankstelle bringt. Debus setzt auf ein neues biotechnisches Verfah-
     ren zur Beseitigung von Wasser- und Bodenverseuchungen, dem Fachleute eine große,
15   profitable Zukunft geben.
     Wo immer bisher der Grund durch giftige Chemikalien oder ausgelaufenes Öl verdreckt
17   worden war, gab es vor allem eine Methode, dem Schaden beizukommen: Das Erdreich
     ausbaggern und den verseuchten Boden verbrennen oder auf Sondermüll-Deponien
19   bringen. Das ist ein blühendes Geschäft für Tiefbaufirmen und teuer für alle, die Bodenver-
     seuchungen zu verantworten haben.
21   Besser als Bagger sind Bakterien. Daß Mikroorganismen Abfälle beseitigen, ist nicht un-
     gewöhnlich. In Kläranlagen werden sie seit langem zur Abwasserreinigung eingesetzt.
23   Auch daß Bakterien Öl fressen, ist nicht neu. In den siebziger Jahren haben große Che-
     miekonzerne wie Hoechst und die britische Imperial Chemical Industries erfolgreich mit
25   speziellen Bakterien experimentiert, die Erdöl als Nahrung verwerten und in ihrem Stoff-
     wechsel zu Eiweiß verwandeln, das wiederum als Futtermittel in der Landwirtschaft einge-
27   setzt werden kann. Die Verfahren funktionierten, wurden aber aufgegeben, als der stei-
     gende Ölpreis sie unwirtschaftlich werden ließ.
29   Im Umweltschutz aber werden die Dienste der mikroskopisch kleinen Ölfresser bezahlbar.
     Würde die Tankstelle in Berlin Schmargendorf mit dem Bagger saniert – die Behörden ver-
31   langen vom Grundeigentümer die Beseitigung des Öls im Boden –, dann würde das weit
     über eine Million Mark kosten. Die Tankstelle müßte abgerissen und wiederaufgebaut,
33   der Boden ausgebaggert, abtransportiert und zu hohen Gebühren sicher gelagert wer-
     den. Dieter Debus will es mit seinen Mikroben ohne Abriß und billiger machen. Die Kosten
35   werden auf maximal eine halbe Million veranschlagt.
     Debus' Verfahren ist im Prinzip einfach: Aus Bodenproben von der Tankstelle hat er Bakte-
37   rien isoliert. Im Labor hat er daraus jene Stämme ausgewählt und vermehrt, die besonde-
     ren Appetit auf Dieselöle zeigten. Durch Bohrlöcher bringt er diese Mikroben dann ins öl-
39   verseuchte Erdreich der Tankstelle. Zusätzlich verbessert er die Lebensbedingungen der

Bakterien, indem er Sauerstoff in den Boden bläst und so ihre Abbauleistung erhöht. In ein
41 paar Monaten, hofft Debus, wird das Öl im Boden verschwunden sein.
Der Biochemiker tut nichts anderes, als einen natürlichen Prozeß im Boden zu beschleuni-
43 gen. Debus: „Solche Bakterien leben überall in natürlichen unterirdischen Ölvorkommen.
Sie haben dort ohne Sauerstoff allerdings nicht die besten Lebensbedingungen. Wahr-
45 scheinlich gäbe es heute gar kein Erdöl auf der Welt, wenn Sauerstoff an die Lagerstätten
gelangt wäre: Mikroorganismen hätten das Öl in Jahrmillionen aufgefressen."
47 Furcht vor riskanten Experimenten, die bei Versuchen mit genetisch manipulierten Bakterien
verständlich wäre, will Debus nicht gelten lassen. Sein Bioverfahren habe mit Gentechnik
49 nichts zu tun, die Bakterien seien natürlich und könnten keinen Schaden anrichten.
Der Eingriff in die Natur besteht lediglich darin, den Anteil einer bestimmten Mikroben-Po-
51 pulation im Erdreich zu erhöhen. Die Bakterien zerlegen das Erdöl in Wasser und Kohlen-
dioxid. Ist das Öl im Boden verbraucht und wird die Sauerstoffzufuhr gestoppt, sterben
53 die Erdölspezialisten schnell. Im Boden stellt sich nach einiger Zeit die ursprüngliche Mischung von Mikroorganismen wieder her.

(Wolfgang Gehrmann, in: Die Zeit, Nr. 15/1986, gekürzt)

Klondyke (Z. 1) = ein Gebiet in Kanada, in dem viel Gold gefunden wurde
Sacramento (Z. 1) = Fluß in Kalifornien, an dem man Gold fand
genetisch manipulieren (Z. 47) = Gene herausschneiden, neu kombinieren, auf andere Arten übertragen;
das Gen = ein einzelner Abschnitt auf bestimmten Molekülen, der Erbinformationen trägt

**II. Lesen Sie den Text mit dem Ziel herauszu-
finden, ob die folgenden Aussagen nach
dem Text sinngemäß richtig sind. Nennen
Sie bei den richtigen Aussagen die Zeilenangaben des Textes.**

1. In Wahrheit geht es darum, daß man das Mineral wie alle anderen Mineralien begehrt.
2. In Wirklichkeit ist das Mineral absolut nicht begehrt.
3. Es besteht die Gefahr, daß das Öl das Grundwasser verseucht.
4. Debus glaubt zu wissen, wie die Gefährdung der Umwelt ohne Schwierigkeiten abzuwenden ist.
5. Debus will mit mehr als acht Bohrungen die Bakterien in den Boden unter der Tankstelle bringen.
6. Debus vertraut auf eine neue biotechnische Methode.
7. Wenn bisher der Boden irgendwo durch Öl verdreckt worden war, entstand der Schaden durch ein bestimmtes Verfahren.
8. Wenn bisher irgendwo das Öl verdreckt worden war, gab es vor allem eine Methode, etwas gegen den Schaden zu tun.
9. Bakterien können aus Erdöl Eiweiß machen.
10. Durch den steigenden Ölpreis wurden die Bakterien zu teuer.
11. Wer den Grund besitzt, muß für die Entfernung von ausgelaufenem Öl sorgen.
12. Debus will das Öl beseitigen, ohne daß die Tankstelle abgerissen werden muß.
13. Man will Debus maximal eine halbe Million bezahlen.
14. Debus hat ganz bestimmte Bakterien vermehrt.
15. Debus bringt die Bakterien durch Sauerstoff dazu, das Öl schneller zu beseitigen.

16. An den Lagerstätten von Erdöl gibt es keinen Sauerstoff.

17. Debus hat keine Bedenken, seine Bakterien genetisch zu manipulieren.

18. Durch den Eingriff in die Natur vermehrt Debus lediglich das Erdreich.

19. Ohne Sauerstoffzufuhr sterben Leute, die Spezialisten für Erdöl sind, schnell.

20. Der Anteil der verschiedenen Mikroorganismen im Boden wird durch Debus' Verfahren nur vorübergehend verändert.

III. Welche der folgenden Satzstücke gehören zusammen?

1. In der Erde unter den Zapfsäulen der Tankstelle befindet sich Dieselöl, das . . .

2. Die Verseuchung des Grundwassers . . .

3. Debus will acht Löcher in den Boden bohren, durch die er . . .

4. Fachleute halten sehr viel . . .

5. Es gibt Bakterien, denen . . .

6. Das Eiweiß, das die Bakterien aus Erdöl herstellen, kann . . .

7. Hoechst und Imperial Chemical Industries haben ihre Verfahren nicht länger angewendet, . . .

8. Es kostet viel Geld, verseuchte Erde sicher . . .

9. Debus' Bakterien stammen aus . . .

10. Was Debus tut, geschieht in der Natur – allerdings langsamer – auch ohne . . .

11. Die Furcht vor Versuchen mit genetisch manipulierten Bakterien ist verständlich, aber . . .

a) daß ein Biochemiker aktiv wird.

b) die Bakterien an das Öl unter der Tankstelle bringen will.

c) Erdöl als Nahrung dienen kann.

d) weil sie durch den steigenden Ölpreis zu teuer wurden.

e) aus einem durchgerosteten Tank ausgelaufen ist.

f) stellt eine Umweltbedrohung dar.

g) bei seinem Verfahren sieht Debus keinen Grund für eine solche Furcht.

h) von dem neuen biotechnischen Verfahren.

i) zu lagern.

j) von den Bauern als Futter für die Tiere verwendet werden.

k) der Erde unter der Tankstelle.

IV. Strukturverständnis

1. Welche Wendung hat die gleiche Bedeutung?

. . ., wie die Umweltbedrohung problemlos abzuwenden ist, . . . (Z. 10)

a) wie die Umweltbedrohung problemlos abgewendet werden darf

b) wie die Umweltbedrohung problemlos abgewendet werden muß

c) wie die Umweltbedrohung problemlos abgewendet werden kann

d) wie die Umweltbedrohung problemlos abgewendet werden wollte

2. Welche Wendung hat die gleiche Bedeutung?

. . . ein . . . Verfahren zur Beseitigung von Wasser- und Bodenverseuchungen . . . (Z. 13–14)

a) ein Verfahren, welches das Wasser beseitigt und den Boden verseucht

b) ein Verfahren, um Wasser- und Bodenverseuchungen zu beseitigen

c) um ein Verfahren zur Verseuchung von Wasser und Boden zu beseitigen

d) um ein Verfahren von Wasser- und Bodenverseuchungen zu beseitigen

3. Formen Sie die partizipiale Wendung in einen Relativsatz um.

Wo immer bisher der Grund durch . . . ausgelaufenes Öl verdreckt worden war . . . (Z. 16/17)

4. Welche Wendung hat die gleiche Bedeutung?

Das ist . . . teuer für alle, die Bodenverseuchungen zu verantworten haben. (Z. 19/20)

a) Das ist teuer für alle, die Bodenverseuchungen verantworten wollen.

b) Das ist teuer für alle, die Bodenverseuchungen verantworten können.

c) Das ist teuer für alle, die Bodenverseuchungen verantworten dürften.

d) Das ist teuer für alle, die Bodenverseuchungen verantworten müssen.

5. Worauf bezieht sich das schräg gedruckte Wort?

. . . die Erdöl als Nahrung verwerten und in ihrem Stoffwechsel zu Eiweiß verwandeln, *das* wiederum als Futtermittel in der Landwirtschaft eingesetzt werden kann. (Z. 25/27)

a) Erdöl   b) Nahrung   c) Stoffwechsel
d) Eiweiß   e) Landwirtschaft

6. Welche Wendung hat die gleiche Bedeutung?

Im Umweltschutz aber werden die Dienste . . . bezahlbar. (Z. 29)

a) . . . können die Dienste bezahlt werden.

b) . . . müssen die Dienste bezahlt werden.

c) . . . dürfen die Dienste bezahlt werden.

d) . . . wollen die Dienste bezahlt werden.

7. Warum steht in den Zeilen 30–34 der Konjunktiv: würde saniert, würde kosten, müßte

abgerissen und wiederaufgebaut . . . werden?

8. Formen Sie die partizipiale Wendung in einen Relativsatz um.

Durch Bohrlöcher bringt er diese Mikroben dann ins ölverseuchte Erdreich der Tankstelle. (Z. 38/39)

9. Warum steht in den Zeilen 45–46 der Konjunktiv: gäbe, gelangt wäre, hätten aufgefressen?

10. Worauf bezieht sich das schräg gedruckte Wort?

Furcht vor riskanten Experimenten, *die* bei Versuchen mit genetisch manipulierten Bakterien verständlich wäre, . . . (Z. 47/48)

a) Furcht b) Experimenten c) Versuchen   d) Bakterien

11. Formen Sie die partizipiale Wendung in einen Relativsatz um.

Furcht vor riskanten Experimenten, die bei Versuchen mit genetisch manipulierten Bakterien verständlich wäre, . . . (Z. 47/48)

12. Warum steht in den Zeilen 48/49 der Konjunktiv: habe zu tun, seien natürlich, könnten anrichten?

13. Welche Wendung hat die gleiche Bedeutung?

. . . den Anteil einer bestimmten Mikroben-Population im Erdreich . . . (Z. 50/51)

a) den Anteil einer Mikroben-Population im Erdreich, die bestimmend ist

b) den Anteil einer Mikroben-Population, die für das Erdreich bestimmt ist

c) den Anteil einer festgelegten Art von Mikroben im Erdreich

d) den Anteil von Mikroben, die für das Erdreich bestimmend sind

14. Welche Wendung hat die gleiche Bedeutung?

Ist das Öl im Boden verbraucht . . . (Z. 52)

a) Ist das Öl im Boden verbraucht . . .?

b) Wenn das Öl im Boden verbraucht ist

. .

c) Obwohl das Öl im Boden verbraucht ist . . .

d) Verbraucht das Öl im Boden . . .!

15. Wie heißt das Verb im Infinitiv vollständig?

Im Boden stellt sich nach einiger Zeit die ursprüngliche Mischung von Mikroorganismen wieder her. (Z. 53/54)

V. Übergreifendes Verständnis

1. Welcher Zusammenhang besteht zwischen den Hinweisen von W. Gehrmann bzw. D. Debus auf „Goldader, Klondyke, Sacramento, Schätze, Digger, Reichtum, Gold" (Z. 1–5) und dem Inhalt des übrigen Texts? – Als Antwort genügt ein Satz. Sie können folgendermaßen beginnen: „Diese Hinweise sollen andeuten, daß . . ."

2. Öl kann den Boden verseuchen. Welcher weitere ökologische Schaden kann nach dem Text durch Öl entstehen?

3. Welcher inhaltliche Zusammenhang besteht zwischen dem dritten (Z. 12–15) und dem vierten Abschnitt Z. 16–20)?

4. Welche Funktion hat der letzte Abschnitt?

5. Nach den Zeilen 36–54 scheint es technisch und biologisch bei dem Verfahren von Debus keine Schwierigkeiten zu geben. Welche Hinweise enthält der Text von Z. 1–35, daß auch die praktische Verwirklichung der Pläne funktionieren wird? (Keine Prognosen oder Schätzungen, sondern Tatsachen!)

6. Was hält der Verfasser von Debus' Verfahren? Begründen Sie Ihre Antwort.

VI. Bio-chemisches Umweltwissen: Vervollständigen Sie die Aussagen nach dem Text.

1. Dieselöl verseucht . . . . (Z. 8/9)
2. Bakterien können . . . fressen. (Z. 12)

3. Bakterien gehören zu . . . . (Z. 21)
4. Bakterien können . . . beseitigen und . . . reinigen. (Z. 21/22)
5. Bakterien können . . . zu . . . verwandeln. (Z. 25/26)
6. Eiweiß aus Erdöl kann . . . . (Z. 26/27)
7. Wenn kein anderes Verfahren zur Verfügung steht, muß verseuchte Erde . . . . (Z. 33/34)
8. Man kann von Bakterien bestimmte . . . . (Z. 37)
9. Durch Sauerstoff werden . . . . (Z. 39/40)
10. In natürlichen unterirdischen Ölvorkommen . . . . (Z. 43)
11. Es ist riskant, mit . . . zu experimentieren. (Z. 47/48)
12. Bakterien sind . . . . (= kleinste, meist einzellige Lebewesen) (Z. 49/50)
13. Die Auswahl und Vermehrung von Bakterien kann auf natürliche Weise, d. h. ohne . . . , erfolgen. (Z. 48–51)
14. Bakterien können . . . . (Z. 51/52)

VII. Diskussion und Stellungnahme

1. Sind Sie nach der Lektüre des Texts überzeugt, daß Debus seine Bakterien ohne gentechnische Verfahren auswählt und vermehrt? (Begründen Sie Ihre Antwort.)

2. Ist mit Debus' Verfahren das Problem, das durch ausgelaufenes Dieselöl entsteht, gelöst? (Begründen Sie Ihre Antwort.)

3. Halten Sie es für richtig, daß der Grundeigentümer das Öl im Boden beseitigen muß? (Wie ist das mit der Verantwortung des Tank-Herstellers? Wie ist das mit der staatlichen Aufsichtsbehörde, die für die sichere Lagerung von Öl verantwortlich ist? Wie ist das, wenn die Tankstelle verpachtet war(?)

Sicherer Transport reicht nicht aus

Vorinformation

Bei dem Text handelt es sich um ein Radio-Interview. Es sprechen ein Reporter und Rainer Götze (ein Fachmann).

Namen von Personen, Städten und Firmen: Klaus Töpfer, der Bundesumweltminister; Walter Wallmann, der Hessische Ministerpräsident; Hanau = eine Stadt in der Nähe von Frankfurt; Transnuklear, eine ehemalige Speditionsfirma für radioaktives Material, die sich durch großzügige Geschenke Fracht-Aufträge sicherte und gefährlichen Atommüll mit falscher bzw. fehlender Auszeichnung an verschiedenen Stellen illegal lagerte.

Begriffe: radioaktives Material = aufgrund von Kernspaltung strahlendes bzw. durch Strahlung verseuchtes Material; spaltbares Material = hier: Uran (und Plutonium), deren Kerne in Atomkraftwerken zur Spaltung gebracht werden und dabei Energie abgeben; die Nuklearmedizin = Bereich der Medizin, der sich mit der medizinischen Anwendung radioaktiver Stoffe befaßt (z. B.: Radiojodtest, Tumordiagnostik); das Brennelement,-e = spaltbares Material, das so angereichert und geformt ist, daß es in Atomkraftwerken verwendet werden kann; ein abgebranntes Brennelement = benutztes Brennelement, dessen Anteil an spaltbarem Uran zu gering zur weiteren Energiegewinnung ist (Gegenteil: fertiges Brennelement)

Die Aufgabe I verlangt, daß ohne weitere Vorbereitung die wesentlichen Informationen des Texts kurz notiert werden. Sie können die Aufgaben I/II zunächst überspringen und für die schrittweise Sicherung des Verständnisses zuerst die Übungen III–VI bearbeiten.

I. Lesen Sie zunächst die folgende Liste, hören Sie dann den Text, und notieren Sie bei und nach dem Hören kurz die Informationen zu den Punkten der Liste.

1. Töpfers Reaktion auf Transnuklear-Skandal
a) . . .   b) . . .   c) . . .
2. a) Alternative zu Transnuklear: . . .
b) Aktivitäten der anderen Transportspeditionen: . . .
3. Transnuklear: a) Marktführer bei . . .
b) Monopolist für . . . , mit einem . . . : Fahr- und Begleitpersonal . . . , Funkkontakt . . .
4. Bundesumweltminister fordert von . . .
5. a) Mögliche Alternative: . . .   b) Begründung (Wallmann): . . .
6. Grundsätzliches Problem: . . .
7. Ausweg von Transnuklear: . . .
8. Frage . . .

II. Hören Sie den Text noch einmal, und schreiben Sie dann eine zusammenhängende Wiedergabe.

III. Wortschatz

Setzen Sie die passenden Wendungen in die Sätze ein.

> vermischt sein; nicht funktionieren; suchen; zu Deponien bringen, entseuchen, vernichten, sicher lagern; (fast) gleichzeitig; die Energiewirtschaft; die Lagerkapazität,-en; die Einsatzzentrale,-n; der Marktführer sein

1. Die Firma *entsorgt* radioaktive Kittel und Verbandsmaterialien von Krankenhäusern.

2. Man *sah sich* nach einer Alternative für die unzuverlässige Firma *um*.

3. Die staatliche Kontrolle hat *versagt.*

4. Der Müll in den Fässern war mit Plutonium *durchsetzt.*

5. Sie bedankten sich und baten *im gleichen Atemzug* um weitere Hilfen.

6. Die Firma *steht* in der Bundesrepublik *an der Spitze.*

7. Eine *zentrale Stelle* legt die Fahrtroute, die Fahrtunterbrechungen, das Fahrtziel und die Zahl der Begleitpersonen fest.

8. Die *Firmen, die Energie produzieren,* brauchen u. a. Kohle, Öl oder nukleare Brennstoffe.

9. Wohin mit dem vielen Müll? Die *Lagermöglichkeiten* vieler Deponien reichen nur noch für eine kurze Zeit.

IV. Hören Sie den ganzen Text, konzentrieren Sie sich dabei auf die untenstehenden Gesichtspunkte und notieren Sie zu jedem eine kurze Antwort. (Ein Satz zu jedem Gesichtspunkt genügt.)

1. Die besondere Bedeutung von Transnuklear in der Bundesrepublik

2. Der Gesetzesverstoß von Transnuklear

3. Das grundsätzliche Problem der Bundesrepublik

4. Der mögliche Ersatz für Transnuklear und seine Chancen, einen anderen Weg zu gehen

V. Lesen Sie zuerst die Fragen. Hören Sie dann den Text noch einmal (bis: „und das kann nur die Transnuklear machen"), und beantworten Sie dann die Fragen.

1. Wie reagierte der Bundesumweltminister zuerst?

2. Was hat er dann gefordert?

3. Was hat er fast gleichzeitig erklärt?

4. Wie viele Firmen für nukleare Transporte gibt es in der Bundesrepublik?

5. Wofür sorgen sie z. B.?

6. Was transportiert Transnuklear?

7. Wie groß ist in diesem Bereich ihre Konkurrenz?

8. Wie sieht ein Sifa (Sicherheitsfahrzeug) aus?

9. Wie steht das Sifa in Verbindung mit den Einsatzzentralen?

»möcht mal wissen, warum kein Schwein kommt, wenns Fisch gibt!«

VI. Hören Sie den Rest des Texts, und vervollständigen Sie dann die Sätze.

1. Der Bundesumweltminister hat gefordert, die Energiewirtschaft ...

2. Nach Wallmann beweist die Transnuklear-Affäre, daß ...

3. Man muß die Atomtransporte den Privatfirmen wegnehmen und sie von ...

4. Diese Änderung dauert allerdings ...

5. Auch ein staatliches Speditionsunternehmen kann das Problem nicht lösen, daß ...

6. Bei dem Müll, den die Transnuklear illegal und ohne Auszeichnung lagerte, handelte es sich ...

VII. Korrigieren Sie die Fehler, die den Sprechern unterlaufen sind.

1. Das ist also ne größere Dimension an Spaltmaterialen.

2. Das ist ein gepanzerter Sattelschlepper, dem, eh, auch die Scheiben, eh, gepanzert sind, das auch die Fahrzeugführer, die Fahrer, die Begleitpersonen sind bewaffnet in diesem Fahrzeug.

VIII. Redemittel

1. Wie heißt das fehlende Wort? (Hören Sie für a–c noch einmal den Text.)

a) Das sind die Dinge, mit denen sich die Transnuklear in Hanau nicht beschäftigt. Die Transnuklear transportiert ... Brennstoff, nuklearen Brennstoff.

b) Es zeigt sich hier sehr deutlich, daß die staatlichen Kontrollen versagt haben. Also muß man diese Transporte ... verstaatlichen.

c) Nur die Frage, die dahinter steht, ist die: Löst sich dadurch das grundsätzliche Problem, nämlich das Problem, daß wir in der Bundesrepublik ... kaum Lagerkapazität haben für spaltbares Material, für Atommüll?

d) Mit meinen Plutonium-Transporten ist es vorbei. – Dann transportier' ... verseuchte Arbeitskittel. (Zwei Möglichkeiten)

e) Wir haben keine Lagermöglichkeiten für Atommüll. – Schaffen Sie ... welche. (Zwei Möglichkeiten)

2. Beschreibung der Wörter (1)

Kreuzen Sie die richtige Lösung an.

- a Die Wörter sind betont,
- b nicht betont.

Die Wörter können stehen im

- c Aussagesatz,
- d Aufforderungssatz,
- e Fragesatz.

Die Wörter können im Satz

- f die erste Position (vor dem Verb) ausfüllen,
- g nicht die erste Position ausfüllen.

3. Beschreibung der Wörter (2)

a) Im Aussagesatz bringen beide Wörter zum Ausdruck, daß der Sprecher (Schreiber) die Tatsachen nimmt, wie sie sind. Diese Einstellung kann darauf beruhen, daß er resigniert hat, kein wirkliches Problem sieht, ihn der Tatbestand kalt läßt. – Im Aufforderungssatz drückt der Sprecher mit beiden Wörtern aus, daß er zu einer naheliegenden, fast selbstverständlichen Handlungsweise auffordert. Schwierigkeiten oder alternative Möglichkeiten bedenkt er bei seiner Empfehlung nicht. Deshalb wirken diese Aufforderungen häufig wenig einfühlsam, wenig verständnisvoll, und der Ratgeber erscheint ungerührt, desinteressiert.

b) In Süddeutschland ist „halt" häufiger, in Norddeutschland „eben".

c) Das Wort „eben" darf nicht verwechselt werden mit dem gleichlautenden Wort in folgenden Sätzen: Das Spielfeld war eben (= gleichmäßig gerade). – Das Buch lag eben noch hier. Jemand muß es eingesteckt haben (= vor kurzem). – Eben dieses Ergebnis habe ich nicht erwartet (= genau, gerade).

4. Setzen Sie die beiden Wörter in die Sätze mit Aufforderungscharakter ein.

a) Ich hab' die Prüfung wieder nicht bestanden. – Du hättest mehr üben müssen.

b) Ich muß morgens minutenlang husten. – Du solltest nicht so viel rauchen.

c) Ich hab' kein Geld für ein neues Radio. – Spar' ein bißchen mehr.

d) Der grüne Pullover gefällt mir nicht. – Dann nimm den roten.

e) Mein Personalausweis ist abgelaufen. – Dann laß ihn verlängern.

f) Die privaten Speditionen handelten unverantwortlich. – Versuchen Sie's mit staatlichen Spediteuren.

g) Eine Frau wie ich mit zwei kleinen Kindern findet nur schwer einen Arbeitsplatz. – Dann müssen Sie sich was einfallen lassen.

h) Ich versteh' meinen Mann immer weniger. – Dann laß' dich scheiden.

5. Drücken Sie aus, daß der Sprecher/ Schreiber den Tatbestand so nimmt, wie er ist (bei g–i nur beim Sprecher B).

a) Die wirklich Verantwortlichen werden selten bestraft.

b) Die verseuchte Kleidung entsorgen kleinere Speditionen.

c) Transnuklear war der Marktführer.

d) Plutonium muß mit einem Sicherheitsfahrzeug befördert werden.

e) Die Energiewirtschaft muß sich etwas einfallen lassen.

f) Auch staatliche Kontrollen können versagen.

g) A: Er bekommt keine Stelle. B: Er hat nichts gelernt.

h) A: Sie siegt in jedem Spiel. B: Sie ist überlegen.

i) A: Mich stört jede Kleinigkeit. B: Du bist überarbeitet.

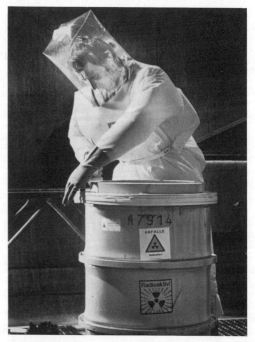

Reinigung von bestrahlten Abfallwässern unter starkem Atemschutz

IX. Diskussion und Stellungnahme

1. Wie beurteilen Sie das Verhalten des Umweltministers (seine ersten Reaktionen, seine Aufforderung an die Energiewirtschaft)?
2. Warum wird für den Plutonium-Transport ein Sicherheitsfahrzeug eingesetzt? Sind die im Interview erwähnten Sicherheitsmaßnahmen problemlos? (Begründen Sie Ihre Meinung.)
3. Hätte man vor dem Bau von Atomkraftwerken das Problem der Lagerung von Atommüll lösen sollen? Soll man ohne ausreichende Lagerkapazität für den Müll ganz auf Atomkraftwerke verzichten?
4. Selbst bei sicherem Transport und sicherer Lagerung bleiben noch genügend Fragen offen. (Welche? Konsequenzen für Bevölkerung, Wirtschaft, Staat?)

Der Merseburger Zauberspruch[1]

. . . weshalb haben Sie noch nichts von dem Dorf Runstedt bei Merseburg gehört? Und wenn Sie es zufällig gehört haben, weshalb haben Sie es vergessen? Es wurde totgeschwiegen, bewußt oder unbewußt. Es wurde, das Dorf, nicht nur umgebracht, sondern auch totgeschwiegen. Denn das Dorf Runstedt wurde von einem mächtigen Gegner vernichtet. Ich meine die wunderbaren Leunawerke.

Steigen Sie in Merseburg in die Straßenbahn, die nach Frankleben führt, und Sie werden bald in die Gegend gelangen, von der Sie kaum werden sagen können, ob sie verzaubert oder verflucht ist. In der Nacht wird Sie wohl schon oft der Zug an diesen Stätten vorbeigeführt haben. Wie ein großer See aus silbernem Feuer liegen die Werke, eingetaucht in die Schwärze der Nacht, und noch lange verharrt der Reisende in dem Gefühl, an einer außerordentlichen Kirmes vorbeigefahren zu sein, und in dem Bedauern, den Zug nicht angehalten zu haben. Leider stinkt sie nach Ammoniak, es ist streng verboten, sie zu betreten, die Menschen, die dort beschäftigt sind, sind Arbeiter, das Gift frißt an ihren Lungen, wie die Bagger in der Erde wühlen, aber sie erzeugen Kunstdünger, dem wir unser Brot verdanken. Noch läuten hier und dort die Glocken von den kleinen Kirchtürmen der Dörfer, aber sie läuten mit jeder Stunde ihren eigenen Tod ein. Noch wiehert ahnungslos das Pferd im Stall, nicht wissend, daß es in dieser Gegend des Fortschritts ein Überrest aus einer verschwundenen Zeit ist. Noch ertönt von den Weiden her das tiefe, friedliche Blöken der gehörnten Tiere, noch geht der Bauer im bäuerlichen Gang, mit geknickten Knien, über die Schollen, noch riecht es aus den Gehöften her warm und heimelig[2] nach Mist und Tier und Milch und Heu. Aber die Vögel, die ahnungsvollsten unter den Geschöpfen dieser Welt, sind seltener geworden, und ein alter Bewohner des Landes erzählte mir mit sachlichem Gleichmut, daß im Frühling die Lerchen nicht mehr trillerten, wie noch vor zwanzig Jahren. Er war ein genauer Beobachter, ich glaube ihm alles, ich kann den Lerchen nicht zumuten, in dieser Gegend zu trillern. Die riesigen Schornsteine der Leunawerke senden den tödlichen Gestank in die himmlische Bläue jener Regionen, in denen sich Lerchen wohl fühlen. Wer kann singen, wenn es stinkt? Nur die Haustiere bleiben, weil sie an den Menschen gebunden sind. Nur die Wiesen grünen, weil Gras ausdauernd ist. Nur spärlicher Wald ist hier und dort noch vorhanden, weil die Bäume erst der Sprengkapsel weichen und der Axt.

Die Dörfer sind noch an einigen Stellen, wie Dörfer sein sollen, mit Hütten und Gehöften und einer holperigen Straße, mit Geflügelstimmen, Bauernjoppen[3] und Mägden mit Kopftüchern. Der Himmel ist zartblau, wir befinden uns mitten in einem rostgoldenen Herbsttag, am Horizontrand umzingelt von nebligem Silberring. Aber was sag' ich? Horizont? Nebel? Von einer Seite her umstellen Mauern und Schornsteine das Land, und ob es wirklich Herbstnebel sind, die ich sehe, und nicht Gase?

Also nähere ich mich dem Dorfe Runstedt, das nicht mehr vorhanden ist. Es war ein stattliches Dorf, mit zwei Rittergütern, vierundzwanzig Hofbesitzern, sieben Hausbesitzern ohne Grund, zweihundert Hektar Gesamtgemarkung, mit einer alten Kirche, deren Grundmauern noch aus dem Jahre 1350 stammten. Es war ein altes Dorf, mit einem ehrwürdigen Namen, eine Stätte der Runen[4] war es, benachbart der Heimat der ehrwürdigen Merseburger Zaubersprüche. Nach einer Chronik wird Runstedt 1085 zum erstenmal genannt, schon im dritten Jahrhundert war es eine germanische Siedlung, Hermunduren[5] dürften an dieser Stelle gewohnt haben, an der heute die Industrie die Vandalen[6] übertrifft.

Um das Jahr 1900 nach Christi Geburt beginnt man nach Kali zu graben, der Michael-Konzern und die Mansfeld AG kaufen das Land auf, man zahlt das Vierfache des Bodenpreises, und die Bauern sind glücklich. Sie ahnen nicht, was in der Welt der Generaldirektoren, der Börsen, der Wirtschaft vorgeht. Sie haben Geld und legen es in sicheren Papieren an und leben vorderhand noch auf ihren alten Gehöften. Aber der Krieg kommt, die Inflation, die sicheren Papiere lösen sich auf, die hungrige Weltwirtschaft schreit immer heftiger nach Kali und Kohle, die Besitzer fangen an, das Dorf Runstedt niederzureißen. Die Bauern ziehen mittellos weiter, hinein ins Land, mit wertlosen sicheren Papieren.

Und der Bagger kommt, der große Bagger, wie ein Tank rollt er heran und untergräbt die steinernen Wurzeln der Häuser und stößt seine eisernen Zähne in die alte Erde und reißt Fleischklumpen aus ihrem lebendigen Leib. Und der graue Schutt rieselt über die grünen Felder, und die Häuser klaffen auseinander, und man kann noch an den verbleibenden Wänden die schattenhaften Spuren der Möbel sehen, die seit Jahrhunderten dieser Wände Zierat und Hausrat waren, die letzten Grüße der Geschlechter, die längst verweht sind, wie Spreu im Lande. Schon taumelt die Kirche, schon neigt sich das Kreuz.

Da ist es, als riefe die Erde von Runstedt ihre Kinder. Die ehemaligen Runstedter kamen im Sommer 1929 in der taumelnden Kirche mit dem Rest der Einwohner zusammen. Sie veranstalteten einen Gottesdienst. Sie beten. Sie beten für das Seelenheil des gemordeten Dorfes. Sie schütteln sich die Hände und gehn wieder auseinander. Dann ergreift der Bagger die Kirche. Die bunten Scheiben zersplittern zuerst, die heiteren Filter der Sonne, mit wehmütigem Klirren. Dann lockern sich knirschend Steine und Ziegel, bröckeln ab, stürzen aus der Höhe mit dumpfem Schlag. Dann ist's ein Trümmerhaufen, das Gotteshaus.

Ich sehe mich um. Mitten durch das Land ist ein weiter tiefer Graben gelegt, braun und flach ist die Erde, Schienenstränge[7] ziehn sich schimmernd bis zu den Mauern der unheimlichen Festung[8]. Zu meiner Rechten stehn noch ein paar Ruinen. Altwarenhändler laden auf Gefährte Möbel aller Art. Ein alter, triefäugiger Hund zottelt verlegen und wankend durch die Reste von Gärten, reibt sein altes Fell an Resten von Zäunen, es ist, als suchte er, ein Wächter und Nachkomme von Wächtern, nach Gegenständen zur Bewachung. Wo habe ich diesen Anblick schon erlebt? Im Kriege, im großen Kriege. Arbeiter stehn gebückt mit Schaufeln und Spaten, schwere Lastautos zeichnen tiefe schmale Wunden in den weichen Weg. „Ja", – sagt ein Ar-

beiter –, „weg ist weg! Ab mit Schaden![9] Gegen die Technik kommt keiner an!" „Und wo" –
frage ich ihn – „sind die Toten?" Er zeigt mit der Hand in eine leere Stelle: „Hier war einmal der
Friedhof! Man hatte sie übergesiedelt, die Toten, sie liegen jetzt in Frankleben!"

In der Tat, sie liegen jetzt in Frankleben, die Toten! Aus der ewigen Ruhe, zu der man sie einst
bestattet hatte, mußte man sie für eine Weile wecken, zwecks Übersiedlung. Und sie erhoben
sich, mit Kreuz und Kegel,[10] sie verließen den Boden, der aus den Gebeinen ihrer verstorbenen
Ahnen bestand und der sich leider in Kali verwandelt hatte, und sie zogen auf Geheiß[11] der
Weltwirtschaft nach Frankleben und legten sich wieder unter einen frischen Rasen.

Begreifen Sie, lieber Freund, daß ich mich einen halben Tag lang von dieser Stätte der Weltwirtschaft nicht trennen konnte, als wäre ich ein geborener Runstedter? Ja, so war es. Erde ist Erde,
überall meine Heimat, denn die Technik ist immer meine Fremde. Ich sah die riesenhaften
Schlote im Halbkreis heranrücken, gegen Tote und Lebende, gegen Friedhöfe und Höfe, immer näher rückten sie, den Rauch, der alles zuerst verpesten[12] sollte, schickten sie voraus. Es
war ein Generalangriff der Schlote, immer enger wird ihr Halbkreis, immer dichter schließt sich
ihr fürchterlicher Bogen. Und ich stand da, wissend wie ein Mensch und ohnmächtig wie jene
blökende Kuh, und ich begriff, daß wir zueinander gehörten, sie und ich. Leidensgefährten waren wir, Todesgefährten.

Entschuldigen Sie, lieber Freund, diesen trostlosen Brief Ihrem ergebenen

Joseph Roth (1930)

Aus: J. Roth, *Werke in 3 Bänden,* Bd. 3, Köln/Berlin, Kiepenheuer und Witsch, 1956 (gekürzt)

1 *Merseburger Zauberspruch:* Anspielung auf die „Merseburger Zaubersprüche" = althochdeutsche Verse
aus heidnisch-germanischer Zeit, die in einer Handschrift der Dombibliothek von Merseburg entdeckt wurden;
2 *heimelig* = eine behagliche Atmosphäre/Gemütlichkeit verbreitend; 3 *e Joppe,-n* = einfache Jacke; 4 *die
Rune,-n* = Schriftzeichen, die von den Germanen benutzt wurden; 5 *Hermunduren* = germanischer Volksstamm;
6 *Vandalen* = germanischer Volksstamm, dessen Zerstörungswut sprichwörtlich geworden ist („hausen wie die
Vandalen" = zerstörerisch wüten); 7 *r Schienenstrang,ʺe* = (längeres, gerades Stück) Gleise; 8 *e unheimliche
Festung:* die Leunawerke; 9 *ab mit Schaden* = (Redewendung, hier resignierend:) Schluß damit/weg damit,
selbst wenn es schlecht/nachteilig ist; 10 *mit Kreuz und Kegel:* nach der Redewendung „mit Kind und Kegel"
(= mit der gesamten Familie); 11 *auf Geheiß* = auf Anordnung/Befehl; 12 *verpesten* = mit Gestank erfüllen, mit
schädlichen (übelriechenden) Stoffen verderben.

Anregungen

1. Welche Verbindungen kann man zwischen Text und Titel feststellen?

2. Ein Merkmal des Texts sind Gegensätze. Nennen Sie einige Gegensätze, und überlegen Sie, was der Verfasser durch sie beabsichtigt.

3. Inhaltlich geht es in dem Text um die Zerstörung von Runstedt und seiner Umgebung durch die Leunawerke. Geht es Ihrer Meinung nach dem Verfasser um mehr? Wenn ja, worum? Belegen Sie Ihre Meinung anhand des Texts.

4. Warum hat der Verfasser Ihrer Meinung nach dem Text eine briefähnliche Form gegeben?

„Geht mir doch weg mit eurer grünen Gefühlsduselei! Hauptsache, ich habe Arbeit – oder?"